영어 문해력 공부법으로 대입에 성공한 제자들의 합격 수기

고○윤
(서울대 전기정보공학부, 인제대 의대, 순천향대 의대, 카이스트 수능우수자 전형 합격)

초등 3학년 때부터 약 7년간 김수민 선생님과 함께한 시간은 제 영어 실력의 기반이 되었습니다. 선생님께서 강조하신 '문장 구조 분석법'은 고등 영어 지문 해석에 큰 도움이 되었어요. 복잡한 문장도 차근차근 분석하는 습관을 기르니 내신과 수능 영어가 두렵지 않았습니다. 텍스트를 효과적으로 이해하고 정리하는 방법으로 글의 핵심을 빠르게 파악하고 생각을 논리적으로 표현할 수 있게 되었습니다. 영어 문해력 공부법은 제 대학 전공 공부에도 밑거름이 될 것입니다.

김○익
(서울대 전기정보공학부 합격)

김수민 선생님은 단순한 단어 암기와 문법 공부가 아닌 영어로 생각하고 표현하는 능력을 길러 주셨습니다. 또한 선생님 덕분에 '독서 일지'를 꾸준히 작성하며 영어 원서를 깊이 있게 이해하는 법을 배웠습니다. 이러한 습관들로 인해 어릴 적에는 책과 영어에 흥미가 없었지만 중학생 때부터 영어가 제 강점 과목이 되었습니다. 다양한 글을 많이 접하면서 어떤 글도 자신 있게 소화할 수 있게 되었습니다. 특히 초등 때부터 중고등 영어 지문 유형을 분석하는 훈련이 큰 도움이 되었어요. 선생님 덕분에 영어는 제 최고 강점이 되었습니다.

호○표
(경인교대 합격)

김수민 선생님은 늘 '영어는 글을 잘 이해하고 표현하는 것이 핵심'이라고 강조하셨습니다. 초등 때는 그 의미를 잘 몰랐지만 고등학교에 올라가서 그 중요성을 깨달았습니다. 선생님의 '주제별 어휘 정리법'으로 중고등 시기에 꾸준히 어휘를 공부해 수능에 출제된 전문 용어들도 어려움 없이 해결할 수 있었습니다. 매일 조금씩 영어로 쓰는 습관으로 에세이와 영어 쓰기에서도 자신감을 갖게 되었습니다. 초등 시기 때부터 쌓은 영어 문해력이 교사의 꿈을 이루는 밑거름이 되었습니다.

고○원
(고려대 생명과학부, 성균관대 글로벌바이오메디컬공학과 합격)

초등학생 때는 영어가 가장 어려웠지만 김수민 선생님께 배운 영어 문해력 공부법으로 자신감을 얻었습니다. 특히 고등 시기에 중학생 때 배운 영어 문해력 공부법이 빛을 발했습니다. '개념노트'와 '오답노트' 작성법은 고등학교 내내 제 영어 공부의 중심이었습니다. 또한 '빠르게 훑어 읽기'와 '핵심 정보 찾기' 같은 전략을 초등 시기 때부터 연습한 덕분에 수능 영어에서 시간 관리가 수월했습니다. 선생님의 가르침은 제 영어 실력의 자산이 되었습니다.

영어 문해력 공부법의 효과를 경험한 학부모들의 생생한 후기

영어 공부도 결국은 '문해력' 싸움이더라고요. 어떻게 아이에게 영어 문해력을 길러줘야 할지 막연하기만 했는데 선생님이 자세히 알려주셔서 그대로 따라가기만 하면 될 것 같아요. 아이도 재미있어 하며 잘 따라오고 영어 실력도 조금씩 좋아지는 것 같아 신기합니다.

차근차근 선생님이 알려주신 방법대로 해보니 아이가 잘 따라옵니다. 보여주고 들려주는 인풋(input)을 넘어 말하고 쓰는 아웃풋(output)의 중요함을 배웠습니다.

영어 공부에도 전환기가 있다는 선생님 말씀에 공감해요. 어떤 시기에 어떤 책을 읽어야 할지, 쓰기는 어떻게 학습해야 할지 잘 몰랐는데 이제 정확히 이해했습니다.

학년별·수준별로 아이에게 직접 적용해볼 수 있는 학습 방법을 구체적으로 알려주시니 영알못인 엄마도 실천하는 데 어려움이 없습니다.

김수민 선생님 덕분에 아이가 영어 공부의 중심을 잡을 수 있었습니다. 흥미로 시작한 영어 원서 읽기를 대학 입시 때까지 유지할 수 있었던 비결이 궁금하시다면 선생님의 '영어 문해력 공부법' 그 안에 답이 있습니다.

김수민 선생님은 진짜 '찐'입니다! 진심이 담긴 선생님의 지도 경험담과 놓치지 말아야 할 학습 포인트까지 내 아이의 평생의 자산이 될 영어 학습 노하우를 배울 수 있어요.

영어에서도 무엇보다 중요한 것은 '문해력'이라는 걸 배웠습니다. 아이의 영어 공부를 어떻게 시켜야 할지 막막했는데 선생님의 지도 커리큘럼을 그대로 따라가면 될 것 같아요.

왜 김수민 선생님이 영어 1등급 메이커로 불리시는지 알 것 같아요. 초등 영어의 완성, 그 모든 비결이 담겨 있습니다. 이제 막 영어 공부를 시작한 아이를 둔 부모라면 꼭 읽어보세요!

'영어 쓰기'가 정말 중요하다는 것을 깨달았어요. 아이가 원서를 읽고 있는 모습만으로 뿌듯했는데 이제는 쓰기를 통해 영어에 더 강한 아이가 될 수 있을 것 같아요.

초등학교 졸업 전까지 선생님이 알려주신 커리큘럼대로 열심히 따라하겠습니다. 이미 효과가 검증된 방법이니까요.

진짜 누가 이렇게 상세하게 알려줄 수 있을까요? 이제 막 리더스북을 읽기 시작하고 영어에 흥미를 보이는 아이가 앞으로도 영어에 대한 흥미를 잃지 않으면서 효과적으로 공부할 수 있는 방법들이 바로 여기 있네요!

아이의 영어 공부를 어떻게 시켜야 할지 막막했는데 선생님의 커리큘럼을 그대로 따라가면 될 것 같아요! 실천 가능한 방법과 현실적인 조언 때문인지 아이의 변화와 학습 효과가 바로 보이네요. 알려주신 방법들을 앞으로도 쭉 실천해보기로 했습니다.

초등 영어
문해력이 답이다

20년간 영어 1등급을 만들어낸 최적의 커리큘럼

Let's Study !!

초등 영어
문해력이
답이다

| 김수민 지음 |

한국경제신문

영어 문해력을 위한 가장 친절한 안내서:
왜 영어도 문해력일까요?

"선생님, 영어로 대화는 잘하는데 시험 성적이 왜 이렇게 안 나올까요?"
미국에서 4년을 살다 온 한 귀국 학생의 질문이었다. 또래와 자유롭게 영어로 대화하고 영화도 자막 없이 보는 아이가 학교 영어 공부에 어려움을 겪고 있었다. 이유는 단순했다. 영어로 된 텍스트를 깊이 있게 이해하고 자기 생각을 체계적으로 표현하는 '영어 문해력'이 부족했기 때문이다.

20년간 아이들에게 영어를 가르치며 이런 사례를 수없이 만났다. 해외에서 오래 살았어도 체계적인 문해력 교육을 받지 못한 학생들은 학교 공부를 따라가지 못했다. 특히 '듣고 말하기' 중심의 영어 학습에서 '읽고 쓰기' 중심으로 전환되는 초등 고학년 시기에 고비가 찾아왔다. 이때부터 문장은 길어지고, 지문의 깊이는 더해지며, 생각을 논리적으로 표현해야 하는 과제들이 늘어나기 때문이다. 해마다 수많은 학생이 긴 지문 앞에서 좌절하고, 생각을 영어로 표현하는 것을 두려워하는 모습을 지켜봤다. 이러한 어려움은 중학교에 진학하면서 더욱 커졌고, 이는 종종 영어 학습 전반에 대한 자신감의 상실로 이어졌다.

이러한 문제를 해결하기 위해 오랜 시간 동안 아이들의 발달 단계에 맞는 체계적인 영어 문해력 공부법을 연구하고 개발해왔다. 단어와 문법을 아무리 잘 알아도 깊이 있는 이해와 표현 능력이 없으면 진정한 영어 실력을 갖출 수 없다는 사실을 교육 현장에서 수도 없이 경험했기 때문이다. 문해력은 영어 학습의 근간이자 완성이었다.

체계적인 영어 문해력 공부법을 통해 매년 수많은 학생이 눈부신 성장을 이뤄냈다. 초등 시기부터 꾸준히 문해력을 쌓아온 학생들은 중학교에 진학해서도 우수한 성적을 유지했고, 많은 학생이 과학고나 외국어고 등 특목고에 진학하는 쾌거를 이루었다. 이는 단순한 영어 실력이 아닌 깊이 있는 사고력과 체계적인 표현력을 갖춘 결과였다.

이 책은 20년간의 영어 교육 현장에서 직접 검증한 방법들을 상세히 담고 있다. 특히 4만 명이 넘는 유튜브 채널 〈골라줄게 영어책〉 구독자들이 가장 많이 던진 질문들에 대한 해답을 책 속에서 찾을 수 있을 것이다. "우리 아이는 기초 영어 읽기가 왜 안 될까요?" "영작할 때 왜 썼던 단어들만 계속 쓸까요?" "원서는 잘 읽는데 독해 점수는 왜 안 나올까요?" "중등 대비는 어떻게 해야 할까요?" 등 학부모들의 생생한 고민을 함께 풀어나간다.

책의 구성은 다음과 같다. PART 1에서는 영어 문해력의 본질과 중요성을 다룬다. 왜 영어 문해력이 필요한지, 초등 6년이 왜 영어 문해력 성장에 있어 황금기인지 알아보고 문해력을 키울 수 있는 4가지 핵심 비법과 5단계 성장 공식을 살펴본다.

PART 2에서는 영어 문해력과 자기주도적 학습이라는 두 가지 목표를 어떻게 함께 달성할 수 있는지 그 구체적인 방법을 제시한다. 그리고 초등 시기 전 과정에 적용할 수 있는 세분화된 학습 전략을 담았다. 초등 1-2학년의 파닉스와 사이트 워드 학습법을 시작으로 초등 3-4학년의 독해력과 어휘력 강화 학습법, 초등 5-6학년의 심화 독해와 에세이 쓰기까지 아이들의 발달 단계에 맞는 학습법을 상세히 다룬다. 각 단계마다 'STEP 1-2-3'으로 체계화된 지도법과 실전 가이드를 함께 담아 아이들이 차근차근 탄탄하게 실력을 다지며 성장할 수 있도록 구성했다.

PART 3에서는 초등 시기에 해온 영어 학습을 중등 과정으로 연계하는 법을 제시한다. 중등 내신고사와 수행평가를 대비하는 법, 복잡한 문장 구조의 지문을 분석하는 법, 한자어로 된 문법 용어들의 개념을 아이들이 이해하기 쉽도록 설명하는 법, 정독과 속독을 적절히 병행하여 영어 독서의 효과를 최대로 끌어올리는 법 등 중등 시기 영어 학습에 꼭 필요한 전략들을 꼼꼼히 다룬다. 그리고 부록에서는 학부모들이 자녀의 영어 학습에 있어 가장 궁금해하는 질문들과 또 문해력 공부를 돕는 TOOL 모음도 담았다.

이 책은 단순한 안내서가 아닌 '실천 가이드'다. 아이에게 '무엇을' 가르쳐야 하는지보다 '어떻게' 가르쳐야 하는지 실천 방향에 중점을 두었다. 제시된 방법 중 몇 가지만 꾸준히 실천해도 아이의 영어 실력에 의미 있는 변화가 찾아올 것이다. 이 책이 우리 아이들이 영어로 마음껏 생각하고 표현하며, 세계를 향해 당당히 나아가는 진정한 초석이 되길 바란다.

김수민

| PART 1 |
아이의 가능성을 여는 키워드, 영어 문해력

CHAPTER 1 읽고 쓰는 문해력의 힘

CHAPTER 2 초등 6년은 영어 문해력 성장의 황금기

CHAPTER 3 영어 문해력을 키우는 4가지 핵심 비법

CHAPTER 4 영어 문해력 향상을 위한 5단계 성장 공식

| PART 2 |
스텝 바이 스텝으로 빈틈없이 확실하게

CHAPTER 5 영어 문해력과 자기주도적 학습, 두 마리 토끼를 잡다

| PART 3 |
평생 자산이 되는 영어 문해력

Let's Study !!

PART
1

아이의 가능성을 여는
키워드,
영어 문해력

go!!

영어 문해력은 서로 맞물린 톱니바퀴처럼 작동한다. '어휘력, 맥락 읽기, 정보의 정리와 요약, 표현하기'라는 네 개의 톱니바퀴가 균형 있게 돌아갈 때 진정한 실력이 완성된다. 초등 시기는 이 톱니바퀴들을 정교하게 맞춰가는 단계이자 영어 문해력 성장을 위한 황금기다.

CHAPTER 1

읽고 쓰는
영어 문해력의 힘

탁월한 영어 문해력이란 무엇을 의미할까? 영어 문해력은 텍스트를 정확히 이해하는 이해력, 그 의미를 깊이 있게 해석하는 해석력, 자신의 생각으로 표현할 수 있는 표현력을 가리킨다. 따라서 탁월한 영어 문해력이란 영어를 잘하기 위해 갖춰야 할 필수적이며 종합적인 능력이라 할 수 있다.

버락 오바마(Barack Obama) 전 미국 대통령의 연설을 살펴보면 그 답을 찾을 수 있다. 그의 연설은 마치 시처럼 우아하고 힘이 있어 청중의 마음을 움직인다. 2004년 민주당 전당대회 연설에서 'hope'라는 단어를 단순히 '희망'이 아닌 "The audacity of hope(담대한 희망)"라는 독창적인 표현으로 승화시켰고, 2008년 대통령 당선 수락 연설에서는 "Yes, we can(네, 우리는 할 수 있습니다)"이라는 간단하지만 강력한 문구를 반복해 메시지의 힘을 극대화했다.

영문학에서도 이러한 예를 찾을 수 있다. 로버트 프로스트(Robert Frost)의

시 〈The Road Not Taken(아무도 가지 않은 길)〉에서 "Two roads diverged in a wood, and I took the one less traveled by(숲속에서 두 갈래 길이 나왔고, 나는 덜 다니는 길을 택했다)"라는 구절은 단순한 상황 묘사를 넘어 인생의 선택과 용기를 담고 있다.

흔히 '영어를 잘하는 아이'라고 하면 유창하게 말하고 두꺼운 영어책을 술술 읽는 모습을 떠올린다. 물론 맞는 말이지만 문해력을 바탕으로 진정한 실력을 갖춘 아이는 그 이상이다. 뛰어난 문해력을 가진 아이들은 텍스트를 온몸으로 받아들인다. 오바마의 연설에서 시대적 메시지와 울림을, 프로스트의 시에서 인생의 깊이를 읽어내고 자신만의 언어로 재해석한다.

🌀 진정한 영어 실력, 문해력이 결정한다

영어 문해력은 크게 세 영역으로 나뉜다. 먼저 텍스트의 내용을 파악하고 주제를 이해하는 수용 영역이 있다. 다음으로 읽은 내용을 분석하고 비판적으로 사고하는 중간 영역이 있다. 마지막으로 자기 생각을 말과 글로 표현하는 발산 영역이 있다. 이 세 영역은 서로 긴밀하게 연결되어 하나의 순환 고리를 이룬다.

최근 연구들은 이러한 영어 문해력이 단순한 언어 능력을 넘어 평생을 좌우하는 경쟁력과 직결됨을 보여준다. 2021년 OECD가 발표한 '국제 성인 역량 조사'에 따르면 39개국 22만 8천 명을 대상으로 한 연구에서 놀라운 결과가 나타났다. 청소년기의 영어 문해력 수준이 이후의 삶을 크게 좌우한 것이다. 영어 문해력 상위 그룹은 대학 이상의 고등교육을 받을 확률이 2배 높았고, 전문직이나 관리직에 종사할 확률도 1.8배 높았다. 평균 임금도 중간 그룹보다 40% 더 높았으며, 직업 만족도와 삶의 질 조사에서도 현저히 높은 수준을 보였다.

이처럼 영어 문해력은 단순히 학창 시절의 영어 성적이나 영어 실력의 문제가 아니다. 오바마의 연설이나 프로스트의 시처럼 깊이 있는 텍스트를 이해하고 자기 것으로 만드는 능력, 그리고 그것을 다시 자신만의 언어로 표현하는 능력은 평생의 자산이 된다.

정보가 넘쳐나는 현대 사회에서 영어 문해력의 중요성은 더욱 커지고 있다. 영어 문해력이 더 이상 선택이 아닌 필수인 시대로 접어든 것이다. 아이들은 매일 영어로 된 수많은 정보를 접한다. 유튜브 영상, 게임 설명서, SNS 게시물까지 영어는 이제 우리의 일상이 되었다. 이러한 상황에서 정확한 정보를 가려내고 이를 자신의 삶에 적절히 적용하는 능력은 아이의 삶 구석구석에 영향을 미치지만 그러한 능력이 부족한 경우 아이의 성장을 제한할 수도 있다.

이와 같이 영어 문해력의 중요성이 나날이 커지고 있음에도 영어 조기 교육에 관심이 많은 부모들도 영어 문해력 향상을 우선순위로 놓는 경우는 적을뿐더러 그것을 어떻게 키워야 하는지 막연해하는 경우가 많다. 특히 초등 시기는 영어 문해력 형성의 시작 단계이자 성장의 황금기로 매우 중요하다. 이 시기를 놓치지 않는다면 탄탄한 영어 문해력을 바탕으로 더 수준 높은 영어의 세계를 경험하고 자신의 생각을 마음껏 영어로 표현할 수 있는 기반이 마련된다.

영어 문해력은 3단계 과정을 거친다. 첫째는 '들어오는' 단계다. 영어로 된 텍스트를 통해 정보와 지식이 머릿속으로 들어온다. 둘째는 '숙성하는' 단계다. 들어온 정보를 자기 경험과 지식으로 발효시킨다. 마지막은 '나가는' 단계다. 숙성된 생각을 자신만의 표현으로 내보낸다. 이 3단계 과정은 마치 두 개의 근육을 동시에 키우는 것과 같다. 읽기 근육은 꾸준한 독서로, 쓰기 근육은 끊임없는 표현으로 발달한다.

영어 학습 과정은 크게 2단계로 나눌 수 있다. 하나는 '읽기를 배우는 단계 (Learn to Read)'고, 다른 하나는 '읽기를 통해 배우는 단계(Read to Learn)'다. 초등 1-2학년인 저학년까지는 주로 읽기를 배우는 데 집중한다. 알파벳을 익히고, 단어를 소리 내어 읽으며, 간단한 문장의 뜻을 이해하는 법을 배운다. 즉 'C-A-T'가 '캣'으로 읽히고 '고양이'를 의미한다는 것을 배우는 단계다.

초등 3학년이 되면 '읽기를 통해 배우는 단계'로 전환된다. 3학년 이전의 아이들은 'The cat is on the mat'와 같은 간단한 문장을 읽고 해석하는 데 중점을 둔다. 하지만 3학년 이후에는 'Cats are excellent climbers because they have strong, flexible bodies and sharp claws'와 같이 정보를 담고 있는 문장을 이해하고, 그 안에서 새로운 지식을 얻을 수 있어야 한다.

이렇듯 영어 교육은 '읽기를 배우는 단계'에서 시작해 점차 '읽기를 통해 배우는 단계'로 발전한다. 이게 정확히 무슨 말일까? 앞서 설명했듯이, 초등 저학년은 영어 읽기 능력 자체에 중점을 둔다. 말 그대로 영어 읽는 법을 배우는 시기다. 하지만 초등 3-4학년이 되면 상황이 달라진다. 이제는 영어로 된 텍스트를 통해 다양한 주제를 학습하기 시작한다. 과학·역사·문화를 영어로 배우는 것이다. 학년이 올라갈수록 이런 방식의 학습이 더 많아진다. 결국 중·고등 시기를 거쳐 대학에 이르면 '듣기와 말하기' 중심 학습은 줄어들고 '읽기와 쓰기' 중심 학습이 대세가 된다.

20년간 아이들에게 영어를 가르치며 살펴보니 이 전환기가 참 중요하다. 하지만 많은 아이들이 이 지점에서 어려움을 겪거나 앞으로 더 나아가지 못한다. 중학교에 가서도 영어 지문을 겨우겨우 해석은 하지만 내용을 제대로 이해한 뒤 자기 것으로 만들지 못하는 경우를 많이 보았다. 책을 읽고 경험을 해도 그 정보와 지식이 머릿속에 제대로 들어오지 않는 것이다. 자신의 생각과 가치관을 바탕으로 내용을 체계적으로 정리하고 조화롭게 숙성시키지 못하니 표현도 당연히 어렵다. 읽기가 서툴러 좋은 정보를 제대로 흡수하지 못하면 생각의 수준도 늘 제자리걸음일 수밖에 없다.

예를 들어 교과서 영어 지문을 읽을 때 한 줄 한 줄은 정확히 해석하는데 글 전체가 말하고자 하는 핵심은 파악하지 못한다. 단어 뜻은 다 아는데 그 단어가 왜 그곳에 쓰였는지 그 뒤에 숨어 있는 맥락은 이해하지 못한다. 이렇게 되면 아이들은 점점 영어를 피하게 된다. 영어를 피하다 보니 어휘력은 더 떨어지고 배경지식도 부족해진다. 결국 시간이 흐를수록 헤어나오기 힘든 학습 부진의 악순환에 빠진다.

반면 이 시기를 잘 넘긴 아이들은 놀라운 변화를 보인다. 영어로 된 다양한 자료를 즐겁게 읽고 이해한다. 더 나아가 자신의 생각을 영어로 쓰고 말하는 것까지 가능해진다. 유튜브나 넷플릭스 같은 영어 콘텐츠를 볼 때도 자막이 자연스럽게 읽히고, 댓글도 읽고 쓰면서 실제 활용할 수 있는 의사소통 능력까지 갖추게 된다. 이런 아이들은 분석적 사고력과 비판적 읽기 능력이 좋아져서 영어뿐 아니라 다른 과목에서도 강점을 보인다. 그러므로 초등 시기에 이 전환기를 잘 넘기는 것이 무엇보다 중요하다. 아이의 평생 학습 능력을 좌우하기 때문이다.

그렇다면 결국 진정한 영어 문해력은 무엇일까? 앞서 설명한 3단계 과정의 자연스러운 순환이다. 먼저 읽기를 통해 지식이 들어온다. 그 지식이 충분히 숙성되어 자신만의 생각으로 바뀐다. 마지막으로 그 생각을 표현한다. 이때 '쓰기' 근육과 '읽기' 근육은 꼭 함께 자라야 한다. 글쓰기 근육은 쓰면서, 문해력 근육은 읽으면서 만들어진다. 어느 것이 먼저인지 따질 필요는 없다. 글을 쓰다 보면 생각이 정리되고, 더 좋은 읽을거리를 찾게 되며, 이는 다시 더 나은 표현으로 이어진다. 바로 이런 순환 과정을 익히는 것이 초등 시기 영어 교육의 핵심 과제다. 시간이 오래 걸리더라도 끈기 있게 해나가야 하는 이유가 여기에 있다.

📗 문해력은 타고나는 것이 아니다

"국어 점수는 집을 팔아도 올리기 힘들다"라는 말이 있다. 문해력이 그만큼 쉽게 키워지지 않는다는 뜻이다. 그렇다면 문해력은 정말 타고나는 것일까? 아니다. 문해력은 체계적인 노력과 전략으로 충분히 발전시킬 수 있는 능력이다. 어휘력이라는 탄탄한 토대가 있어야 하고, 독서력이라는 튼튼한 기둥이 필요하며, 구성력이라는 든든한 지붕도 없어야 한다. 이 세 가지가 균형 있게 갖춰질 때 비로소 문해력이 완성된다. 문해력이란 견고한 집을 짓기 위해 필요한 세 가지 재료에 대해 좀 더 자세히 살펴보자.

첫째, 문해력의 토대는 어휘력이다. 요리사에게 다양한 식재료가 필요하듯 독자에게는 풍부한 어휘가 필요하다. 단어의 의미를 모르면 글 속의 사건과 맥락을 제대로 이해할 수 없다. 어휘력이 부족한 상태에서는 〈뉴욕타임스(The New York Times)〉를 제대로 읽을 수 없는 것과 같은 이치다.

둘째, 문해력의 기둥은 독서력이다. 어휘를 많이 알아도 긴 글을 끝까지 읽어내는 힘이 필요하다. 여기서 말하는 독서는 단순히 재미로 읽는 쾌락 위주의 독서가 아니다. 뭔가를 배우고 익히기 위해 노력하는 독서를 말한다. 요즘 아이들은 스마트폰 화면 속의 짧은 글이나 영상에 익숙하다. 그래서 긴 글을 읽어내는 집중력과 인내심이 더욱 중요해졌다.

셋째, 문해력의 지붕은 구성력이다. 글을 읽고 해석하는 것만으로는 부족하다. 그 내용을 자기만의 방식으로 다시 조립하고 나열하여 효과적으로 전달할 수 있어야 한다. 구성력이 좋은 사람은 글을 읽으면서 다음 내용도 예측한다. 읽은 내용을 완전히 자기 것으로 소화해서 새로운 형태로 만들어낼 수도 있다.

결국 문해력은 노력과 전략이 맺은 결실이다. 꾸준히 어휘를 외워 토대를 다지고, 쉬지 않고 책을 읽어 기둥을 세우고, 체계적으로 구성하는 법을 익혀 지붕을 얹어간다. 이렇게 하면 누구나 탄탄한 영어 문해력을 갖출 수 있다. 그래서 우리는 영어 문해력을 '키운다'고 말한다.

과학적 연구 결과도 이를 입증한다. 2012년 스웨덴 룬드대학교 연구진이 〈네이처(Nature)〉에 발표한 연구에 따르면, 성인들이 3개월 동안 외국어를 집중적으로 학습했을 때 학습과 기억을 담당하는 해마의 크기가 유의미하게 증가했다고 한다. 해마는 새로운 정보의 처리와 장기 기억 형성을 담당하는 뇌의 핵심 영역이다. 이와 같은 결과는 나이와 상관없이 누구든 '읽고 쓰는 영어 뇌'를 만들 수 있다는 희망적인 메시지로 해석할 수 있다.

그렇다면 '읽고 쓰는 영어 뇌'는 어떻게 만들 수 있을까? 답은 의외로 간단하다. 영어 텍스트를 꾸준히 읽고, 반복해서 써보는 것이다. 이는 초등학생이든 성인이든 모두 똑같다. 단 어릴 때 영어 문해력을 키우는 게 무엇보다 중요한데 어린 시절에 제대로 된 영어 문해력을 갖추지 못하면 영어 읽기와 쓰기가 점점 더 힘들어지기 때문이다. 영어 읽기와 쓰기가 싫어지기 시작하면 또래와의 격차도 점점 더 벌어진다. 하지만 희망이 있다. 지금 또래보다 영어 실력이 부족하더라도 읽고 쓰는 노력만 멈추지 않는다면 그 격차는 얼마든지 극복할 수 있다.

핵심은 영어로 된 글을 꾸준히 읽고 쓰는 것이다. 읽기만으로는 부족하다. 읽은 내용을 바탕으로 자신의 생각을 영어로 표현하는 쓰기도 함께 병행해야 한다. 읽은 것(입력)이 쓰기(출력)로 이어질 때 더 깊이 있는 학습이 이뤄진다. 지속적으로 읽고 쓰다 보면 영어 문해력은 저절로 자란다. 단순히 글자를 읽는 수준을 넘어 깊이 있게 이해하고, 비판적으로 생각하며, 창의적으로 표현할 수 있게 된다.

🔖 높은 AR지수보다 문해력를 키우는 게 먼저다

"선생님, AR이 뭔가요?"

이 질문을 들을 때마다 나는 잠시 말을 고른다. 유튜브 채널에서 자주 접하는 질문이지만 단순 명료한 문장으로 답하기가 쉽지 않다. AR(Accelerated Reader)은 아이의 영어 독서 수준을 측정하는 지표지만 그 수치 하나만으로 아이의 영어 실력을 판단하는 실수와 오해가 너무 많기 때문이다.

미국의 르네상스러닝 출판사에서 만든 AR은 꽤 체계적인 프로그램이다. 책의 난이도를 문장 길이, 단어 난이도, 어휘의 수로 분석하여 1.0부터 10.9까지 점수를 매긴다. 미국 교과서와 도서관에서도 즐겨 쓰는 믿을 만한 지표지만 진정한 영어 문해력은 이보다 훨씬 더 깊고 넓은 개념이다.

AR과 문해력의 결정적인 차이는 '무엇을 보느냐'에 있다. AR은 '이 책이 얼마나 어려운가'를 측정한다. 반면 문해력은 '아이가 이 책의 내용을 얼마나 깊이 이해하는가'를 본다. 악보를 읽을 수 있다고 해서 그 음악을 진정으로 이해하는 건 아닌 것처럼 말이다. 영어 문해력은 AR이 측정하는 독서량과 기본적 이해도를 포함하면서도 그 이상의 깊이 있는 이해력을 의미한다.

진정한 영어 문해력은 다음의 다섯 가지 핵심 요소로 이루어져 있다.

첫째, 논리적 사고력이다. 텍스트를 단순히 읽는 게 아니라 그 속에 숨은 뜻을 파악해내는 능력이다. 영어로 된 뉴스 기사를 읽을 때 사실과 의견을 구분하고, 저자의 관점을 읽어내야 한다. 'However'가 '그러나'라는 뜻이란 건 대부분의 아이들이 알고 있다. 하지만 왜 그러한 접속사가 필요한지, 앞뒤 맥락이 어떻게 연결되는지 이해하는 아이는 많지 않다.

둘째, 창의적 해석 능력이다. 단순히 주어진 정보를 받아들이는 게 아니라 그것을 바탕으로 새로운 생각을 떠올리는 능력이다. 엘윈 브룩스 화이트(E.B. White)의 《샬롯의 거미줄(Charlotte's Web)》을 읽고 난 후 '내가 샬롯이었다면 어떤 방법으로 윌버를 도왔을까?'라고 상상해보는 것, 쉘 실버스타인(Shel Silverstein)의 《아낌없이 주는 나무(The Giving Tree)》를 읽고 '나무가 소년에게 편지를 쓴다면 뭐라고 썼을까?'를 고민해보는 것이 바로 창의적 해석 능력이다. 중학교 영어 수행평가에서도 이런 문제들이 자주 나오는데, 문해력 훈련이 잘된 아이와 그렇지 않은 아이의 차이가 확연히 드러난다.

셋째, 맥락을 읽는 능력이다. R.J. 팔라시오(R.J. Palacio)의 《원더(Wonder)》를 읽을 때 많은 아이들이 어려움을 겪는다. 단어나 문장 구조 때문이 아니다. 미국 중학교의 문화나 장애에 대한 서구 사회의 인식을 제대로 이해하지 못하기 때문이다. '왜 주인공이 이런 선택을 했을까?' '다른 등장인물들의 반응은 적절한가?' 등의 질문에 답하려면 소설 속 배경이 되는 그 사회의 문화적 차이를 맥락을 통해 깊이 이해해야 한다.

넷째, 실제 상황에 적용하는 능력이다. 가장 좋은 예가 영어로 된 과학 실험 설명서를 읽고 실제로 실험을 해내는 것이다. 단순히 영어 문장을 해석하는 게 아니라 그 내용을 현실에서 구현할 수 있어야 한다. 요즘 중등 교과 과정을 살펴보면 재미있다. 정규 수업시간에 교과서 내용을 다루는 것 외에도 〈내셔널 지오그래픽(National Geographic)〉 기사를 읽고 자신의 생활과 연결 지어 에세이를 써보거나 테드(TED) 강연을 보고 자신의 경험과 엮어 발표하는 등의 다양한 활동들을 한다. 이런 과제들이 바로 실제 응용력을 키우는 것이다. 훗날 아이들이 대학에 가서 원서로 된 전공 서적을 읽을 때 이런 능력들은 더욱 빛을 발할 것이다.

다섯째, 자신의 생각을 영어로 표현하는 능력이다. "나는 이렇게 생각한다"는 말은 많은 아이들이 할 수 있다. 하지만 왜 그렇게 생각하는지, 그 근거는 무엇인지 논리적으로 설명하는 것은 또 다른 차원의 문제다. 중학교 영어 시험에서는 책을 읽고 "이 장면에서 주인공의 선택에 대한 자신의 의견을 써보세요"와 같은 문제가 자주 나온다. 단순 독해를 넘어선 고차원적 사고와 표현 능력이 필요한 것이다. 이러한 표현력은 고등학교 논술형 평가나 대학 입시에서도 중요한 평가 요소가 된다.

앞서 설명한 이 다섯 가지 능력은 서로 긴밀하게 연결되어 있다. 마치 톱니바퀴처럼 하나가 돌면 다른 것도 함께 움직인다. 따라서 영어 문해력을 키우려면 이 모든 측면을 골고루 발전시켜야 한다. AR지수만 들여다보는 건 이런 큰 그림을 놓치는 일이다. 다양한 읽기 활동과 글쓰기 연습, 토론 등을 통해 종합적인 영어 능력을 키워나가는 것, 그것이 바로 우리가 지향해야 할 영어 학습 방향이다.

KEY POINT 🖊

- ⊘ **영어 문해력은 텍스트를 정확히 이해하고 해석하며 자기 생각으로 표현하는 종합적 능력이다.**
- ⊘ **문해력은 노력과 전략으로 발전시킬 수 있는 능력이다.**
- ⊘ **AR지수보다 내용에 대한 깊이 있는 이해력과 사고력을 키우는 것이 더 중요하다.**

초등 영어 문해력이 답이다

CHAPTER 2
초등 6년은
영어 문해력 성장의 황금기

운동선수들의 훈련 시간을 연구한 결과가 흥미롭다. 같은 8시간을 훈련해도 아침, 점심, 저녁으로 나눠서 할 때보다 오전에 집중해서 할 때 실력이 더 빨리 늘었다고 한다. 이는 무엇을 배우고 습득하는 과정에 있어 '골든타임'이 있다는 것을 보여준다. 영어 교육도 마찬가지다. 어떤 학원을 보낼지, 어떤 교재를 쓸지도 물론 중요하다. 하지만 가장 중요한 건 '시기'다. 20년간의 영어 교육 경험에서 비춰볼 때 초등 시기, 특히 초등 3-6학년이야말로 영어 문해력을 키울 수 있는 최적의 황금기다.

🌿 영어 문해력의 골든타임을 놓치지 말자

이 시기가 왜 그토록 중요할까? 영어 교육 전공자라면 누구나 아는 두 가지 이론을 살펴보면 그 안에 답이 있다. 비고츠키의 '근접발달영역(Zone of Proximal Development)' 이론과 크라센의 제2언어 습득 이론의 5가지 가설 중 '입력 가설(The Input Hypothesis)'이다. 대학원에서 배울 때만 해도 이게 뭐가 그리 중요한가 싶었다. 하지만 수많은 학생을 가르치다 보니 이 두 이론이 영어 교육의 거의 전부라는 걸 깨달았다. 몇 가지 근거를 들어 설명하면 다음과 같다.

첫째, 초등 시기야말로 비고츠키의 '근접발달영역' 이론이 가장 빛을 발하는 때다. 그렇다면 근접발달영역이란 뭘까? 아이가 혼자서 할 수 있는 수준과 누군가의 도움을 받아 할 수 있는 수준 사이의 영역을 말한다. 쉽게 말해 '한 뼘 더 자랄 수 있는 공간'이다. 내가 늘 '발판'이라고 부르는 것인데 이 시기에 교사든, 부모든, 또래든 누군가 도와준다면 아이는 자신의 현재 수준보다 한 단계 더 높은 영역으로 올라설 수 있다.

예를 들어보자. 혼자서 기초적인 영어 동화책을 읽을 수 있는 아이가 있다. 이때 교사나 부모의 적절한 도움이 있다면 아이는 좀 더 복잡한 이야기나 설명문도 이해할 수 있게 된다. 이것이 근접발달영역으로 이때 적절한 도움을 받으면 아이의 잠재력이 활짝 피어난다.

둘째, 크라센의 '입력 가설'이 실제로 적용되는 시기이기도 하다. 여기서 입력이란 이해할 수 있는 입력으로 이것을 i+1이라고 하는데 'i'는 아이의 현재 언어 수준을 말하고, '+1'은 그보다 한 단계 높은 수준을 뜻한다. 첫 번째 이론이 '도움'에 초점을 뒀다면 이 이론은 입력되는 자료의 수준에 초점을 둔다. 말하자면 교사나 부모가 제공하는 영어 자료의 난이도인 셈이다.

AR 2점대의 책을 읽을 수 있는 아이에게 AR 3점대의 책을 주면서 적절한

초등 영어 문해력이 답이다

도움을 더하면 어떤 일이 일어날까? 아이는 새로운 어휘와 문장 구조를 자연스럽게 흡수하면서 한 단계 성장한다. 학문적인 글쓰기를 제대로 배우지 않은 아이에게 한 단계 높은 수준의 책을 적절한 방법으로 가르쳤을 때도 마찬가지다. 실제 교육 현장에서 보면 이 시기 아이들의 흡수력은 정말 놀랍다.

여기서 특별히 주목해야 할 부분이 있다. 적절한 난이도, 즉 '+1' 수준의 자료를 주는 것만으로는 부족하다는 점이다. 거기에 알맞은 교육법이 있어야 진정한 효과가 드러난다. 마치 요리에서 재료도 중요하지만 어떻게 조리하느냐가 더 중요한 것처럼 말이다.

셋째, 이 시기가 문해력 발달에서 가장 극적인 변화를 보이는 때다. 최근 뇌 과학 연구 결과를 보면 정말 흥미롭다. 8~12세 아이들의 뇌는 시냅스 형성과 재구성이 가장 활발하게 일어난다. 특히 새로운 언어를 배울 때 모국어를 쓸 때와 비슷한 뇌 활성화 패턴을 보인다. 즉, 제2외국어 습득에 있어 이 시기가 생물학적으로도 최적기라는 뜻이다.

2021년 런던대학교 인지과학과 연구팀의 조사에 따르면, 정기적으로 외국 서적을 읽는 8~12세 아이들의 언어 처리 관련 뇌 영역이 그렇지 않은 아이들보다 훨씬 더 발달했다고 한다. 따라서 이 시기에 적절한 도움과 지도만 있다면 우리 아이들도 영어 문해력에서 가장 큰 도약을 이뤄낼 수 있다.

넷째, 이 시기에 형성된 문해력은 이후의 모든 학습에 영향을 미친다. 마치 눈덩이가 눈길을 구르며 점점 커지듯 초기의 작은 차이가 시간이 지날수록 더욱 커져 걷잡을 수 없이 격차가 벌어진다. 문해력이 좋은 아이들은 선순환을 경험하기 때문이다. 읽기가 쉽고 재미있으니 더 많이 읽게 되고, 그러다 보면 어휘력과 배경지식이 늘어난다. 이렇게 확장된 어휘력과 배경지식은 다시 읽기를 더 쉽고 재미있게 만든다. 이런 선순환은 중·고등학생이 되었을 때 학업성취도에도 영향을 미친다.

아이들이 중학교에 진학하고 나서부터 "영어가 갑자기 어려워졌어요" "영어가 싫어졌어요"라는 말을 자주 한다. 대부분이 초등 시기에 적절한 영어 문해력 교육의 타이밍을 놓친 경우다. 교육 전문가들은 이런 현상을 '문해력 절벽(Literacy Cliff)'이라 부른다. 이 시기에 겪는 어려움은 단순히 영어 성적의 문제가 아니라 전반적인 학습에 큰 영향을 미친다.

"모든 일에는 때가 있다"는 말처럼 영어 문해력 발달에도 가장 적절한 시기가 있다. 이 황금기를 놓치면 나중에 더 많은 시간과 노력이 필요하다. 영어 학원을 운영하며 만난 수많은 중·고등학생들 중에는 뒤늦게 영어 문해력의 중요성을 깨닫고 노력하는 경우가 많았다. 하지만 이미 형성된 학습 습관과 부족한 기초 실력을 극복하는 데는 초등 시기 때보다 몇 배의 시간과 노력이 필요했다.

그렇다고 너무 조급해할 필요는 없다. 영어 문해력을 키울 수 있는 시기가 늦었다고, 이미 기회를 놓쳤다고 생각하지 말자. 오늘부터라도 아이의 영어 문해력 향상을 위한 첫걸음을 떼어보길 바란다. 당장은 작은 변화일지라도 그 한 걸음이 아이의 미래를 크게 바꿀 수 있다.

🌱 영어 문해력 발달을 방해하는 요소들 파악하기

아이들을 가르치면서 발견한 영어 문해력 발달을 가로막는 요소들이 있다.

그중 가장 자주 접하는 다섯 가지를 짚어보려 한다.

첫째, AR지수나 렉사일지수 같은 수치에 지나치게 의존하는 것이다. 재미있는 일화가 있다. 나는 아이들이 푼 몇 문제, 써놓은 한두 문장만 봐도 그 아이의 AR지수를 거의 정확하게 맞춘다. 하지만 한 번도 AR 테스트를 직접 경험해보거나 아이가 시험 보는 것을 지켜본 적이 없다. 어찌된 일일까? 상담 시간에 학부모들로부터 들은 수많은 AR지수들이 머릿속에 데이터화되어 있기 때문이다. 하지만 막상 아이들을 가르쳐보면 같은 AR지수의 아이라도 실력 차이가 크다는 걸 발견한다.

AR지수나 렉사일지수 같은 수치들은 영어 능력의 한 단면만 보여줄 뿐이다. 실제 의사소통 능력이나 비판적 사고력, 창의적 표현력은 이러한 테스트들로 측정하기 어렵다. AR지수가 높다고 해서 영어로 자유롭게 대화를 나눌 수 있는 것도 아니고, 생각을 논리적인 글로 표현할 수 있는 것도 아니다.

특히 이런 함정이 있다. 초등 5-6학년이 되기 전까지는 이런 차이가 잘 드러나지 않는다는 점이다. 학원의 예를 들어보면, 공부 잘하는 아이들이 많이 모이는 곳, 특히 중등반에는 매년 해외 거주 후 귀국한 아이가 한 반에 한둘은 꼭 있다. 초등 5-6년을 미국 공립학교에서 보낸 아이들이니 AR지수로만 보면 미국 현지 아이들과 비슷한 수준이었을 것이다. 하지만 이 아이들을 직접 가르쳐보면 논리를 해석하는 훈련의 정도나 텍스트를 읽어내는 능력이 천차만별이었다. 똑같이 해외 경험이 있는 아이라도, AR지수가 똑같은 아이라도 실제 문해력은 '아이 by 아이'로 완전히 달랐다.

문해력이란 단순한 한 측면의 능력치를 뛰어넘어 다각적인 능력을 측정하는 것이다. 물론 초등 저학년 때는 인지 수준이나 문해력 발달이 완전하지 않아 이런 차이가 크게 드러나지 않지만 초등 고학년일수록 차이가 극명하다. 따라서 AR지수를 맹신하는 것은 매우 위험하다.

둘째, '벽돌깨기식' 독서 지도법이다. '얼마나 많은 책을 읽었는가'에만 초점을 맞추는 방식 말이다. 독서 목록표를 만들어서 아이에게 책을 읽히는 경우를 종종 본다. 이런 방식은 독서의 질보다 양에 치중하게 만들어 깊이 있는 이해와 사고를 방해한다. 물론 '다독'은 중요하다. 하지만 적절한 수준의 '자율적인 독서'를 한다 해도 다독과 크게 다르지 않다. 결국 책을 좋아하게 되면 자연스럽게 많이 읽게 되기 때문이다.

다독을 지나치게 강조할 경우 아이들은 단순히 '읽었다'는 사실에만 집중하게 되고, 내용을 제대로 이해하거나 자신의 경험과 연결 짓는 과정을 놓치기 쉽다. 독서의 진정한 가치는 독서 후 '나'와 연결 짓는 그 순간에 있다. 아이의 흥미와 취향을 고려하지 않은 독서 지도는 영어 학습의 큰 걸림돌이 된다.

우리는 언제 책이 읽고 싶어지는가? 흥미 있는 분야를 접할 때다. 즉 읽고 싶어야 읽는다. 아이들도 다르지 않다. 이러한 경향은 오히려 어른보다 더 분명하다. 아이들에게도 저마다의 '취향'이 있다. 어떤 아이는 판타지 소설을 좋아하고, 또 어떤 아이는 과학 잡지에 흥미를 느낀다. '취향 저격'이라는 말처럼 아이의 취향에 맞는 책은 영어 학습의 효율성을 크게 높인다.

셋째, 단순 암기 위주의 학습 방식이다. 특히 초등 고학년부터 단어나 문법 암기의 필요성이 강조된다. 나도 암기의 중요성에 대해 크게 공감하고 실제로도 그렇게 지도하는 편이다. 단 전제 조건이 있다. 암기 전에 이해가 선행되어야 한다. 이해 없는 암기는 오히려 해가 된다. 언어를 이해하는 데 가

초등 영어 문해력이 답이다

장 중요한 것은 맥락이다. 영어도 예외가 아니다. 어떤 맥락에서 왜 그렇게 쓰였는지를 이해하지 않고 단어 뜻만 암기하면 금방 잊어버리기 십상이다.

'bank'라는 단어를 살펴보자. '은행'이라는 뜻도 있고 '강둑'이라는 뜻도 있다. 이 두 가지 뜻을 단순히 암기하는 것만으로는 부족하다. "I need to go to the bank to withdraw some money(돈을 인출하러 은행에 가야 해)"와 "We had a picnic on the bank of the river(우리는 강둑에서 소풍을 했다)"에서 'bank'의 뜻이 어떻게 다른지, 왜 그렇게 쓰였는지를 이해해야 한다. 더구나 'bank on(~에 의지하다)'이라는 구동사까지 생각하면 맥락의 중요성은 더욱 분명해진다.

문법은 개념이다. 초등 6학년 학부모들이 자주 묻는다. "중학교 가기 전까지 문법을 몇 번 돌려야 할까요?" 이러한 질문을 던지는 이유는 문법을 단순 암기 대상으로 보기 때문이다. 하지만 깊이 있게 이해하면 한 번으로 충분하다. 문법은 하나로 연결된 지도와 같다. 각 문법 요소가 어떻게 이어지고 전체 언어 속에서 무슨 역할을 하는지 이해하는 게 중요하다. 하나의 문법을 제대로 알면 다른 것들도 쉽게 이해할 수 있다. 마치 퍼즐 조각이 맞춰지듯 말이다.

예를 들어 '시제'와 '조동사' 그리고 '가정법'은 얼핏 관련이 없는 것 같지만 사실 한 뿌리다. 현재 시제를 이해하면 과거와 미래가 보이고, 여기에 조동사의 쓰임새도 자연스럽게 알게 된다. 이는 다시 가정법으로 이어진다. 'If I were rich, I would travel the world(내가 부자라면 세계를 여행할 텐데)'라는 문장에서 과거 시제와 'would'는 현실과 다른 상황을 상상하는 데 쓰인다. 이처럼 문법은 서로 맞닿아 있다. 문법은 결국 하나의 큰 그림으로 개별 요소가 아닌 서로 연결된 개념의 덩어리로 봐야 한다. 이렇게 이해하면 새로운 것을 배울 때도 훨씬 쉽다. 이미 알고 있는 지식과 자연스럽게 이어지기 때문이다.

공부는 이해한 개념을 잘 정리하는 데서 시작한다. 이것이 바로 '공부 머리'고, 영어에서 말하는 문해력이다. 이해 없는 암기는 사상누각일 뿐이다. 아이가 영어를 제대로 이해하게 도와주면 기억은 자연스럽게 따라온다.

넷째, 읽기와 쓰기의 불균형도 큰 문제다. '충분히 읽어야 쓸 수 있다'는 말로 쓰기 교육을 미루는 경우가 많다. 하지만 다양한 학습 자료가 넘쳐나는 요즘 이제는 다시 생각해봐야 한다. 초등 고학년이 될 때까지 쓰기 학습을 미룬 탓에 영어는 아주 잘 읽는데 한 문장도 쓰지 못하는 아이들이 의외로 많다. 이것이 바로 우리 영어 교육의 가장 큰 문제다. 아무리 많은 단어 뜻을 알고 문장을 읽을 줄 알아도 직접 쓸 수 없다면 반쪽짜리 실력일 뿐이다. "구슬이 서 말이라도 꿰어야 보배"라는 말처럼 표현할 줄 알아야 진짜 실력이다.

해결책은 쓰기를 일찍 시작하는 것이다. 아이가 단어와 맥락을 알게 되면 바로 써보게 해야 한다. 직접 써봐야 제대로 이해하고 오래 기억한다. 그래서 초등 저학년 때부터 체계적인 쓰기 교육이 필요하다. 이렇게 해야 읽기와 쓰기가 균형 잡힌 진정한 영어 실력이 길러진다.

쓰기는 근육 운동과 같다. 어릴 때 배운 수영이나 자전거 타기가 평생 몸에 남듯이 영어 쓰기도 몸이 기억한다. 영어 쓰기는 단어의 철자를 외우는 것을 넘어 귀로 듣고, 손으로 쓰고, 눈으로 보는 등 온몸의 감각을 이용하는 활동이다. 초등 저학년 아이들은 시작할 때 조금 버거울 수 있지만 일찍 시작할수록 좋다.

다섯째, 과도한 학습 스케줄로 아이들의 생각할 시간을 뺏는 것이다. 특히 학원에서 원하는 반에 들어가지 못했을 때 학부모들이 하는 말이 있다. "보조 학원을 더 보내겠습니다. 그러니 그 반에 넣어주세요!" 당장은 효과가 있을지 모르지만 이런 식의 과잉 학습은 오히려 아이의 실력 향상을 가로막는다.

영어 학원을 두 개 다닌다고 실력이 두 배가 되진 않는다. 오히려 하루 종일 영어만 공부하는 것은 독이 될 수 있다. 아이에게는 배운 것을 곱씹고 자기 것으로 만드는 시간이 필요하다. 하지만 빡빡한 일정 속에서는 이런 여유를 찾기 힘들다. 많은 시간을 쏟는다고 문해력이 저절로 길러지는 건 아니다. 아이의 수준에 맞는 적절한 공부와 다양한 경험이 필요하다. 차근차근 실력을 쌓아나갈 수 있는 좀 더 구체적인 방법을 살펴보자.

🌀 읽고 쓰는 영어, 효과적으로 시작하는 방법

영어 문해력을 키우기 위해서는 두 가지 핵심 전략이 필요하다. 현대 독서 교육의 근간이 되는 두 방법을 균형 있게 활용하는 것인데 하나는 미국의 모든 초등학교가 표준 교수법으로 채택한 파운타스와 피넬(Fountas & Pinnell)의 '지도적 읽기(Guided Reading)'고, 다른 하나는 전 세계 20개국 이상이 도입한 앳웰(Atwell)의 '자율적 읽기(Independent Reading)'다.

'지도적 읽기'는 교사나 부모가 아이의 읽기 과정을 도와주는 방식으로

30년 넘게 그 효과가 입증된 체계적인 교수법이다. '자율적 읽기'는 아이가 스스로 책을 고르고 읽는 방식으로 현대 독서 교육의 혁신적인 방법으로 평가받는다. 이 두 방법은 영어 문해력을 키우는 두 기둥과 같은데 요리로 비유하자면 '지도적 읽기'는 요리 선생님이 곁에서 조리법을 알려주고 시범을 보이는 것이고, '자율적 읽기'는 스스로 레시피를 보며 요리를 만들어보는 것이다.

'지도적 읽기'는 3단계로 이뤄진다. 교사나 부모가 먼저 읽기 시범을 보여 모델링을 할 수 있게 하고, 그다음 아이가 직접 연습해보게 한다. 마지막으로 피드백과 함께 더 나은 방법을 알려준다. 예를 들어 모르는 단어가 나오면 문맥 속에서 뜻 찾는 법을 알려주는 것이다. 아이가 직접 해보게 한 뒤 정확한 뜻과 비슷한 말, 반대말까지 함께 살펴본다.

'자율적 읽기'는 아이 스스로 공부하는 힘을 길러준다. 하지만 주의할 점이 있다. 많이 읽는다고 능사가 아니다. 20년간 아이들을 가르치면서 살펴보니 혼자 읽기만 해서는 실력이 크게 늘지 않았다. 물론 저절로 잘하는 아이도 있지만 드물다. 대부분의 아이들은 교사나 부모의 지도에 따라 자율적으로 읽는 것이 가장 효과적이다.

아이들을 가르치면서 두 가지 읽기 방법을 어떻게 섞는 것이 좋을지 나름의 방법을 찾았다. 처음에는 교사나 부모 주도의 지도적 읽기를 많이 하게 한다. 읽기 방법을 하나하나 가르쳐주고 자주 피드백을 건넨다. 아이가 점점 성장하면 자율적 읽기의 비중을 늘린다. 예를 들어 처음에는 책의 80%는 교사나 부모와 함께, 20%는 혼자 읽게 한다. 차츰 그 비율을 50대 50으로, 나중에는 20대 80까지 바꿔간다. 하지만 혼자 읽을 때도 전적으로 내버려두지 않는다. 읽기 전에 간단한 안내를 하고, 읽은 후에는 함께 이야기를 나눈다.

아이의 읽기 수준도 정기적으로 점검한다. 아이가 읽을 책은 너무 쉽지도, 너무 어렵지도 않아야 한다. 쉬우면 지루해하고 어려우면 좌절한다. 따라서 아이가 이해할 수 있는 범위에서 살짝 어려운 책을 고르는 것이 좋다. 물론 아이의 성장에 따라 난이도는 계속 조절해나간다.

읽기만으로는 부족하다. 쓰기도 같이 가르쳐야 한다. '지도적 읽기'와 '자율적 읽기'는 모두 '받아들이는' 학습이다. 하지만 진짜 실력을 키우려면 '내보내는' 학습도 필요하다. 쓰기는 읽으면서 배운 것을 자기 것으로 만드는 과정이다.

이런 쓰기 교육의 중요성은 스웨인(Swain)의 '출력 가설(Output Hypothesis)'로 설명할 수 있다. 이 이론에 따르면 언어를 실제로 써보려 할 때 자신의 부족한 점을 발견하고, 이를 극복하기 위해 더 깊이 공부하게 된다. 플라워와 헤이즈(Flower & Hayes)도 '인지적 쓰기 과정 모형'을 통해 쓰기가 단순한 표현이 아닌 깊은 사고가 필요한 복잡한 과정이라고 말한다.

읽기 교육에 두 가지 방법이 있듯이 쓰기 교육에도 두 가지 방법이 있다. 하나는 그레이브스(Graves)가 제안한 '과정 중심 쓰기(Process Writing)'다. 글쓰기를 계획하고, 초고를 쓰고, 다시 고치는 순환의 과정에 따라 단계별로 가르치는 방법으로 1980년대부터 미국 전역의 표준 교수법이 됐다. 다른 하나는 마틴과 로스(Martin & Rose)가 만든 '장르 기반 쓰기(Genre-based Writing)'다. 다양한 글의 유형별 특징을 명확히 가르치고 그에 따라 쓰는 법을 배우게 한다.

이 두 방법을 함께 쓰면 더욱 효과적이다. 하지만 한 가지 주의할 점이 있다. 이 방법들은 이미 단어는 물론 영어 문장, 한 단락의 글 정도는 쓸 줄 아는 아이들에게 맞는 방법이다. 기초가 없으면 이런 교육은 힘들다. 그래서 영어 쓰기를 일찍 시작해야 한다고 강조하는 것이다.

하버드대학교 연구 결과를 보면 언어 학습에서 읽기와 쓰기를 병행하는 일이 얼마나 효과적인지 잘 알 수 있다. 읽기와 쓰기를 함께 공부한 학생들은 읽기만 한 학생들보다 언어 능력이 30% 이상 높았다. 쓰기를 하면서 읽은 내용을 자기 것으로 만들고 더 깊이 이해하기 때문이다.

특히 주목할 만한 점은 쓰기가 비판적 사고력을 키워준다는 점이다. 영국 교육부의 장기 연구에 따르면 정기적으로 글을 쓴 학생들은 그렇지 않은 학생들보다 분석력과 문제해결 능력이 훨씬 뛰어났다. 이는 쓰기가 단순한 언어 기술이 아닌 생각하는 힘을 키우는 도구라는 것을 의미한다.

결국 영어 공부에 있어 읽기와 쓰기는 함께 해야 한다. 읽으면서 배운 것은 써보면서 완벽하게 자기 것이 된다. 운동선수가 이론과 실전을 모두 익혀야 하는 것처럼 영어도 읽기와 쓰기를 고루 해야 진짜 실력이 늘어난다.

KEY POINT

- ⊘ **초등 시기는 영어 문해력의 골든타임으로 체계적인 학습이 필요하다.**
- ⊘ **영어 문해력 발달을 방해하는 요소들(과도한 암기, 벽돌깨기식 독서 등)을 피해야 한다.**
- ⊘ **지도적 읽기와 자율적 읽기를 적절히 병행해야 한다.**
- ⊘ **읽기와 쓰기의 균형 잡힌 학습이 필수적이다.**

초등 영어 문해력이 답이다

CHAPTER 3
영어 문해력을 키우는 4가지 핵심 비법

톱니바퀴는 서로 맞물려 돌아간다. 하나의 톱니라도 빠지면 전체가 멈춘다. 영어 문해력의 핵심인 어휘 습득, 맥락 읽기, 정리와 요약, 표현하기도 이와 같다. 이 네 가지 요소는 유기적으로 연결되어 서로를 강화하며, 하나라도 부족하면 전체적인 영어 실력 향상에 걸림돌이 된다. 예를 들어 풍부한 어휘력은 정확한 맥락 이해를 가능하게 하고, 이는 다시 효과적인 정리와 요약, 표현으로 이어진다.

핵심 비법 1. 탄탄한 어휘력 쌓기

어휘는 영어의 기본 구성 요소다. 우리말 속담인 "아 해 다르고 어 해 다르다"처럼 영어도 한 끗 차이로 전혀 다른 개념이 된다. 마크 트웨인(Mark

Twain)은 "The difference between the right word and the almost right word is the difference between the lightning and the lightning bug" 라고 말했다. 즉 정확한 단어와 거의 정확한 단어의 차이는 번개와 반딧불의 차이처럼 완전히 다르다는 뜻이다.

'lightning(번개)'이라는 단어에 'bug(벌레)'라는 단어를 덧붙이면 'lightning bug(반딧불)'라는 전혀 다른 의미가 만들어진다. 이는 단어 하나의 차이가 얼마나 다양하고 큰 의미의 변화를 가져오는지 보여주는 좋은 예다. 따라서 단어를 정확히 아는 아이와 그렇지 못한 아이는 글의 전체 맥락을 이해하는 정도에서 큰 차이를 보인다. 단어를 정확히 알면 주변의 상황과 분위기가 더 선명하게 보이기 때문이다. 예를 들어 hit, strike, beat은 모두 '치다'라는 의미를 가지고 있지만 각각의 뉘앙스와 맥락에 맞는 쓰임이 다르다.

- **hit**: 우연히 또는 실수로 강하게 치는 행위

  예 He <u>hit</u> his thumb with a hammer.

  (그는 망치로 엄지손가락을 <u>쳤</u>다.)

- **strike**: 의도적으로 강하게 치는 행위

  예 She <u>struck</u> him with a blow to the face.

  (그녀는 그의 얼굴을 한 대 <u>때렸</u>다.)

- **beat**: 반복적으로 치는 행위

  예 I <u>beat</u> the dirt out of the carpet.

  (나는 카펫의 먼지를 <u>털어냈</u>다.)

어휘력이 좋다는 것은 두 가지를 의미한다. 먼저 상황을 묘사할 수 있는 풍부한 어휘를 보유하고 있는 것이다. 유의어를 많이 알고 있어 미세한 차이까지 표현할 수 있다. 다음은 문맥 안에서 어휘의 정확한 쓰임을 아는 것이다. 비슷한 의미의 단어라도 상황과 맥락에 따라 적절한 선택이 달라진다.

이를 위해서는 다음 세 가지를 잘 알아야 한다.

첫 번째로 '유의어'에 대한 풍부한 이해가 필요하다. 'walk(걷다)'의 유의어만 살펴보더라도 다양한 걸음걸이의 특징과 뉘앙스를 표현할 수 있다. 'stroll'은 여유롭게 걷는 모습을, 'stride'는 자신감 있게 성큼성큼 걷는 모습을, 'march'는 힘차고 규칙적인 걸음을 표현한다. 'trudge'는 지친 듯 무거운 발걸음을, 'strut'은 뽐내며 걷는 모습을, 'limp'는 다리를 절며 걷는 모습을 나타낸다. 또한 'wander'는 목적 없이 돌아다니는 것을, 'prowl'은 숨어서 배회하는 것을, 'stumble'은 비틀거리며 걷는 것을, 'pace'는 안절부절못하는 모습을 의미한다. 이처럼 하나의 '걷다'라는 행위를 표현함에 있어서도 상황과 맥락에 따라 적절한 단어를 선택할 수 있어야 한다.

그러기 위해서는 어감의 차이를 아는 게 중요하다. big과 large, small과 little, quick과 fast, begin과 start, end와 finish, happy와 glad, sad와 unhappy, beautiful과 pretty 같이 두 단어의 뜻이 비슷해 보이지만 상황에 따라 쓰임이 다르다. 'look'의 유의어도 see, watch, observe, stare, glance, glimpse, peek, gaze처럼 다양하기 때문에 뉘앙스와 맥락에 따라 쓰임을 구분할 수 있어야 한다.

두 번째는 문맥 안에서의 '쓰임'을 정확히 아는 경우다. customer, client, guest는 모두 '손님'을 뜻하지만 각각 다른 상황에서 쓴다. 'customer'는 상점이나 사업체에서 물건을 구매하는 사람을, 'client'는 전문적인 서비스를 받는 사람을, 'guest'는 호텔이나 식당 또는 개인의 집에 초대받은 사람을 가리킨다.

thin, slim, skinny 역시 '마른'을 뜻하지만 각 단어마다 뉘앙스가 다르다. 'thin'은 중립적 표현으로 단순히 마른 상태를, 'slim'은 날씬하고 매력적인 상태를, 'skinny'는 지나치게 마른 상태를 의미한다. 이처럼 비슷한 뜻의 단어라도 각각의 맥락과 뉘앙스를 정확히 알아야 상황에 맞는 적절한 단어를 사용할 수 있다.

이러한 예시로 초등 6학년 영어 단어 시험에서 있었던 일화를 하나 소개하려 한다. 영어 단어가 제시되고 우리말 뜻을 쓰는 시험이었는데 꽤 똑똑한 한 여학생이 'skinny'의 뜻을 '꽉 붙는'이라고 적었다. 이는 당시 유행하던 '스키니 진'을 생각하고 거기서 단어의 뜻을 유추하여 쓴 것이었다. 단순히 단어의 사전적 의미만을 암기하는 것에서 벗어나 단어의 뉘앙스를 파악하여 의미를 유추해낸 좋은 사례다.

세 번째는 '학문 어휘'를 많이 아는 경우다. 어휘에는 일상에서 쓰는 '일상 어휘'와 지식이나 개념을 이해하는 데 쓰는 '학문 어휘'가 있다. 물리학에서는 force(힘), energy(에너지), momentum(운동량), gravity(중력), friction(마찰)과 같은 전문용어가 필수적이다. 이러한 단어들은 물리 개념을 이해하고 설명하는 데 있어 매우 중요하다.

세계사에서도 civilization(문명), empire(제국), feudalism(봉건주의), Reformation(종교 개혁), monarchy(군주제)와 같은 학문 어휘가 중요하다. 이러한 용어들을 정확히 이해해야 역사적 사건과 흐름을 제대로 파악할 수 있다. 학문의 각 분야마다 고유한 전문용어가 있고, 이를 익히는 것은 해당 분야를 공부할 때 가히 필수적이다.

어휘를 효과적으로 학습하기 위해서는 어원을 파악하는 것이 가장 좋은 방법이다. 접두사·접미사·어근을 이해하면 단어의 의미를 쉽게 유추할 수 있고, 관련 단어들을 함께 배울 수 있다. 예를 들어 'predict(예측하다)'는 'pre-(미리)'와 'dict(말하다)'의 조합이다. 이를 통해 dictate(받아쓰게 하다), dictator(독재자), contradict(모순되다) 등의 관련 단어도 쉽게 이해할 수 있다.

또 다른 예로 'unhappy(불행한)'는 'un-(~ 아닌, ~ 없는)'과 'happy(행복한)'의 결합이다. 이러한 어원 지식을 바탕으로 unable(할 수 없는), uncertain(불확실한), unfinished(끝나지 않은) 등의 단어도 쉽게 익힐 수 있다.

어휘력이 곧 언어의 원천이다. 우리말이든 영어든 풍부한 어휘는 깊이 있는 이해와 표현을 가능하게 한다. 이것이 바로 어휘력이 문해력의 핵심이 되는 이유다.

🌱 핵심 비법 2. 맥락을 이해하며 깊이 있게 읽기

맥락은 텍스트의 영혼이다. 텍스트는 단순한 단어의 나열이 아니라 살아있는 생명체와 같다. 각각의 문장은 서로 긴밀하게 연결되어 있으며, 그 속에는 저자의 의도와 숨은 뜻이 담겨 있다. 맥락을 이해한다는 것은 이 모든 요소가 어떻게 유기적으로 얽혀 있는지 파악하는 것이다. 마치 퍼즐 조각을 맞추듯 텍스트의 각 부분이 어떻게 전체 그림을 완성해가는지 파악하는 능력이 바로 맥락 읽기다. 이러한 맥락 읽기의 중요성을 두 가지 예시를 통해 살펴보자. 먼저 소개할 예시의 지문은 미국 독립선언문의 유명한 구절이다.

We hold these truths to be self-evident, that <u>all men are created</u> <u>equal</u>, that they are endowed by their Creator with certain unalienable Rights, that among these are Life, Liberty and the pursuit of Happiness.
<u>(우리는 모든 인간이 평등하게 창조되었고,</u> 창조주로부터 양도할 수 없는 권리를 부여받았으며, 그 권리에는 생명과 자유, 행복을 추구할 권리가 포함된다는 이 진리들을 자명한 것으로 여긴다.)

첫 번째 문장에서 "all men are created equal"이라는 부분을 주목해야 한다. 맥락 읽기에 능한 경우라면 이 구절이 18세기 후반, 계급 제도가 엄격했던 시기에 혁명적인 의미를 지녔음을 이해할 수 있다. 이 구절이 미국 건국의 핵심 가치를 나타내며, 이후 미국 역사에서 인권과 평등을 위한 투쟁의 기초가 되었다는 점을 파악해내는 것이다. 반면, 맥락 읽기에 미숙한 경우라면 이 구절을 단순히 글자 그대로 해석하여 "당시 모든 사람이 실제로 평등한 권리를 가졌다"라고 오해할 수 있다.

2024년 초 글로벌 미디어에서 주목받았던 'AI arms race(AI 군비 경쟁)'라는 표현도 맥락 이해가 필요하다. 이는 단순한 기술 개발 경쟁이 아닌 AI 발전이 가져올 수 있는 윤리적, 사회적 위험을 경고하는 의미를 담고 있다. 글로벌 기업과 국가들 간 경쟁이 통제되지 않은 AI 개발로 이어질 수 있다는

초등 영어 문해력이 답이다

우려가 함축되어 있는 표현이다. 맥락을 제대로 읽지 못하면 단순한 기술 경쟁으로만 이해하고 넘어갈 수 있지만 실제로는 인류의 미래와 직결된 중대한 문제 제기임을 간파할 수 있어야 한다.

이처럼 맥락 읽기 능력은 단지 언어의 이해 차원이 아닌 역사적, 사회적 의미를 깊이 있게 파악하는 데 있어 꼭 필요하다. 이는 단순한 영어 실력을 넘어 텍스트에 담긴 깊은 의미와 시사점을 이해하는 핵심 능력이 된다. 결국 진정한 독해력은 맥락의 숲을 보는 눈에서 시작된다. 나무에 해당하는 개별 단어나 문장에 매몰되는 시선이 아닌 텍스트라는 숲 전체를 아울러 조망할 수 있어야 한다.

글자는 몸이고, 맥락은 그 안에 깃든 영혼이다. 우리말이든 영어든 진정한 이해는 보이지 않는 이 영혼을 찾으려는 노력에서부터 시작된다. 결국 맥락 읽기는 텍스트의 영혼을 만나는 일이다.

🌱 핵심 비법 3. 정리와 요약으로 글의 요지 파악하기

요약은 이해의 결정체다. 단순히 긴 글을 짧게 만드는 것이 아니라 텍스트의 본질을 꿰뚫어 보는 능력이다. 영어 문해력을 키우는 네 가지 비법 중 가장 정점에 있는 상위 비법인 셈이다. 앞서 영어 문해력을 소개하며 '들어오고' '숙성하고' '나가는' 3단계 과정을 설명했다. 이 중 요약은 '숙성하고' '나가는' 과정의 중간 과정쯤 된다. 즉 요약은 들어온 정보가 나가기 전에 반드시 거쳐야 하는 숙성의 과정이다.

요약이 핵심 비법인 이유는 세 가지다. 첫째, 요약은 이해의 완성도를 측정하는 도구다. 텍스트의 핵심을 정확히 파악하게 해준다. 둘째, 요약은 정보를 재구성하는 과정에서 깊은 이해를 돕는다. 내용을 자신의 언어로 다시 표현하는 과정에서 진정한 이해가 일어나기 때문이다. 셋째, 요약은 스스로의 이해도를 점검하는 자기 평가의 도구가 된다. 요약하는 과정을 통해 자신이 무엇을 알고 모르는지 명확히 인지할 수 있다.

이러한 요약의 기능은 단순한 학습 도구 이상의 의미가 있다. 복잡한 정보를 자신의 것으로 만드는 과정에서 더 깊은 사고가 이루어지고, 이는 장기적인 학습 효과로 이어진다. 또한 요약을 통해 발전된 정보 재구성 능력은 향후 더 높은 수준의 학습을 위한 토대가 된다. 이것이 바로 요약이 단순한 기술이 아닌 이해의 수준을 한 단계 끌어올리는 학습의 핵심 도구가 되는 이유다.

요약 능력의 중요성은 학습자의 학년이 올라갈수록, 특히 중·고등 시기는 물론 대학에 진학한 뒤에는 방대한 영어 지문과 전공 원서를 다뤄야 하므로 더욱 커진다. 이때 효과적인 요약 능력을 갖춘 학생들은 복잡한 내용의 핵심을 정확하게 파악한다.

'스키마(Schema)' 이론은 이러한 요약의 중요성을 뒷받침한다. 바틀레트(Bartlett)에 따르면 스키마란 '과거 경험의 능동적인 조직'으로 즉 읽기 활동에서 독자는 텍스트와 상호작용하며 의미를 구성하는데 요약은 이 과정의 핵심이 된다. 단순히 정보를 받아들이는 것이 아니라 자신의 배경지식과 경험을 바탕으로 텍스트의 의미를 적극적으로 해석하고 재구성하는 것이다. 이러한 능동적 읽기 과정은 더 깊은 이해와 장기 기억을 가능하게 한다.

초등 영어 문해력이 답이다

요약 능력은 실제 학습 상황에서 그 가치가 더욱 분명해진다. 예를 들어 토플이나 수능 같은 시험에서는 긴 지문의 요지를 파악하는 능력이야말로 평가의 핵심이다. 이 능력은 대학 입시 이후에도 빛을 발한다. 학술 논문이나 비즈니스 문서, 나아가 화상 회의나 이메일 작성 등 실무 영어에 있어서도 요약 능력은 그 진가를 크게 발휘한다.

요약 능력을 향상시키는 방법의 핵심은 앞서 언급했던 '능동적 읽기'다. 스키마를 배경지식 또는 사전지식이라는 말로 사용한 앤더슨과 피어슨에 따르면, 독자는 텍스트를 단순히 받아들이는 것이 아니라 자신의 배경지식과 경험을 바탕으로 의미를 적극적으로 재구성한다(Anderson & Pearson, 1984). 이는 마치 대화를 나누듯 텍스트와 끊임없이 상호작용하며 자신만의 의미를 만들어가는 과정이다. 이러한 능동적 읽기 과정은 다양한 '영어 읽기 전략'을 통해 발전시킬 수 있다.

- 비교하며 읽기: 텍스트 안의 다른 요소들을 비교하며 읽기
- 대조하며 읽기: 차이점을 찾아가며 읽기
- 시간 순으로 읽기: 사건의 순서를 파악하며 읽기
- 유추하며 읽기: 텍스트에 명시되지 않은 정보를 추론하며 읽기
- 찬·반 입장 생각하며 읽기: 다양한 관점에서 텍스트 해석하기
- 분위기 파악하며 읽기: 텍스트의 전반적인 톤, 무드 파악하기
- 저자 의도 생각하며 읽기: 저자가 전달하려는 메시지 파악하기

이러한 읽기 전략들을 실제 영어 지문에 적용해보면 그 효과를 더 잘 이해

할 수 있다. 먼저 '대조하며 읽기' 전략을 사용하여 다음 지문을 읽는다고 가정해보자. 이 지문은 사막과 열대우림을 비교하며 서로 다른 특징들을 명확하게 보여주고 있다.

Look at deserts and rainforests. They are very different places on Earth! In deserts, it rains very little - less than 10 inches a year. The ground is dry and sandy. Only a few plants grow here. Most desert animals come out at night when it's cool.

Rainforests are the opposite. They get lots of rain - more than 100 inches every year! The ground is wet and full of plants. Many different plants grow here. Animals in rainforests are usually active during the day when they can find food easily.

But both places are special in their own way. Desert plants have long roots to find water deep in the ground. Rainforest plants have big leaves to get sunlight. Desert animals know how to save water, while rainforest animals know how to stay dry in the rain.

사막과 열대우림을 살펴보자. 지구상에서 이 둘은 매우 다른 장소다. 사막에는 비가 거의 오지 않는다 - 1년에 10인치도 되지 않는다. 땅은 건조하고 모래투성이다. 몇 안 되는 식물만 자란다. 사막의 동물들 대부분은 시원한 밤에 활동한다.

열대우림은 정반대다. 비가 아주 많이 온다 - 매년 100인치가 넘는다! 땅은 습하고 식물들로 가득하다. 다양한 식물들이 자란다. 열대우림의 동물들은 보통 낮에 활동하는데, 그때 먹이를 쉽게 찾을 수 있기 때문이다.

초등 영어 문해력이 답이다

두 장소 모두 저마다의 특별한 점이 있다. 사막의 식물들은 땅 깊숙이 물을 찾기 위해 긴 뿌리를 가지고 있다. 열대우림의 식물들은 햇빛을 받기 위해 큰 잎을 가지고 있다. 사막의 동물들은 물을 아끼는 방법을 알고 있고, 열대우림의 동물들은 비를 피하는 방법을 알고 있다.

이처럼 '대조하며 읽기'는 두 대상의 차이점을 명확히 파악하는 데 도움을 준다. 앞선 예시에서 볼 수 있듯이 적절한 읽기 전략의 활용은 텍스트를 더 깊이 있게 이해하는 데 큰 도움이 된다. 다른 읽기 전략들도 글을 요약하는 데 유용한 역할을 한다. 이러한 읽기 전략들을 통해 아이들은 단순히 영어 텍스트를 해석하는 것을 넘어 그 내용을 진정으로 이해하고 자신의 영어 표현으로 만들 수 있게 된다.

영어 텍스트는 우리가 읽고 이해해야 할 하나의 결정체다. 처음에는 단단하고 불투명해 보이는 이 결정체가 다양한 전략으로 읽고 요약하는 과정을 거치며 점차 투명해진다. 그리고 마침내 그것을 자신의 언어로 다시 표현할 수 있을 때 우리는 새로운 결정체를 만들어낸다. 이것이 바로 '요약'이 이해의 결정체이자 영어 문해력을 완성하는 힘인 이유다.

🏅 핵심 비법 4. 생각을 영어로 표현하기

"말은 생각의 옷이다." 이 격언은 영어 문해력의 본질을 정확히 짚어낸다. 아무리 뛰어난 생각도 제대로 표현되지 않으면 빛을 발할 수 없다. 단순히 영어를 이해하는 것을 넘어 자신의 생각을 영어로 명확하게 표현할 수 있을 때 비로소 진정한 영어 문해력이 완성된다.

'표현'은 이해의 완성이다. 읽고 듣는 과정에서 얻은 지식은 말하고 쓰는 과정을 통해 온전히 자신의 것이 된다. 영어 교육에서 표현이 중요한 이유는 세 가지다.

첫째, 표현은 사고를 정교화한다. 자신의 생각을 영어로 표현하고자 할 때 우리는 더 깊이 있게 사고한다. 막연히 이해했다고 생각한 내용도 표현하려고 하면 새로운 도전이 된다.

둘째, 표현 능력은 실제 영어 활용의 척도가 된다. 영어 시험 점수가 아무리 높아도 자신의 생각을 영어로 표현하지 못한다면 그것은 온전한 영어 실력이라 할 수 없다.

셋째, 쓰기와 말하기는 수동적 이해를 능동적 활용으로 전환하는 핵심 도구다. 읽기와 듣기가 '입력'이라면 쓰기와 말하기는 '출력'이다. 이 입력과 출력의 균형이 진정한 영어 구사력을 만든다.

이러한 표현 중심 학습의 효과는 다양한 사례에서 확인할 수 있다. 닥터수스(Dr. Seuss)의《The Cat in the Hat》이 대표적이다. 아이들은 이 책을 읽으며 'The cat in the hat'에서 'The dog in the fog' 'The mouse in the house'로 패턴을 확장해간다. 단순한 모방처럼 보이는 이 과정이 실은 창의적 표현의 시작이다. 효과적인 표현의 차이는 다음 예시에서도 분명히 드러난다.

- 단순 표현: There is a park in my neighborhood.
  (우리 동네에 공원이 있다.)

- 풍부한 표현: The green park in the center of our neighborhood serves as a relaxing spot for residents and a playground for children, offering various activities throughout all four seasons.

  (우리 동네 중심부에 위치한 녹음이 우거진 공원은 주민들의 휴식 공간이자 아이들의 놀이터 역할을 하며, 사계절 내내 다양한 활동을 제공한다.)

첫 번째 문장이 단순히 공원의 존재만을 알리고 있다면 두 번째 문장은 위치(center), 특징(green), 기능(relaxing spot, playground), 활용도(various activities)와 시간적 맥락(throughout all four seasons)까지 담아낸다. 이처럼 풍부한 표현은 더 정확하고 생생한 의미 전달을 가능하게 한다.

영국 교육표준청의 〈Excellence in English〉 보고서에 따르면 정기적인 영어 작문 활동을 실천한 초등학생들은 그렇지 않은 학생들에 비해 전반적인 영어 능력이 현저히 향상되었다. 특히 쓰기 활동이 읽기 이해력 향상으로 이어진다는 점에 주목할 만하다(Ofsted, 2011).

영어 표현력 향상을 위해서는 단계별 접근이 필요하다. '들어오고, 숙성하고, 나가는' 과정을 하나하나 밟아가야 실현이 가능하다. 말하기와 쓰기에 대입해보면 다음과 같은 단계로 발전한다.

첫 번째 단계는 '기초 다지기'다. 충분한 읽기와 듣기를 통해 영어 표현의 기본 재료를 수집한다. 이 과정에서 중요한 것은 단순한 노출이 아닌 '능동적 이해'다. 예를 들어 영어 동화를 읽을 때 단순히 내용을 이해하는 것에 그치지 않고, 인상 깊은 표현을 따로 메모하거나 주요 문장의 패턴을 익히는 식이다.

두 번째 단계는 '기본적인 표현하기'다. 일상적인 상황에서 자주 쓰이는 표현부터 시작한다. 가령, 학교에서 있었던 일을 일기로 써보거나 좋아하는 책의 내용을 간단히 요약하는 것, 일상적인 대화를 나눠보는 것 등이다. 이 때 완벽한 문장을 만드는 것보다 자기 생각을 표현하고자 시도하는 것에 의미를 둔다.

세 번째 단계는 '심화된 표현하기'다. 즉 생각을 더 정교하게 표현하는 단계다. 한 가지 주제에 대해 브레인스토밍하거나 자신의 의견을 논리적으로 전개하는 연습을 한다. 예를 들어 'Why I like this book'이라는 주제로 글을 쓸 때 단순히 "I like this book because it is interesting"에서 그치지 않고, 구체적인 이유와 예시를 들어가며 "I like this book because the main character teaches me about bravery" 또는 "This book is special because it shows the value of friendship"과 같이 설명하는 것이다.

이러한 단계별 학습을 효과적으로 실천하기 위해서는 세 가지 원칙이 필요하다.

첫째, 규칙성이다. 매일 10분, 15분이라도 영어로 표현하는 시간을 가져야 한다. 격주로 한 시간씩 하는 것보다 매일 15분씩 하는 것이 더 효과적이다. 표현하는 근육을 키우는 것은 운동선수가 매일 훈련하는 것과 같다.

둘째, 피드백이다. 자신의 표현을 객관적으로 점검하고 수정하는 과정이 필요하다. 교사나 부모의 도움을 받을 수도 있고, 스스로 영어 원서의 표현과 비교해볼 수도 있다. 중요한 것은 단순히 틀린 것을 고치는 것이 아니라 더 나은 표현 방법을 찾아가는 과정이다.

셋째, 통합적 접근이다. 읽기·듣기·말하기·쓰기는 서로 밀접하게 연결

초등 영어 문해력이 답이다

되어 있다. 읽은 내용을 말로 표현해보고, 들은 내용을 글로 옮겨보는 등 네 가지 기능을 유기적으로 연결하며 학습해야 한다.

이와 같이 '표현하기'는 영어 문해력의 완성이자 새로운 시작이라고 할 수 있다. 표현을 통해 이해가 더욱 깊어지고, 깊어진 이해는 다시 더 나은 표현으로 이어진다. 이러한 선순환이 바로 진정한 영어 실력 향상의 열쇠다. 특히 주목할 점은 이러한 표현력 향상의 효과가 단순히 영어 실력에만 국한되지 않는다는 것이다. 자기 생각을 영어로 표현하는 과정에서 논리적 사고력과 창의력도 함께 발달한다. 예를 들어 하나의 주제에 대해 영어로 에세이를 쓸 때 우리는 자연스럽게 생각을 구조화하고 논리적으로 전개하는 훈련을 하게 된다.

표현하기의 심화 학습은 '생각 연습'이다. 생각을 논리화시켜 표현하는 연습인데, 이 지도를 받은 초등학생의 영어 표현력 발전 과정을 보면 성장하는 속도가 놀랍다. 처음에는 "I like pizza because it is delicious"와 같이 단순한 이유를 덧붙인 문장으로 시작한다. 하지만 체계적인 학습을 통해 몇 개월 후에는 "Pizza combines various flavors in one perfect dish. The crispy crust provides a satisfying crunch, while the melted cheese adds a rich, creamy texture. Fresh toppings like vegetables and pepperoni bring their own unique tastes, making each bite interesting and flavorful. Most importantly, I can share this delicious combination with my friends and family during fun gatherings"와 같이 하나의 주제에 대해 구조화된 설명과 개인적 의미까지 덧붙일 수 있게 된다. 이 문장들을 구조적으로 뜯어서 살펴보면 다음과 같다.

- **Main idea** (주제문)

  - Pizza combines various flavors in one perfect dish.

    (피자는 다양한 맛을 하나의 완벽한 요리로 담아낸다.)

- **Supporting details** (뒷받침 문장)

  - The crispy crust provides a satisfying crunch…

    (바삭한 도우가 만족스러운 식감을 제공하고)

  - … while the melted cheese adds a rich, creamy texture.

    (녹은 치즈는 풍부하고 부드러운 질감을 더하며)

  - Fresh toppings like vegetables and pepperoni bring their own unique tastes, making each bite interesting and flavorful.

    (신선한 야채와 페퍼로니 같은 토핑들은 저마다의 독특한 맛을 더해 한 입 한 입이 흥미롭고 풍미가 가득하다.)

- **Concluding sentence** (결론)

  - Most importantly, I can share this delicious combination with my friends and family during fun gatherings.

    (가장 중요한 것은 이 맛있는 조합을 즐거운 모임에서 친구들, 가족과 함께 나눌 수 있다는 점이다.)

자기 생각을 영어로 표현하는 능력은 두 단계의 발전 과정을 거친다. 먼저 기본적인 읽기와 듣기 능력이 탄탄히 갖춰져야 한다. 영어의 자연스러운 리듬과 패턴을 충분히 접하고 내면화하는 과정이 선행되어야 하기 때문이다. 다음은 지속적인 피드백과 수정을 통해 표현력을 향상시켜야 한다. 마치 운

초등 영어 문해력이 답이다

운동선수가 코치의 피드백으로 자세를 교정하듯 영어 표현도 적절한 지도와 교정을 통해 발전한다. 이러한 과정은 시간과 인내를 요구하지만 꾸준한 노력은 반드시 아이들이 자기 생각을 영어로 자유롭게 표현하는 열매를 맺게 할 것이다.

표현력 또한 앞서 살펴본 세 가지 핵심 능력과 유기적인 관계를 맺고 있다. 풍부한 어휘력은 정확한 표현의 기초가 되고, 맥락 이해 능력은 상황에 맞는 적절한 표현을 가능하게 하며, 요약 능력은 생각을 효과적으로 구조화한다. 이 네 가지 능력은 서로를 강화하며 발전하는 선순환을 이룬다. 한 영역의 향상은 다른 영역의 발전을 자연스럽게 이끌어내고, 이는 다시 전체적인 영어 문해력의 성장으로 이어진다.

이 책의 PART 2에서는 이러한 표현력을 향상시키는 구체적인 방법과 전략을 소개할 것이다. 연령별로 수준에 맞는 실질적인 학습법을 제시하고, 아이들이 흔히 겪는 어려움과 그 해결책도 함께 논의할 것이다.

표현력에서 무엇보다 강조하고 싶은 것은 완벽의 추구보다 꾸준한 시도의 중요성이다. 영어는 결국 우리의 생각과 감정을 나누는 도구이기에 계속된 표현의 시도야말로 진정한 문해력의 완성으로 가는 가장 빠르고 안전한 길이라는 것을 잊어서는 안 된다.

KEY POINT

- ⊘ **탄탄한 어휘력이 문해력의 기초를 이룬다.**
- ⊘ **맥락 속에서 글을 이해하는 능력이 깊이 있는 독해를 가능하게 한다.**
- ⊘ **문해력에서 복잡한 정보를 정리하고 요약하는 능력은 필수적이다.**
- ⊘ **자기 생각을 영어로 표현하는 능력을 단계적으로 발전시켜나가야 한다.**
- ⊘ **영어 문해력을 키우는 네 가지 핵심 능력은 상호 보완적으로 발전한다.**

초등 영어 문해력이 답이다

CHAPTER 4
영어 문해력 향상을 위한
5단계 성장 공식

"영어는 재미있고 거부감이 없어야 한다."

"영어 정서가 중요하다."

"아이가 영어를 좋아하면 그만이다."

내가 가장 두려워하는 말들이다. 과연 그것이 언제까지 통할지, 적당한 노출로 이룰 수 있는 성장은 어디까지인지 아무도 모르기 때문이다. 물론 연령대가 아주 어린 아이면 일부 맞는 말이다. 하지만 언제까지 재미있을 수 있을까? 실력이 늘지 않은 채 초등 고학년이 되었을 때 느끼는 아이의 낮은 영어 자존감은 어떻게 할 것인가? 지금 아이가 영어를 좋아한다고 앞으로도 계속 좋아할까?

경험상 영어 실력은 저절로, 서서히, 자연스럽게 만들어지지 않는다. 처음엔 가랑비에 옷 젖듯 시작하지만 점점 소낙비와 장대비를 피하듯 처절하게 노력해야 만들어진다. 영어 문해력은 절대 그냥 쉽게 만들어지지 않는다.

🌀 성장 공식 1. 제대로 된 읽기 습관 기르기

영어를 제대로 읽게 하려면 세 가지 방법이 필요한데, 첫째는 절대량을 채우는 것이고, 둘째는 일정량을 고정된 시간에 읽는 것이며, 셋째는 독서 환경을 세팅하는 것이다.

먼저 읽기 수준을 높여야 한다. CHAPTER 3에서 영어 문해력의 근간이 되는 핵심 비법 네 가지를 소개했다. 이 방법들은 모두 어느 정도 읽기 수준의 도달 없이는 시도하기 어렵다. 대부분의 아이들이 읽기 수준을 높이기 위해 온 시간을 쏟으며 매진하는 것도 다 이런 이유 때문이다.

읽기 수준을 따라잡아야 영어가 잡힌다. 읽기 수준은 한번 격차가 벌어지기 시작하면 상황을 반전시킬 만한 획기적인 실천 방법이 없어 그 간극을 좁히기가 매우 어렵다. 웬만해서는 잘 늘지 않는다. 그래서 필요한 것이 읽기의 '절대량'이다. 웬만큼 읽어서는 사실 큰 변화가 없다.

"내가 초·중·고 때 받은 영어 수업을 합쳐서 20년간 영어를 배웠는데도 영어 한마디 못해요." 종종 듣는 말이다. 이 말에는 큰 모순이 있다. 20년간 집중해서 영어 공부를 한 것이 아니기 때문이다. 극단적인 예시로 10시간씩 매일 6개월 동안 영어책을 읽었다고 치면 앞서 말한 20년간 영어를 배웠다는 사람보다 훨씬 더 영어 수준이 높을 것이다. 말콤 글래드웰(Malcolm Gladwell)이 그의 저서 《아웃라이어》에서 제시한 '1만 시간의 법칙'도 같은 이야기를 하고 있다. 특정 분야에서 전문성을 갖추려면 최소 1만 시간의 의도적인 연습이 필요하다는 이론인데, 여기서 중요한 것은 단순히 물리적인 시간이 아닌 '의도적 연습'이다. 20년간 영어를 배웠지만 효과가 없었던 이유도 여기에 있다. 주당 3~4시간의 영어 수업을 20년간 들었다 해도, 실제 연습 시간은 턱없이 부족했다. 더구나 그마저도 '의도적 연습'이 아닌 수동적 학습이었다.

반면, 하루 10시간씩 6개월을 영어 공부에 집중한다면 어떨까? 180일×10시간은 총 1,800시간이다. 이는 학교 영어 수업 5~6년치와 맞먹는 시간이다. 더구나 이 시간은 온전히 영어에 집중된 의도적이고 체계적인 연습 시간이다. 실제로 영어권 국가에서 6개월에서 1년 정도 머문 학생들의 영어 실력이 급격히 상승하는 것도 이런 이유다. 절대적 노출 시간과 의도적 연습의 결합이 만들어낸 결과다.

이는 독서에도 그대로 적용된다. 일주일에 한두 권 읽기와 매일 두세 권 읽기는 단순한 양적 차이가 아니다. 전자는 '취미'로써의 독서고, 후자는 '의도적 연습'으로써의 독서다. 진정한 읽기 실력의 향상은 체계적이고 의도적인 독서에서 이루어진다. 이것이 바로 '제대로 읽는 습관'을 강조하는 이유다.

이런 습관이 부족하면 아이들의 읽기 수준이 불안정해진다. 초등 3-4학년이 되면 또래들과의 차이가 분명해진다. 꾸준히 읽었다고 해도 성장이 더뎌지고, 사고 수준에 맞지 않는 책을 읽어야 하니 흥미를 잃게 된다. 문제는 영어가 아니라 사고와 맞지 않는 글 자체다. 이런 상황이 지속되면 아이도, 지켜보는 부모도 서서히 지치게 된다.

초등 시기야말로 이런 독서 절대량을 채우기에 가장 좋은 때다. 시간적 여유가 있고, 흡수력이 뛰어나며, 무엇보다 습관 형성이 가능한 나이이기 때문이다. 이 시기를 놓치면 나중에는 더 많은 시간과 노력이 필요하다. 독서의 절대량을 채워 읽기 수준부터 확보하는 일이 우선되어야 한다.

나는 운동 마니아다. 바쁜 일과 중에도 운동 시간은 어떻게든 확보하려고 노력한다. 운동 시간 뒤로는 스케줄을 잡지 않아 운동에 최대한 집중할 수 있는 환경을 만든다. 운동 전에는 내 몸에 잘 맞는 간식을 챙겨 먹으며 체력을 유지해둔다. 운동 중에 들을 음악도 소중히 플레이리스트에 저장해두며, 운동복은 전날 가방에 싸놓는다. 해치우듯 운동한 날은 운동 후 개운한 맛도 덜하고 왠지 효과도 덜한 느낌이다. 온 마음을 다해 시간을 확보하고 정성을 들여야 운동이 더 잘된다.

처음부터 그랬던 것은 아니다. 하다 보니 루틴의 힘을 깨달았다. 의지로만 운동하기에는 실천이 어려웠고, 반복하여 습관을 만드니 그 이후부터는 어렵지 않았다.

'양질의 시간(Quality time)'이란 단순히 시간을 보내는 것이 아니라 어떠한 한곳에 온전히 집중하는 특별한 시간을 말한다. 무엇인가 이루려면 온 마음과 정성을 다해야 한다는 것이 나의 신조다. 영어책 읽기나 학습에 투자하는 시간은 이러한 양질의 시간이 되어야 한다.

집중해서 한자리에서 한 시간, 그것이 매일 같은 시간이면 효과는 더 증폭된다. 단 그 한 시간이 쫓기는 일상의 틈에 끼어 있는 것이 아니어야 한다. 독서 시작 전, 학습 중간, 독서를 마치고 난 뒤 모두 몸과 마음이 편안한 여유가 있어야 한다.

생각보다 독서 환경의 중요성에 대해 간과하는 학부모들이 많다. 일정 요일, 일정 시간, 일정량, 일정 장소 등 습관을 형성하는 일은 운동 전 꼭 필요한 준비운동에 해당한다.

환경을 고정해놓으면 뇌도 아이를 돕는다. 우리 뇌는 새로운 습관을 만들 때 처음에는 저항한다. 하지만 일정 기간이 지나면 그 패턴을 받아들이기 시작하고, 이후에는 오히려 그 습관을 유지하려는 방향으로 작동한다. 이것이 바로 '뇌의 적응력'이다.

아이들의 의지력은 취약하다. 그래서 환경의 힘을 빌려야 한다. 고정된 환경과 시간은 아이의 뇌가 자연스럽게 학습 모드로 전환되도록 돕는 강력한 신호가 된다. 집에서 공부하는 아이라면 가령 월·수·금요일은 학원에 다닌다고 생각하고 그 시간만큼은 절대 다른 일에 양보하지 않아야 한다. 또한 가족 모두 이 시간의 중요성을 인정하고 존중해주어야 한다. 늘 같은 책상, 같은 조명, 같은 시간표를 사용하는 등 학습 환경의 일관성을 유지하는 것은 매우 중요하다.

🏅 성장 공식 2. 영어로 생각하는 힘 키우기

모든 영어 학습은 질문에서 시작된다. 일기를 쓸 때도 'What did I do today?(오늘 나는 무엇을 했지?)' 독후감을 쓸 때도 'What was this story about?(이 이야기는 무엇에 관한 것이었지?)'라고 물어야 한다. 모든 영어 표현은 물음에서 시작되며 묻지 않으면 표현할 수 없다. 즉 결정적 질문이 바로 영어 표현의 시작점이 된다.

주로 다음의 네 가지 질문을 해버릇하면 영어로 사고하기도 수월해진다.

첫째, 모르는 내용에 대한 질문이다. 'What does this word mean?(이 단어는 무슨 뜻이지?)'이라고 물은 뒤 검색하고, 찾아보고, 기록하는 과정이 바로 영어로 사고하기의 시작이다.

둘째, 의문을 갖는 것이다. 'What(무엇)'과 'How(어떻게)'보다 'Why(왜)'를 먼저 묻는 습관이 중요하다. 왜 이 책을 읽는지, 왜 이 표현을 배워야 하는지, 왜 이 문장이 이렇게 구성되었는지 등을 질문하는 과정 속에서 영어에 대한 이해가 깊어진다.

셋째, 반문해보는 것이다. 교재나 선생님의 설명을 그대로 받아들이지 않고 'Is this really correct?(이게 정말 맞나?)'라고 되묻는 습관이 중요하다. 이러한 비판적 사고가 진정한 영어 실력의 바탕이 되기 때문이다.

넷째, 자문자답해보는 것이다. 'What would I say in this situation?(이런 상황에서 나는 뭐라고 할까?)'처럼 스스로 묻고 답하는 과정을 통해 영어 표현력이 발전한다.

영어로 사고한다는 것은 단순한 언어의 습득을 넘어선다. 이는 호기심을 자극하고, 생각을 촉발하며, 결국 영어 실력을 성장시키는 핵심 동력이 된다. 질문하는 습관은 곧 생각하는 습관이 되고, 이는 자연스럽게 영어 표현으로 이어진다. 영어로 사고하는 능력을 기르는 것은 결국 더 나은 영어 실력을 위해 대충 하지 않겠다는, 깊이 있는 영어를 구사하겠다는 의지의 표현이다. 이것이 바로 우리가 영어로 사고하는 습관의 중요성을 강조하는 이유다.

영어로 사고하는 능력은 단순히 우리말을 번역하는 과정을 넘어서는 고

초등 영어 문해력이 답이다

차원적인 능력이다. 이는 영어 문해력 향상에 핵심적인 역할을 하며, 영어의 문화적 측면과 관용표현, 사고방식을 이해하고 내면화하는 과정이다. 이 능력은 아이들의 진정한 영어 구사력 발달에 결정적인 영향을 미친다.

이 책을 읽는 독자 중 미취학 자녀를 둔 부모들은 '우리 아이는 아직 알파벳도 모르는데 이런 방법은 너무 어렵지 않을까?'라고 생각할 수 있다. 하지만 아직 걱정하기엔 이르다. 영어로 사고하는 습관을 기르는 구체적인 방법과 연령대별 적용 방법을 PART 2에서 자세히 다룰 예정이다. 지금은 이러한 습관의 중요성을 이해하고, 장기적인 목표로 설정하는 것만으로 충분하다.

영어로 사고하는 습관을 기르기 위해서는 주로 다음의 두 가지 방법이 유용하다. 첫 번째로 문맥 중심의 학습이 필요하다. 이는 단순히 어휘를 문장 속에서 배우는 것을 넘어선다. "I'm looking forward to seeing you(만나서 반가울 거야)"와 같은 표현을 배울 때 단순히 'look forward to(~을 기대하다)'의 의미만 익히는 것이 아니라 이 표현이 주로 사용되는 상황, 화자의 감정, 문화적 맥락까지 함께 이해하는 것이다.

예를 들어 《Dragon Masters》시리즈를 읽을 때 "Drake reached out to his dragon(드레이크는 자신의 드래곤에게 다가갔다)"이라는 문장을 만난다면 단순히 'reach out to'를 '다가가다'로 해석하는 데 그치지 않는다. 이 표현이 물리적 접근뿐 아니라 정서적 유대를 쌓으려는 시도라는 것, 드래곤과 기사 사이의 신뢰 관계를 보여주는 상황이라는 것, 나아가 서양 판타지 문학에서 드래곤과 인간의 관계가 갖는 상징성까지 함께 이해하게 된다. 이처럼 문맥 속에서 언어를 익히면 자연스럽게 영어식 사고가 형성된다.

두 번째로 '소리 내어 생각하기(Think-Aloud)' 전략은 영어 사고력 향상에 특히 효과적이다. 이는 단순히 생각을 소리 내어 말하는 것이 아니라 체계적인 사고 과정을 외부로 표현하는 방법이다. 예를 들어 영어 동화를 읽을 때 "I think this character is sad because…(이 등장인물은 슬픈 것 같아. 왜냐하면…)"처럼 추론 과정을 소리 내어 말하거나 "This reminds me of…(이건 나에게 …를 떠올리게 해)"와 같이 자신의 경험과 연결 짓는 표현을 사용한다.

이 전략은 3단계로 나누어 실천할 수 있다. 먼저 부모가 시범을 보이고, 그다음 아이와 함께 하다가 마지막으로 아이 혼자 하게 한다. 처음에는 "What will happen next?(다음에는 무슨 일이 일어날까?)"와 같은 간단한 질문으로 시작하여, 점차 "Why do you think the author wrote this story?(작가가 왜 이 이야기를 썼을까?)" 같은 더 깊이 있는 사고를 요구하는 질문으로 발전시켜나간다.

🌱 성장 공식 3. 매일 조금씩 써보기

세 번째 단계는 '쓰는 습관'을 기르는 것이다. 전통적으로 '쓰기'는 말하기, 듣기, 읽기 다음의 마지막 단계로 여겨져 왔다. 하지만 실제로는 아이들이 조기에 쓰기 교육을 받을수록 더 잘 수용하고 흡수한다. 초등 고학년이 되어서도 영어 한 단어조차 쓰지 못하는 아이들이 많은 이유가 바로 여기에 있다. 따라서 빨리 쓸수록 잘 쓴다고 생각하는 것이 좋다. 특히 초등 3-4학년 정도가 되면 인지 수준이 충분히 발달하여 다른 학습들과 동시에 쓰기 교육을 하는 것이 매우 효과적이다.

초등 영어 문해력이 답이다

쓰기는 단순한 출력 활동이 아니라 생각을 정리하고 깊이 있는 이해를 도모하는 강력한 도구다. 예를 들어 에릭 칼(Eric Carle)의 《The Very Hungry Caterpillar(아주아주 배고픈 애벌레)》를 읽은 후 아이에게 이야기의 순서대로 음식을 나열해보라고 하면 이는 단순한 쓰기 연습을 넘어 이야기의 구조와 흐름을 이해하는 데 큰 도움이 된다. 이런 활동은 쉬운 단어 쓰기부터 시작하면 충분히 가능하다. 이와 같이 쓰기를 어렵게 생각하지 말고 아이의 수준에 맞는 간단한 단어나 문장부터 시작해보는 것이 좋다.

쓰기의 첫 단계는 '읽은 내용'을 간단히 표현하는 것이다. 초등 1-3학년 아이의 경우 전체 내용을 요약하는 것은 아직 어려울 수 있다. 하지만 작은 활동부터 시작하면 된다. 예를 들어 책을 읽은 후 주요 등장인물의 이름만 써보거나 가장 기억에 남는 장면을 한 문장으로 써보는 것이다. 이런 간단한 활동들이 모여 추후에 텍스트의 핵심을 파악하고 자신의 언어로 재구성하는 능력으로 발전한다. 이러한 준비 과정은 통합적으로 사고하고, 읽고 쓰는 능력을 기르는 데 있어 매우 중요하다.

그다음으로는 '자기 생각이나 느낌'을 표현하는 것이다. "만약 내가 이 이야기의 주인공이었다면 어떻게 행동했을까?"와 같은 질문에 답을 써보는 것은 텍스트에 대한 깊은 이해와 함께 창의적인 사고를 촉진한다. 이때 꼭 영어로 질문하거나 답할 필요는 없다. 많은 학부모들이 가지고 있는 걱정과 오해 중 하나가 아이의 생각을 묻고 답할 때 영어만 사용해야 한다는 것인데, 처음에는 우리말로 질문하고 답하다가 점차 영어로 전환해가는 것도 좋은 방법이다. 무엇보다 아이가 쉽게 생각하고 접근할 수 있어야 한다.

쓰기 실력 향상을 위해 초등 저학년들이 실천하면 좋은 두 가지 방법이 있다. 첫 번째는 '어휘 노트'를 만드는 것이다. 새롭게 배운 단어나 표현을 기록하고, 그것을 활용한 문장을 직접 만들어 단어 옆에 함께 적는다. 예를 들어 'enormous(거대한)'라는 단어를 배웠다면 "The elephant is enormous compared to the mouse"와 같은 문장을 스스로 만들어보는 것인데, 이러한 활동은 단어를 오래 기억하게 할 뿐 아니라 단어를 활용해 자기 생각을 표현하는 능력으로 이어진다.

두 번째로 효과적인 방법은 '일기'나 '짧은 에세이' 쓰기를 통해 자유로운 영어 표현 능력을 기르는 것이다. 초기에는 "Today, I played soccer. It was fun"과 같은 간단한 문장으로 시작하여 "Although it was raining, I enjoyed playing soccer with my friends today" 같이 복잡한 구조의 문장으로 점차 발전시켜나가는 것이 좋다.

쓰기 능력 향상을 위해서는 지속적인 노력과 많은 연습이 필요하다. 이는 마치 운동선수가 꾸준히 근육을 단련시키는 것과 같다. 테니스 선수가 매일 포핸드 스트로크를 반복하듯 영어 쓰기도 매일의 꾸준한 연습이 필요하다. 처음에는 어색하고 힘들 수 있지만 지속적인 연습을 통해 점차 자연스러워지고 능숙해진다. 여기서 중요한 점은 운동 기억이란 평생 몸에 배어 무의식적으로 나오는 근육의 기억이라는 것이다. 영어 쓰기도 이와 같은 원리로 작동한다. 꾸준한 연습을 통해 형성된 쓰기 능력은 마치 한번 몸에 익힌 자전거 타는 법을 평생 기억하는 것처럼 오랫동안 유지된다. 영어는 우리에게 외국어이기 때문에 이러한 연습의 중요성은 더욱 커진다. 모국어와 달리 자연스럽게 습득되지 않는 영어는 의식적이고 꾸준한 연습 없이는 향상되기 어렵다. 따라서 영어 쓰기 연습을 게을리해서는 실력을 끌어올릴 여지가 없다.

쓰기는 읽기 능력 향상을 위해서도 필요하다. 자신이 쓴 글을 다시 읽어보며 오류를 찾고 수정하는 과정은 비판적 읽기 능력을 발달시킨다. 이 과정에서 아이들은 자연스럽게 문장 구조, 어휘 사용, 문법 규칙 등에 더 주의를 기울이게 되고, 자신의 글을 객관적으로 평가하는 능력이 생기면서 다른 사람의 글을 읽을 때도 더 깊이 있는 이해와 분석이 가능해진다. 이러한 상호작용을 통해 쓰기와 읽기 능력이 동시에 향상되는 시너지 효과를 얻을 수 있다.

결론적으로 '쓰는 습관'은 영어 문해력 향상의 핵심 도구다. 초등 3-4학년부터 아이의 수준에 맞는 다양한 쓰기 활동을 시작하면 영어는 더 이상 단순한 학습 대상이 아닌 자신을 표현하는 또 다른 언어가 된다. 이러한 쓰기 습관이 아이의 지속적인 영어 실력 향상을 이끌고 성장에 점점 가속을 붙여줌으로써 아이들이 영어를 더욱 자연스럽게 구사할 수 있도록 할 것이다.

🏅 성장 공식 4. 배운 것을 말과 글로 표현하기

영어가 내 것이 되려면 '아웃풋(output)'이 중요하다. 하지만 많은 학부모들이 '인풋(input)'에만 집중한다. 영어 동화책을 사주고, 영어 학원을 보내고, 원어민 수업을 받게 하는 등 '읽고 듣는' 활동에만 치중한다. 그러나 이런 일방적인 입력에는 한계가 있다.

왜 많은 아이가 수년간의 영어 학습에도 불구하고 간단한 문장조차 쓰거나 말하지 못할까? 인풋에만 집중된 학습이 주된 원인이다. 마치 요리를 배우면서 요리 영상만 보고 실제로는 한 번도 요리해보지 않는 것과 같다. 영어 실력이 제자리걸음인 아이들을 보면 대부분 이런 패턴이다. 매일 영어 학원에 다니고, 매일 영어책을 읽지만 정작 자신의 생각을 영어로 표현할 기회는 거의 없다.

아웃풋의 여정은 단어에서 시작하여 문장으로, 다시 문단으로 자연스럽게 확장된다. 좀 더 구체적인 단계를 살펴보면 다음과 같다.

첫째, 기초 단어들을 일상생활 속에서 활용하는 것으로 시작한다. 이러한 단순한 단어 사용이 모여 기본적인 문장 표현으로 이어지고, 이는 더 풍부한 표현의 토대가 된다.

둘째, 일상적인 표현으로 시작하여 점차 자신의 생각과 감정을 담은 표현으로 나아간다. 날씨, 취미, 일과 같은 익숙한 주제에서 점차 자신의 의견이나 감정을 표현하는 수준으로 발전해가는 것이다. 매일 한 문장이라도 일기를 쓰거나 좋아하는 책의 내용을 간단히 요약해보는 활동이 도움이 된다.

셋째, 자신의 생각을 논리적으로 전개하는 단계로 나아간다. 이 단계에서는 한 가지 주제에 대해 자신의 의견을 체계적으로 정리하고 표현하는 연습을 하는 것이 좋다. 처음에는 서툴고 실수도 많겠지만 이런 과정을 통해 영어로 사고하고 표현하는 능력이 자연스럽게 발달한다.

특히 중요한 것은 아웃풋 활동이 단순한 표현 연습을 넘어 자신감 향상으로 이어진다는 점이다. 처음에는 실수가 두려워 망설이던 아이들도 계속된 시도와 성공 경험을 통해 자신감을 키워간다. 그리고 이러한 자신감은 영어 학습 전반에 긍정적인 영향을 미친다.

결국 영어는 '사용'하면서 실력이 늘어난다. 처음에는 서툴고 실수도 많

초등 영어 문해력이 답이다

겠지만 꾸준한 아웃풋 활동을 통해 점차 자신의 것이 된다. 아이들이 자신의 생각과 감정을 영어로 표현하는 즐거움을 알게 될 때 비로소 진정한 영어 실력의 도약이 시작되는 것이다.

🌿 성장 공식 5. 꾸준히 하는 습관 만들기

문해력은 결코 거창한 목표가 아니다. 불 꺼진 영화관에 들어가면 처음에는 사방이 깜깜하지만 조금 지나면 주변이 분간된다. 낯선 동네에 가면 방향을 전혀 모르는 '깜깜이' 상태가 되는데 이곳저곳 돌아다니다 보면 어느 순간 온 동네의 지리가 파악된다. 그림 퍼즐을 맞출 때도 전체 윤곽이 보이기 시작하는 시점이 있다. 영어 또한 꾸준히 하다 보면 어느 순간 낯선 텍스트가 익숙해지고 이해되기 시작한다.

영어를 이해하려면 텍스트 너머 이면의 뜻을 읽을 줄 알아야 하는데, 읽다 보면 글의 흐름과 방향이 잡히면서 '이렇게 읽으면 되겠구나' 하는 때가 온다. 이때부터 읽기에 속도가 붙는다. 물론 처음부터 이렇게 읽는 아이들도 있다. 영어 선생님들은 이를 '클릭(Click)!' 순간이 왔다고 표현한다. 갑자기 영어가 들리기 시작하고, 영어책이 읽히기 시작하는 순간을 말한다.

하지만 '클릭' 순간이 아직 오지 않았다고 해서 조바심을 내거나 불안해할 필요는 없다. 처음에는 더디게 느껴지더라도 언젠가는 반드시 그 순간이 찾아온다. 마치 아이가 걸음마를 배울 때처럼 어느 순간 갑자기 모든 것이 자연스러워지는 경험을 하게 된다. 이 '클릭!' 순간이 오지 않으면 그 누구도 영어를 진정으로 이해할 수 없다. 영어는 단순한 암기가 아닌 이해와 깨달음이 필요하기 때문이다. 이전까지는 그저 암중모색할 뿐이다.

영어 학습에 있어 가장 중요한 요소는 무엇일까? 보통 타고난 재능이나 집중적인 학습을 떠올리지만 실제로는 '꾸준함'이 가장 중요하다. 꾸준한 학습 습관은 단기간의 성과보다 장기적인 관점에서 훨씬 더 큰 효과가 있다. 따라서 꾸준히 하는 습관이야말로 초등학생부터 고등학생까지 모든 연령대의 학생들에게 가장 중요한 덕목이라 할 수 있다.

꾸준함의 중요성은 심리학자 에릭슨(Anders Ericsson)의 '의도적 연습(Deliberate Practice)' 이론으로 뒷받침된다. 이 이론에 따르면 탁월한 성과는 단순한 반복이 아닌 목표를 가진 의식적이고 지속적인 노력에서 비롯된다. 영어 학습에 적용하면 매일 조금씩이라도 꾸준히 영어에 노출되고 영어를 사용하는 것이 장기적으로 큰 효과를 불러일으킨다. 이는 '마시멜로 실험'으로 유명한 지연 만족의 개념과도 연결된다. 당장의 성과가 보이지 않더라도 꾸준히 노력하는 아이들이 결국 더 큰 성취를 이룬다. 단순한 습관을 넘어 아이의 인성 발달과 미래의 성공에도 긍정적인 영향을 미치기에 꾸준함의 중요성은 아무리 강조해도 지나치지 않다.

영어 학습을 꾸준히 하기 위해서는 다음과 같은 몇 가지 핵심적인 조건과 전략이 필요하다.

첫째, 장소를 정한다. 나는 프리랜서지만 매일 아침 사무실로 출근한다. 오전 시간만큼은 늘 사무실에서 같은 조명 아래 같은 책상에 앉아 일한다. 이처럼 아이들도 학습에 방해받지 않는 전용 공간이 필요하다.

둘째, 시간을 정한다. 나는 지금과 같이 집에서 글을 쓸 때는 새벽과 오전

초등 영어 문해력이 답이다

시간을 주로 활용한다. 최대한 방해받지 않는 시간을 정하는 것이 중요하다. 너무 긴 장기 계획보다는 실행 가능한 주간, 일간 계획으로 시간을 쪼개는 것이 효과적이다. 예를 들어 이번 주 월요일부터 금요일까지 저녁 7시부터 30분간 영어 단어 20개씩 외우기, 화요일과 목요일은 오후 4시에 30분씩 영어책 읽기 등으로 계획을 구체화시킨다. 그리고 이 시간에는 천하가 무너져도 반드시 계획한 것을 지키겠다고 다짐한다.

셋째, 반복과 꾸준함을 유지한다. 불가피한 사정이 아니라면 정해진 시간을 거르지 말아야 한다. 그리고 일정 시간을 채워야 한다. 적어도 하루 30분 이상은 해야 하는데 시간으로 채우기 힘들면 분량으로 채워도 된다. 헤밍웨이는 무슨 일이 있어도 하루에 500단어 이상씩 썼다고 한다. 분량을 채우는 것이 버거우면 개수로 채워도 된다. 하루에 한 과목을 학습하거나 책을 한 권씩 읽어내는 식이다. 하루이틀이 아닌 한 달, 두 달… 그렇게 1년, 2년을 계속해야 한다.

넷째, 아이에게 맞는 학습 방법과 자료를 선정한다. 모든 아이에게 똑같이 적용되는 효과적인 학습 방법은 없다. 시각적인 학습을 선호하는 아이라면 그림이 많은 영어 그림책이나 영상 자료가 유용하고, 청각적인 학습을 선호하는 아이는 영어 팟캐스트나 오디오북이 더 적합할 것이다. 무엇보다 아이와 함께 다양한 학습 방법과 자료를 탐색하고 선택하는 과정 자체가 중요한 학습 경험이 된다.

다섯째, 최대한 집중하고 규칙적으로 복습한다. 책을 읽거나 학습하는 시간에는 철저하게 메신저나 SNS를 보지 않도록 지도한다. 휴대전화도 통제하면 좋다. 엘윈 브룩스 화이트는 "창조란 집중을 방해하는 요소들을 포기하는 것에 불과하다"라고 말했다. 읽고 생각하고 쓰는 일도 일종의 창조 행위다. 또한 새로 배운 내용은 당일, 일주일 후, 한 달 후에 다시 복습하는 식으로 계획을 세워야 한다. 이러한 규칙적인 복습을 통해 학습 내용이 장기기억으로 전환되고, 실제 사용 가능한 지식이 된다.

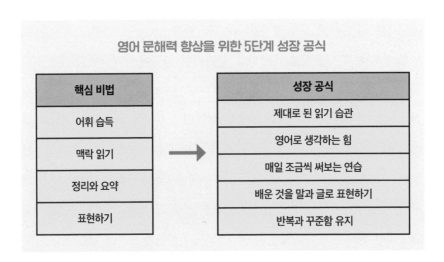

이 다섯 가지 전략을 꾸준히 실천한다면 영어 실력이 향상되는 것은 필연적이다. 처음에는 미세한 변화에 불과할 수 있지만 시간이 쌓이면서 그 효과는 눈덩이처럼 불어난다. 꾸준함의 힘은 조용하지만 강력하다. 당장은 아이의 실력이 느는 것 같지 않아도 언젠가는 늘어난다. 꾸준한 노력 그 자체가 빛을 발하는 날이 반드시 온다.

초등 영어 문해력이 답이다

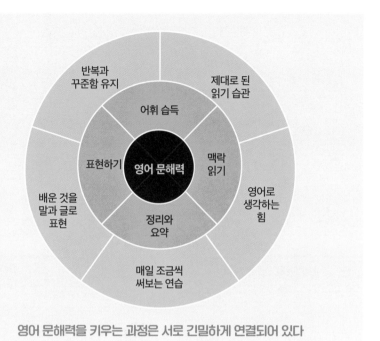

영어 문해력을 키우는 과정은 서로 긴밀하게 연결되어 있다

KEY POINT

- ⊘ **제대로 된 읽기 습관이 문해력 향상의 기본이다.**
- ⊘ **영어로 생각하는 능력을 단계적으로 키워나가야 한다.**
- ⊘ **매일 조금씩이라도 쓰기 연습을 하는 것이 중요하다.**
- ⊘ **배운 내용을 말과 글로 표현하는 연습이 필요하다.**
- ⊘ **꾸준히 하는 습관이 영어 문해력의 완성을 이룬다.**

Let's Study !!

PART 2

스텝 바이 스텝으로
빈틈없이 확실하게

go!!

영어 문해력은 아이의 발달 단계에 맞춰 자라난다. 초등 1-2학년은 씨앗을 심는 단계고, 초등 3-4학년은 기둥을 세우는 단계, 초등 5-6학년은 날개를 달아주는 단계다. 각 시기의 특성에 맞는 학습법으로 탄탄하게 아이들의 성장을 이끌어야 한다. 무엇보다 중요한 자기주도 학습을 위한 디지털 도구 활용법 역시 소개한다.

CHAPTER 5

영어 문해력과 자기주도적 학습,
두 마리 토끼를 잡다

"숙제도 안 하고, 단어도 안 외우고 혼자서는 아무것도 안 해요."

"계획표까지 붙여놨는데 실천이 안 되네요."

"언제까지 엄마가 챙겨줘야 하나요?"

학부모들의 고민이다. 특히 초등 5-6학년 자녀를 둔 부모들의 걱정이 깊었다. 중학교 입학을 앞두고 있는데 아직도 영어 공부를 스스로 하지 않는 아이를 보며 불안해하는 경우가 많았다.

자기주도 학습 능력은 선천적인 것이 아니다. 마치 운동선수가 꾸준한 훈련으로 근육을 키우듯 체계적인 습관 형성과 적절한 도움이 있다면 누구나 자기주도적 학습자로 성장할 수 있다.

이번 챕터에서는 시기별 특성에 맞는 학습법을 다루기 전에 아이를 스스로 공부하는 영어 학습자로 키우는 실질적인 방법을 알아본다. 목표 설정부터 계획 수립, 실천 전략, AI 도구 활용법까지 단계별로 살펴보면서 우리 아이에게 꼭 맞는 자기주도적 영어 학습 방법을 찾아보자.

🏅 목표와 계획 함께 세우기

학년별 목표 설정하기

막연히 '영어를 잘하고 싶다'가 아닌 구체적이고 실현 가능한 목표가 필요하다. 특히 초등학생의 경우 단기, 중기, 장기 목표를 명확하게 구분하여 설정하는 것이 중요하다.

──────────────(실전 가이드)──────────────

STEP 1 현재 수준 파악하기

아이의 현재 영어 실력을 정확히 진단하는 것이 첫 번째로 필요한 작업이다. AR 테스트나 어학원 레벨테스트를 통해 독해력을 확인하고, 어휘력 테스트로 단어량을 체크한다. 또한 간단한 작문을 통해 표현력 수준도 파악해본다. 이러한 객관적인 진단이 있어야 적절한 목표 설정이 가능하다.

STEP 2 단기 목표와 중기 목표 설정하기

1개월 단기 목표와 더불어 3~6개월 정도의 중기 목표를 학년별로 다르게 설정한다.

학년별 단기 목표와 중기 목표의 예		
학년	단기 목표(1개월)	중기 목표(3~6개월)
초등 1-2학년	알파벳 대소문자 익히기 기초 파닉스 규칙 습득하기 기본 사이트 워드 50개 익히기	기초 리더스북 5권 읽기 간단한 문장 읽고 이해하기 기본 단어 100개 익히기
초등 3-4학년	AR 2.0~3.0 책 3권 읽기 기본 문형으로 문장 만들기 매일 영어 일기 한 문장 쓰기	챕터북 시작하기 영어로 자기소개하기 기본 회화 패턴 익히기
초등 5-6학년	AR 4.0 이상 책 2권 읽기 영어 에세이 한 단락 쓰기 주제별 단어 정리하기	비문학 텍스트 읽기 시작하기 중학교 1학년 범위의 기본 문법 익히기

STEP 3 월별 세부 목표 수립하기

초등 4학년 학습 목표 및 진도표의 예			
월	읽기	쓰기	어휘/문법
3월	AR 2.0 책 주 1권 읽기	기본 문형으로 일기 쓰기	주제별 단어 50개
4월	AR 2.5 책 도전하기	두 문장 일기 쓰기	문법 기초 다지기(be동사)
5월	AR 2.5~2.8 책 주 2권 읽기	세 문장 일기 쓰기	기본 시제 학습(현재/과거)
6월	AR 3.0 책 도전하기	한 문단 일기 쓰기	조동사 익히기

초등 5학년 학습 목표 및 진도표의 예			
월	읽기	쓰기	어휘/문법
3월	AR 3.0 책 주 1권 읽기	주제별 한 문단 쓰기(5문장)	학술 어휘 100개
4월	AR 3.5 책 도전하기	주제별 한 문단 쓰기(7~8문장)	수동태 기초 다지기
5월	비문학 지문 읽기 시작하기	세 문단 에세이 쓰기 시도하기	관계대명사 익히기
6월	AR 4.0 책 도전하기	세 문단 에세이 쓰기 연습하기	접속사 심화 학습

초등 영어 문해력이 답이다

초등 6학년 학습 목표 및 진도표의 예			
월	읽기	쓰기	어휘/문법
3월	AR 4.0 책 주 2권 읽기	주제별 에세이 쓰기	중등 필수 어휘 200개
4월	토플형 고난도 지문 읽기 시작하기	의견 에세이 작성하기	동명사/부정사 익히기
5월	토플형 고난도 문제 풀기	비교/대조 에세이 쓰기	동명사/부정사 구분하기
6월	중등 지문 미리 살펴보기	논설문 작성하기	분사 구문 익히기

☑ 학부모 체크리스트

- ☐ 목표가 구체적인가? ('AR 2.0 책 주 2권 읽기'와 같은 목표 정하기)

- ☐ 측정 가능한가? (수치화된 목표 정하기)

- ☐ 달성 가능한가? (아이의 현재 수준에서 20~30% 높은 수준의 목표 정하기)

- ☐ 기한이 정해져 있는가? (주별, 월별로 구체화된 목표 정하기)

STEP 4 주간 학습 계획 세우기

아이의 학습 스타일과 생활 패턴에 맞춰 요일별로 학습을 배분한다. 다음은 초등 4학년에게 추천하는 주간 학습 계획표다. 다른 학년도 마찬가지로 아이의 학습 수준에 맞게 주간 학습 계획표를 작성해보자.

초등 4학년 주간 학습 계획표의 예			
요일	학습 내용	학습 시간	체크리스트
월	독서 + 단어	40분 + 20분	☐ 책 읽기 ☐ 단어 5개 익히기
화	문법 + 쓰기	30분 + 20분	☐ 문법 예문 읽기 ☐ 일기 쓰기

수	독서 + 단어	40분 + 20분	☐ 책 읽기 ☐ 단어 5개 익히기
목	문법 + 쓰기	30분 + 20분	☐ 문법 문제 풀기 ☐ 작문하기
금	복습하기	40분	☐ 단어 테스트 ☐ 문법 정리

☒ 학부모 체크리스트

☐ 공부 시간이 지나치게 길지는 않은가?

☐ 아이의 학습 피로도는 어떠한가?

☐ 아이가 학습 내용을 잘 소화하고 있는가?

☐ 아이가 성취감을 느끼고 있는가?

☒ 지도 시 주의할 점

진도표를 효과적으로 활용하기 위해서는 몇 가지 기본적인 실천 전략이 필요하다. 우선 진도표는 냉장고나 책상 앞 등 눈에 잘 띄는 곳에 부착하여 매일 확인하도록 한다. 완료한 항목은 형광펜으로 표시하고, 주말에는 그 주의 진도를 꼼꼼히 점검한다. 필요한 경우 다음 주 계획을 상황에 맞게 조정할 수도 있다. 동기부여를 위한 전략도 체계적으로 수립해야 한다. 주간 목표를 달성했을 때는 작은 보상을, 월간 성과를 이루었을 때는 특별 활동을 계획하여 아이의 성취감을 높여주는 것이 좋다. 중요한 것은 실패하더라도 긍정적인 피드백을 주는 것이다. 작은 진전이라도 구체적으로 칭찬하고 격려하여 아이의 자신감을 키워주는 것이 부모의 가장 큰 역할이다.

발전 방향 찾아가기

계획표와 진도표를 활용하여 학습 지도를 하다 보면 예상과 다르게 진행되는 경우가 많다. 아이가 계획대로 따라오지 못하거나 어려워할 수도 있는데 이는 자연스러운 과정이다. 이럴 때는 체계적인 진단을 통해 우리 아이에게 맞는 학습법을 찾아가는 것이 필요하다. 진단은 크게 세 가지 영역에서 이루어져야 한다. 가장 먼저 아이의 학습 스타일을 파악하여 성향을 이해해야 한다. 그다음으로는 자기주도 학습에 대한 준비도를 확인하고, 마지막으로는 영역별로 세부적인 진단을 하는 것이 좋다.

학습 스타일 진단하기

아이들은 각자 다른 방식으로 정보를 받아들이고 처리한다. 아이의 성향과 학습 선호도에 따라 크게 네 가지 유형으로 나눌 수 있는데, 우리 아이의 학습 성향을 파악한 뒤 유형별로 추천하는 맞춤형 공부법을 적용하면 효과적이다.

- 몰입형 학습자: 긴 시간 집중 학습, 독서 중심의 학습법
- 분할형 학습자: 짧은 시간 반복 학습, 다양한 활동의 학습법
- 상호작용형 학습자: 그룹 스터디, 발표 중심의 학습법
- 실천형 학습자: 실생활 연계 학습, 프로젝트 중심의 학습법

다음의 표를 참고하여 아이가 어떤 유형인지 살펴보고 추천하는 공부법 위주로 학습 계획과 진도표를 수정하여 학습을 계속 이어나가는 것이 중요하다.

학습자 유형별 추천 공부법		
유형	특징	추천 공부법
몰입형	• 한번 집중하면 오래 공부하는 것이 가능 • 깊이 있는 학습 선호 • 혼자만의 공간 선호	• 독서 위주의 자기주도 학습 • 장시간 프로젝트 학습 • 심화 문법/독해 학습
분할형	• 짧은 시간 집중력 우수 • 잦은 휴식 필요 • 과제 세분화 선호	• 20~30분 단위 학습 • 영역별로 나누어 학습 • 짧은 과제 여러 개 수행
상호작용형	• 또래와의 학습이 효과적 • 피드백 선호 • 그룹 활동 능숙	• 스터디 그룹 활용 • 영어 토론/발표 • 협동 프로젝트 학습
실천형	• 직접 경험 선호 • 실용적 학습 중시 • 즉각적 피드백 필요	• 실생활 영어 활용 • 영어 일기/블로그 작성 • 실시간 온라인 수업

자기주도 학습 준비도 확인하기

아이의 자기주도 학습에 대한 준비 정도를 파악하기 위해 다음과 같은 항목들을 점검해본다. 처음에는 절반 이상의 항목에서 '아니오'를 체크할 확률이 높다. 하지만 이는 자연스러운 과정이므로 꾸준한 습관 형성을 통해 하나씩 개선해나가는 것이 좋다.

기본 학습 태도 점검	☐ 스스로 책을 찾아 읽는가? ☐ 궁금한 것이 있으면 질문하는가? ☐ 과제를 미루지 않고 계획적으로 하는가? ☐ 공부할 때 집중하는 시간이 30분 이상인가?

초등 영어 문해력이 답이다

영어 기초 능력 점검	☐ 영어 읽기에 대한 흥미가 있는가?
	☐ 기본적인 영어 문장을 이해하는가?
	☐ 간단한 영어 단어나 문장을 쓸 수 있는가?
	☐ 영어로 된 질문을 이해하는가?
	☐ 단어나 문법 지식을 이해한 후 암기하는 데 무리가 없는가?
자기 관리 능력 점검	☐ 스스로 시간 관리를 할 수 있는가?
	☐ 학습 도구(사전, 학습 앱 등)를 활용할 수 있는가?
	☐ 스스로 학습 계획을 세울 수 있는가?
	☐ 배운 내용을 복습하는 습관이 있는가?

자기주도 학습은 학년별로 중점을 두어야 할 부분이 다르다. 아이의 발달 단계에 맞춰 차근차근 접근해야 하는데, 다음은 학년별로 꼭 필요한 자기주도 학습 요소들을 정리한 것이니 참고하자.

학년별 자기주도 학습 필수 요소	
초등 1-2학년	• 학습에 대한 흥미 유발이 가장 중요하다. • 기초 학습 습관 형성에 초점을 맞춘다. • 부모의 적극적인 도움이 필요하다.
초등 3-4학년	• 기본적인 학습 전략을 익히기 시작한다. • 스스로 학습 계획을 세워본다. • 부모의 지도 아래 자율성을 높여간다.
초등 5-6학년	• 자신만의 학습 방법을 찾아간다. • 장기적인 목표 설정이 가능해진다. • 대부분의 학습을 스스로 진행한다.

영역별 세부 진단하기

진단표는 월 1회 정기적으로 체크하면서 부모와 아이가 함께 작성하는 것이 좋다. 특히 진전 사항을 그래프로 표시하면 변화를 한눈에 볼 수 있고, 부족한 영역을 별도로 메모해두면 추후 학습에서 중점적으로 보완할 수 있다.

읽기 영역 진단표			
진단 항목	체크 포인트	평가 방법	아이의 현재 수준
독해 속도	□ 1분에 읽는 단어 수	AR 테스트 활용	지문당 ( )분
이해도	□ 내용 요약 가능 여부	독후활동 확인	□ 상 □ 중 □ 하
어휘력	□ 모르는 단어 비율	레벨별 단어 테스트	( )% 정답률
독해 전략	□ 주제문 찾기 능력	지문 분석 테스트	□가능 □부분 가능 □불가능
집중력	□ 한 번에 읽는 시간	관찰 평가	( )분

쓰기 영역 진단표			
진단 항목	체크 포인트	평가 방법	아이의 현재 수준
문장 구성력	□ '주어+동사'의 정확성	간단한 일기 쓰기	□정확 □보통 □부정확
어휘 활용도	□ 사용 가능한 단어 수	주제별 작문 분석	문장당 ( )개 단어
문법 정확도	□ 기본 시제 사용 여부	오류 분석	□상 □중 □하
작문 분량	□ 한 번에 쓰는 양	자유 작문 평가	( )문장
표현 다양성	□ 문장 패턴의 다양성	작문 유형 분석	□다양 □보통 □단순

아이의 학습 발전을 위해서는 부모의 꾸준한 관심과 점검이 필요하다. 월별 진단 결과를 정기적으로 기록하고, 부족한 영역에 대한 보완 학습이 이루어지는지 확인해야 한다. 또한 아이의 흥미와 동기가 잘 유지되고 있는지 살피면서 필요한 경우 학습 방법을 아이에 맞게 적절히 수정하는 것이 중요하다.

초등 영어 문해력이 답이다

월별 성장 기록 차트				
평가 영역	3월	4월	5월	6월
AR 레벨				
지문당 ( )분				
쓰기 분량(문장)				
어휘량(개)				
문법 정확도(%)				

진단 결과에 따라 영역별로 맞춤형 학습 전략을 세울 수 있다. 가령, 읽기 영역이 부족한 경우 매일 20분씩 소리 내어 읽기를 하고, 다독 프로그램을 활용하여 독서 일지를 작성하는 식이다. 쓰기 영역이 약한 아이는 매일 한 문장씩 일기 쓰기와 문장 만들기 워크시트, 패턴 라이팅 연습을 통해 실력을 높일 수 있다. 어휘력이 부족한 경우에는 주제별 단어장 만들기와 어휘 마인드맵 그리기, 단어 카드 활용하기 등 다양한 방법을 시도해볼 수 있다. 영역별 맞춤형 학습 전략은 학년별로 아이의 흥미와 수준에 맞게 조정하면서 적용하는 것이 바람직하다.

🖑 조력자로서 부모의 역할

언제쯤 아이 스스로 공부하게 할지 고민하는 부모가 많다. 이는 마치 아이에게 자전거 타는 법을 가르치는 것과 비슷하다. 처음에는 핸들 양쪽을 잡아주고, 이후 한쪽만 잡아주다가 마지막에는 손을 완전히 놓는 과정이 필요하다.

학습에 있어서도 이와 같이 학년별로 적절한 개입 수준을 정하는 것이 중요하다. 초등 1-2학년은 '기본적인 학습 습관'을 잡아주는 시기로 매일 같은 시간에 함께 영어책을 읽고 단어 외우는 것을 지켜보는 등 직접적인 지도가 필요하다. 초등 3-4학년이 되면 '반독립적인 학습'을 시작해야 한다. 이때는 아이가 자신만의 학습 방식을 찾아가는 시기다. 예를 들어 아이가 스스로 영어 일기를 쓰겠다고 할 때는 주제 선정만 도와주고 나머지는 아이 스스로 하게 한 뒤 피드백을 주는 것이 좋다. 초등 5-6학년이 되면 자기주도성이 더욱 중요해진다. 주간 학습 목표만 함께 정하고 달성 방법은 아이 스스로 선택하게 한다. 이를 통해 아이는 '자신만의 효과적인 학습법'을 찾아갈 수 있다.

학년별 부모의 역할				
학년	부모 역할	영역	구체적 역할	주의사항
초등 1-2학년	적극적 관리자	학습 환경	공부방 정돈, 교재 준비	과도한 간섭은 피한다.
		시간 관리	매일 같은 시간에 학습 지도	융통성 있게 조정한다.
		학습 지도	옆에서 직접 도움 제공	정답을 바로 알려주지 않는다.
초등 3-4학년	협력적 조력자	학습 계획	함께 의논하여 계획 수립	아이의 의견을 반영한다.
		진도 확인	주 1~2회 정도 점검	잔소리는 피한다.
		동기 부여	적절한 보상과 격려 제공	성적 비교는 하지 않는다.
초등 5-6학년	지원적 멘토	학습 조언	필요할 때만 조언과 피드백	간섭하지 않는다.
		자원 지원	학습 자료와 도구 제공	과잉 지원은 피한다.
		성과 점검	월 1회 정도 상담	결과에 일희일비하지 않는다.

초등 영어 문해력이 답이다

초등 1-2학년은 학습 매니저처럼 세심한 관리가 필요한 시기다. 매일 같은 시간에 공부하고, 함께 영어책을 읽으며, 학습 내용을 확인하는 등 기본적인 학습 습관을 형성하는 데 중점을 둔다. 이때 작은 성취도 놓치지 않고 구체적으로 칭찬하는 것이 중요하다.

초등 3-4학년은 학습 코치로서의 역할이 중요하다. 주간 학습 계획은 함께 세우되 구체적인 방법은 아이가 선택하게 한다. 주 2~3회 정도 학습 내용을 점검하고 어려운 부분만 도와준다. 아이가 스스로 해결했을 때는 성취감을 충분히 느낄 수 있도록 칭찬을 아끼지 않는다.

초등 5-6학년은 멘토로서 조언하는 것이 부모 역할의 중심이 된다. 월간 목표 설정과 주간 점검 시간을 정하고, 학습 자료를 선택할 시 조언을 해준다. 월 1회 정기적인 학습 상담을 통해 부족한 부분을 아이 스스로 찾아보고 개선할 수 있도록 돕는다.

아이가 중학생이 되면 조력자로서의 역할에 충실해야 한다. 필요한 학습 자료와 환경을 제공하고, 정서적 지원을 한다. 시험 기간에는 최대한 집중할 수 있도록 배려하고, 진로와 연계할 수 있는 영어 학습 방향을 제시해주는 것이 좋다. 자기주도 학습을 만들어가는 3단계 과정은 다음과 같다.

- 1단계: 함께하기 (직접 지도)
- 2단계: 지켜보기 (간접 지원)
- 3단계: 믿어주기 (자율성 보장)

모든 과정에서 칭찬과 피드백은 구체적으로 하는 것이 효과적이다. "잘했다"는 막연한 칭찬보다는 "어제보다 영어 발음이 더 자연스러워졌다"처럼 구체적으로 말해주는 것이 좋다. 틀린 부분을 지적할 때도 "이렇게 해보면 어떨까?" 하고 제안하는 형식으로 접근하는 것이 효과적이다.

마지막으로 학습 환경도 세심하게 조성해야 한다. 조용하고 밝은 공부방을 마련하고, 영어사전이나 단어장, 독서 기록장 등 필요한 도구는 언제든 손쉽게 사용할 수 있도록 준비해주는 것이 좋다.

실전 가이드

① **올바른 칭찬과 피드백의 예**

"영어 숙제 다했어?" → "오늘은 어떤 공부를 했니?"

"틀렸어" → "다시 한 번 살펴볼까?"

"이건 너무 쉬운 거 아니야?" → "다음 단계로 넘어갈 준비가 된 것 같은데?"

② **학습에 대한 조언과 충고의 예**

"발음이 틀렸네" → "선생님 발음 한 번 더 들어볼까?"

"해석이 이상해" → "이 부분, 무슨 뜻인 것 같아?"

"이것도 모르니?" → "이 부분에서 막힌 거구나. 어디서부터 다시 볼까?"

"이번에는 성적이 왜 이래?" → "이번 시험에서 어떤 부분이 어려웠니?"

"더 열심히 해야겠다" → "다음에는 어떻게 준비하면 좋을까?"

"노력이 부족해" → "우리 함께 새로운 학습 방법을 찾아볼까?"

초등 영어 문해력이 답이다

🗼 AI 도구 효과적으로 활용하기

디지털 시대의 영어 교육에 있어 AI는 더 이상 선택이 아닌 필수 도구가 되었다. 특히 영작문과 문법 교정에서 AI는 24시간 활용 가능한 개인 교사 역할을 한다. 20년간 영어 교육 현장에서 아이들을 지켜본 결과 AI를 활용한 학습법은 영어 실력 향상에 큰 도움이 된다.

AI로 글쓰기 첨삭하기

영어 글쓰기는 대부분의 아이들이 어려워하는 부분이다. 하지만 AI를 활용하면 문법부터 자연스러운 표현까지 꼼꼼한 첨삭이 가능하다. 특히 초등 고학년과 중학생들의 영작문 실력을 높이는 데 AI는 매우 효과적이다. ChatGPT를 영어 학습에 활용하는 방법을 살펴보자.

───────────────(실전 가이드)───────────────

ChatGPT 활용은 다음과 같은 단계로 진행하는 것이 효과적이다.

STEP 1 ChatGPT 가입 및 시작하기

ChatGPT는 chat.openai.com에서 이메일 주소만으로 가입할 수 있다. 기본 버전은 무료이며, Plus 버전은 월 20달러의 유료 서비스다. 가입 후 첫 화면에서 'Try ChatGPT'를 클릭하여 시작한다.

① 웹브라우저에서 chat.openai.com 접속

② 오른쪽 상단의 'Sign up' 버튼 클릭

③ 이메일 주소 입력 후 가입 진행

ChatGPT_가입 화면

TIP : 무료 버전으로도 기본적인 영작문 첨삭이 가능하기 때문에 영어 교육용
으로 활용 시 유료 결제를 하지 않아도 된다.

STEP 2 기본 설정하기

① ChatGPT 화면 왼쪽 하단의 프로필 아이콘을 클릭한다.

② ChatGPT 맞춤 설정을 선택한다.

ChatGPT_맞춤 설정 화면

초등 영어 문해력이 답이다

③ 첫 번째 빈칸인 [맞춤형 지침]에 다음과 같이 입력하여 ChatGPT 역할을 설정한다.

"초등학생을 가르치는 영어 선생님으로서 쉽고 친절하게 설명해주세요. 틀린 부분이 있다면 이유를 설명하고 더 좋은 표현도 제안해주세요."

두 번째 빈칸인 [ChatGPT가 어떻게 응답했으면 하시나요?]에는 다음과 같이 입력한다.

"앞으로 당신은 초등학생을 가르치는 친절한 영어 선생님입니다. 영작문을 첨삭할 때는 – 문법적 오류를 찾아서 이유를 설명해주세요, 더 자연스러운 표현을 제안해주세요, 칭찬과 격려도 함께 해주세요, 학생의 수준에 맞는 쉬운 설명을 해주세요, 피드백은 구체적으로 해주세요."

ChatGPT_역할 설정 입력

④ 저장(Save) 버튼을 눌러 설정을 완료한다.

TIP : 사용자 지정 지침은 한글과 영문 중 편한 언어로 설정하면 되는데 한 번 설정하면 계속 유지되며 원할 때 언제든지 수정할 수 있다. 또한 학년별로 난이도 조정이 가능하다.

요청하는 명령을 프롬프트(Prompt)라고 부른다. 첨삭 프롬프트는 구체적이고 체계적으로 쓴다. "다음 사항들을 중심으로 첨삭해주세요"라고 요청한 후 다음의 항목들을 하이픈(-)이나 숫자로 구분하여 제시한다. 하이픈과 숫자로 구분을 해줬을 때 결과물이 더 좋다. 프롬프트는 한글과 영문 둘 다 사용이 가능하다.

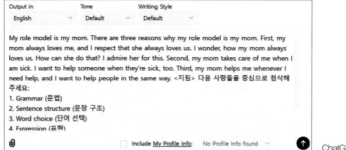

ChatGPT_실행 화면

체계적인 프롬프트 작성의 예(하이픈 또는 숫자로 구분하여 제시)

- Grammar (문법)

- Sentence structure (문장 구조)

- Word choice (단어 선택)

- Expression (표현)

- Organization (구성)

- Logic (논리성)

1. Grammar (문법)

2. Sentence structure (문장 구조)

3. Word choice (단어 선택)

4. Expression (표현)

5. Organization (구성)

6. Logic (논리성)

첨삭 요청의 예

학생 영작문: My role model is my mom. There are three reasons why my role model is my mom. First, my mom always loves me, and I respect that she always loves us. I wonder, how my mom always loves us. How can she do that? I admire her for this. Second, my mom takes care of me when I am sick. I want to help someone when they're sick, too. Third, my mom helps me whenever I need help, and I want to help people in the same way.

프롬프트 입력: 다음 사항들을 중심으로 첨삭해주세요.:

1. Grammar (문법)

2. Sentence structure (문장 구조)

3. Word choice (단어 선택)

4. Expression (표현)

5. Organization (구성)

6. Logic (논리성)

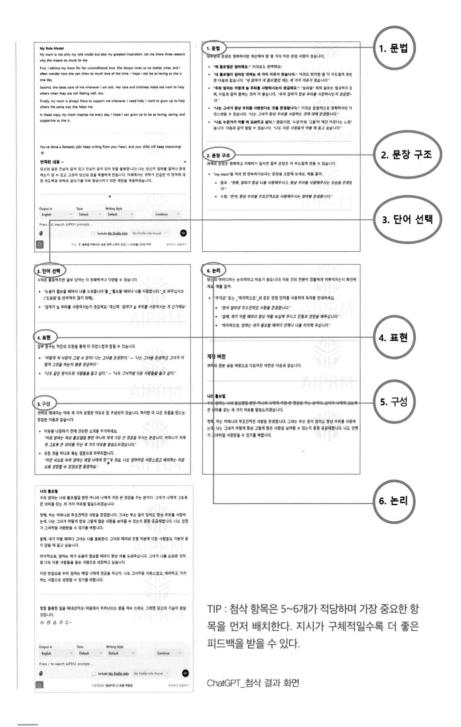

TIP : 첨삭 항목은 5~6개가 적당하며 가장 중요한 항목을 먼저 배치한다. 지시가 구체적일수록 더 좋은 피드백을 받을 수 있다.

ChatGPT_첨삭 결과 화면

초등 영어 문해력이 답이다

상세 체크리스트 활용하기

문장 구조, 단어 선택, 내용 구성의 세 가지 영역으로 나누어 점검한다. "Are my sentences clear?" "Did I make any grammar mistakes?" "Is my main idea clear?" 등의 질문을 통해 각 영역을 꼼꼼히 확인한다.

① 문장 구조 (Sentence Structure)에 관한 질문

  - "Are my sentences clear?" (문장이 명확한가요?)

  - "Did I make any grammar mistakes?" (문법 실수가 있나요?)

  - "Are my sentences too long?" (문장이 너무 긴가요?)

② 단어 선택 (Word Choice)에 관한 질문

  - "Can you suggest better words?" (더 좋은 단어를 추천해줄래요?)

  - "Did I use the same word too many times?" (단어 중복이 너무 많나요?)

  - "Are these words right for my level?" (이 단어들이 내 수준에 맞나요?)

③ 내용 구성 (Organization)에 관한 질문

  - "Is my main idea clear?" (주제가 분명한가요?)

  - "Do my ideas connect well?" (생각들이 잘 연결되나요?)

  - "Did I include enough details?" (설명이 충분한가요?)

STEP 5 수준별 맞춤 활용하기

초급 단계(초등 1-3학년)에서는 기본 문장 3개로 시작하여 하루에 한 가지 문법 사항만 점검한다. 프롬프트에 "I'm a beginner. Please check only basic grammar(초보자입니다. 기본 문법만 봐주세요.)"와 같이 입력하여 첨삭을 요청한다.

중급 단계(초등 4-6학년)에서는 3~5문장으로 된 한 단락의 글을 쓰고 프롬프트에 "Please help make my writing more natural. I'm at an intermediate level(더 자연스러운 표현이 되도록 도와주세요. 중급 수준입니다.)"과 같이 입력하여 자연스러운 표현 위주로 첨삭을 받는다.

고급(심화) 단계(초등 5-6학년)에서는 1~3단락으로 된 에세이를 작성한 뒤 프롬프트에 "Please check my essay following academic writing standards- content, logic, grammar, structure and punctuation(학술적 글쓰기 기준에 따라 내용, 논리, 문법, 구조, 구두점을 검토해주세요.)"과 같이 입력하여 종합적인 첨삭을 요청한다.

① **초급 단계 (초등 1-3학년)**

학생 영작문: I go to school every day.

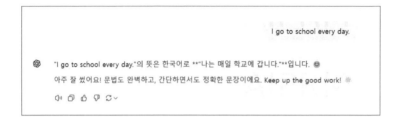

프롬프트 입력: "I'm a beginner. Please check only basic grammar."

초등 영어 문해력이 답이다

② 중급 단계 (초등 4-6학년)

학생 영작문: Today was a great day. I went to the park with my friends. We played soccer and had ice cream.

프롬프트 입력: "Please help make my writing more natural. I'm at an intermediate level."

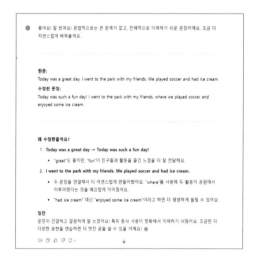

③ 고급(심화) 단계 (초등 5-6학년)

학생 영작문: My favorite season is winter. I love the cold weather and snow. Winter brings many special things like skiing and hot chocolate. It's also the time for Christmas and New Year celebrations.

The best part of winter is spending time with my family. We often sit together around the fireplace and share stories. Sometimes we make snowmen in our garden. These moments make winter truly magical.

프롬프트 입력: "Please check my essay following academic writing standards-content, logic, grammar, structure and punctuation."

초등 영어 문해력이 답이다

상황에 따라 구체적으로 첨삭을 요청할 수 있다. ChatGPT는 구체적으로 묻고 요구할수록 더 좋은 결과물을 내놓는다. 따라서 활용할 때는 요구하는 목적과 맥락, 조건들을 상세하게 입력해야 한다.

- 수업 지각 사과문: "시제와 전치사를 중심으로 봐주시고, 더 공손한 표현으로 수정해주세요."
- 반려동물 소개: "초등 5-6학년이 쓸 법한 표현으로 수정해주시고, 다양한 형용사도 추천해주세요."
- 일상생활 일기: "날씨와 기분을 시작으로 그날 있었던 일을 설명하려고 해요. 패턴화된 문장을 알려주세요."
- 여름방학 계획: "will과 be going to를 썼는데 사용이 맞는지, 그리고 계획을 설명할 때 쓸 수 있는 다양한 표현도 알려주세요."
- 우리 학교를 외국인 친구에게 소개: 학교 건물, 특별실, 시설들을 단순히 나열식으로 설명했는데 좀 더 생동감 있게 수정해주세요."
- 책상 위에 있는 물건들의 묘사: "위치와 상태를 설명하는 전치사와 형용사 사용이 맞는지, 더 다양한 표현은 없는지 봐주세요."

학생 영작문: In this summer vacation, I will go to my grandmother's house. I am going to help her in the garden and will cook with her. My grandmother will teach me how to make kimchi. Also, I am going to swimming at the beach near her house every day. I will read many books, because I will prepare for next semester. I am going to make this summer vacation special!

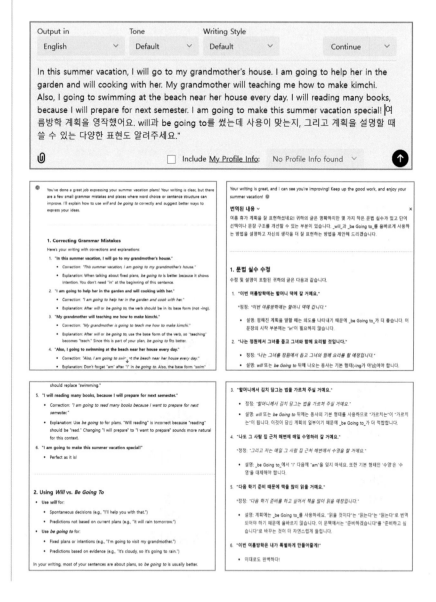

초등 영어 문해력이 답이다

ChatGPT를 활용할 때 주의해야 할 점은 개인정보는 입력하지 않아야 한다. 또한 AI 답변을 참고하되 무조건적으로 신뢰하기보다는 글쓰기 연습이나 간단한 대화, 정보 찾기 정도로만 활용하는 것이 바람직하다.

KEY POINT

- ✓ **구체적이고 실현 가능한 목표 설정이 자기주도 학습의 시작이다.**
- ✓ **부모의 역할은 아이가 초등 1-2학년일 경우 적극적 관리자, 초등 3-4학년은 협력적 조력자, 초등 5-6학년은 지원적 멘토 중심이 되어야 한다.**
- ✓ **AI 도구를 효과적으로 활용하여 자기주도적 학습 능력을 단계적으로 발전시켜나가야 한다.**

CHAPTER 6

초등 1-2학년: 영어 문해력의 씨앗을 심다

초등 1-2학년 시기는 영어 학습에 있어 정성과 노력이 가장 많이 들어가는 시기다. 이 시기 아이들은 'Learn to Read(읽기를 배우는 단계)' 단계에 있다. 앞서 말한 것처럼 'Read to Learn(읽기를 통해 배우는 단계)'을 하기 위한 준비 단계인 것이다.

이 시기에 가장 중요한 것은 파닉스와 사이트 워드의 빠른 정복이다. 이 단계에서는 완벽해질 수 없다. 그럼에도 불구하고 많은 학부모들이 이 단계에 너무 오래 머문다. 파닉스와 사이트 워드를 얼마나 빨리, 그리고 제대로 정복하여 책 읽기 단계로 넘어가느냐가 관건이다. 파닉스가 온전치 않아 전체 과정을 두 번씩 반복한다든지, 사이트 워드만 따로 떼어서 집중적으로 지도하는 일 등을 흔히 본다. 파닉스와 사이트 워드 과정을 70~80% 수준으로 익혔다면 지체없이 리더스 과정으로 넘어가야 한다. 리더스 과정은 앞 단계의 연장선상이다. 즉 두 과정이 다르지 않다. 파닉스와 사이트 워드는

초등 영어 문해력이 답이다

기초를 시작하기 위한 준비 단계일 뿐 진짜 시작은 아니다. 따라서 너무 오래 머물지 말아야 한다.

🏷 파닉스와 사이트 워드로 시작하기

파닉스와 사이트 워드를 공부하는 순서와 방법은 학원마다 다르고, 부모마다 다르다. 무엇이 맞고 무엇이 틀리다고 얘기할 수 없다. 내 아이에게 잘 맞고 부모가 적절하다고 판단하는 방법으로 진행하면 된다. 대개 사교육에서는 파닉스와 사이트 워드를 단계별로 가르치는 방법을 취하고, 엄마표로 학습하는 경우 그림책과 리더스북으로 접근하기 때문에 가는 길이 다르다. 하지만 방법이 다를지언정 목표는 같다. 둘 다 '기초 읽기'로 진입하는 것이 목표다.

파닉스 단계별로 배우기

파닉스는 소리와 철자의 관계를 배우는 체계적인 방법으로 영어의 기본 발음 규칙을 익히는 과정이다. 수많은 규칙이 있기 때문에 하루에 한 음가씩을 배워 결국에는 합쳐 읽기를 하는 방식이다. 파닉스 학습은 보통 다음과 같은 5단계로 진행한다.

- 1단계: 알파벳 (예 A, B, C)

- 2단계: 단모음과 단자음 (예 cat, dog, pig)

- 3단계: 이중자음 (예 sh, ch, th)

- 4단계: 장모음 (예 cake, bike, nose)

- 5단계: 이중모음 (예 rain, boat, tree)

이 단계에서는 고려할 사항이 크게 두 가지다. 아이의 유형 파악과 교재 선택이 바로 그것이다. 학습자의 타입에 따라 수업 시간, 진도 분량, 교재를 결정해야 하기 때문이다. 아이의 유형에 따라 추천하는 적절한 수업 시간 및 진도 분량은 다음과 같다.

- 느린 학습자: 30분 학습 × 주 5일 → 7~8개월 완성

- 평균적인 학습자: 40분 학습 × 주 5일 → 6개월 완성

- 빠른 학습자: 50분 학습 × 주 5일 → 5개월 완성

- 집중력이 높은 학습자: 60분 학습 × 주 3일 → 5~6개월 완성

이와 같이 아이의 유형에 따라 학습 계획표를 짜되 최대 8개월을 넘지 않도록 한다. 6~7개월이 가장 적절하며 특히 4, 5단계부터는 사이트 워드와 병행하여 지도하는 것이 핵심이다.

파닉스 음가는 단계별로 차근차근 학습해야 한다. 파닉스 학습 순서는 모든 교재가 거의 다음과 같은 공통된 형태를 띠고 있다.

音가 제시 → 적용 → 심화 활용 → 당일 배운 음가 활용하여 리더스 읽기

STEP 1 음가 습득하기

해당 진도의 음가를 사운드와 함께 익힌다. 40분의 학습 시간 중 절반은 그날 익힌 음가를 완전히 습득하는 것에 할애해야 한다. 보통 첫 페이지에 나오는 음가를 완전히 익히면 나머지 페이지는 아이 혼자서도 수월하게 해결할 수 있다.

STEP 2 이해도 확인하기

음가를 익히고 이해했는지 묻는 활동을 통해 학습 정도를 확인한다. 교사나 부모가 아이와 함께 줄 긋기나 동그라미 표시하기 등으로 이해도를 점검한다.

STEP 3 변형 연습하기

목표 음가의 다양한 변형을 학습한다. 이 단계에서는 아이가 80% 이상을 혼자 해결할 수 있어야 한다. 만약 어려움을 보인다면 1, 2단계로 돌아가고, 2주 이상 반복해도 진전이 없다면 교재 난이도를 낮춘다.

지도 시 주의할 점

- 시간에 연연하지 말고 각 단계를 충실히 진행한다.
- 다음 단계로 넘어가기 전에 성취도를 점검한다.
- 아이의 개별 학습 속도를 고려한다.

무엇보다 이 시기에는 교재 선정과 계획 짜기가 중요하다. 파닉스 교재는 시중에 무수히 많지만 저마다 유형이 다르다. 그림이 글보다 많은 유형, 글 위주인 유형, 하루 분량이 4페이지로 전체 페이지 수가 적거나 하루 분량이 6~7페이지로 전체 페이지 수가 많은 유형 등 제각각이다. 이 단계에서 교재 선택은 두 가지만 기억하면 된다. 첫째, 교재가 아이와 맞아야 한다. 아이가 그림에 더 익숙한지, 텍스트에 더 익숙한지, 그림이 적어도 텍스트에 집중할 수 있는 아이인지 아닌지를 판단해야 한다. 둘째, 영어 교재 전문 출판사를 골라야 한다. 개인이 집필한 유명 도서도 있지만 영어 전문 출판사의 책들이 훨씬 더 전문적이다.

추천 교재

- 《Fly Phonics》 시리즈 (투판즈)
  아이의 연령대가 6~7세이거나 그림을 선호하는 타입의 학습자에게 적합하다. 캐릭터와 사운드 모두 어린 학습자에게 맞춰져 있어 쉽게 따라가기 좋다.
- 《Smart Phonics》 시리즈 (이퓨처)
  대부분의 학습자에게 적합한 난이도로 구성되어 있다. 쉽지도 않지만 그리 어렵지도 않아 기본 파닉스 학습의 기준이 되는 교재다.

- 《EFL Phonics》(이퓨처)

  집중도가 좋거나 초등 1학년 이후의 아이들에게 적합하다. 다른 교재들보다 전체 페이지 수가 많아 충분한 학습량을 원하는 경우 추천한다.

- 《Spotlight on One Phonics》(브릭스)

  다양하고 유익한 활동과 게임이 포함되어 있어 흥미로운 파닉스 학습이 가능한 교재다.

- 《Think Read Write PHONICS》시리즈 (에이리스트)

  쓰기에 중점을 둔 교재로 쓰기 학습을 지도하기에 적합하다. 쓰기와 리더스 분량이 많아 텍스트에 익숙한 중급 이상의 학습자에게 추천한다.

사이트 워드 효과적으로 익히기

사이트 워드는 빈도수가 높은 단어들이다. 즉 the, and, is, he, she와 같은 단어들로 이런 단어들은 발음 규칙으로 읽기는 어렵지만 글을 이해하는 데 있어 매우 중요하다. 많은 부모들이 파닉스의 중요성은 알아도 사이트 워드의 중요성은 간과하곤 한다. 하지만 사이트 워드야말로 책 읽기로 넘어갈 수 있는 열쇠다. 영어 텍스트의 상당 부분이 사이트 워드로 구성되어 있기 때문이다. 이 단어들을 빠르게 인식하면 읽기 속도와 이해력이 크게 향상된다. 또한 글쓰기에서도 자주 사용되므로 쓰기 실력 향상에도 도움이 된다.

사이트 워드 학습은 다음 3단계로 진행하는 것이 효과적이다.

STEP 1 파닉스 교재의 마지막 부분 활용하기

파닉스 교재의 매 유닛 마지막에 있는 읽기 연습이 사이트 워드 학습의 시작점이다. 이 부분을 통해 기본적인 사이트 워드를 접하고 읽는 연습을 할 수 있다.

STEP 2 반복 학습하기

음원은 필수적으로 활용해야 한다. 책에 동그라미 세 개를 그려두고, 아이가 한 번씩 따라 읽을 때마다 하나씩 칠하게 한다. 이는 실제 문맥 속에서 사이트 워드를 자연스럽게 익힐 수 있는 효과적인 학습 방법이다.

STEP 3 리더스북과 연계하여 읽기

같은 음가가 반복되고 사이트 워드가 많이 등장하는 '사이트 워드 연습용' 리더스북을 활용하면 학습 효과가 배가된다. 특히 파닉스 4, 5단계(이중모음, 이중자음)부터는 사이트 워드의 비중을 높여 읽기 연습을 진행한다. 파닉스 교재만으로는 사이트 워드의 학습량이 부족할 수 있으므로 사이트 워드가 풍부한 리더스북을 병행하는 것이 좋다. 이러한 단계별 학습을 통해 아이들은 자연스럽게 사이트 워드를 습득하고 실제 독해에 활용할 수 있게 된다.

☒ 지도 시 주의할 점

- 파닉스 교재의 지정된 부분만을 학습하기보다는 교재를 전체적으로 활용한다.
- 음원을 반복해서 들려주되 아이가 지루해하지 않도록 한다.
- 리더스북은 아이의 현재 수준보다 약간 쉬운 것부터 시작한다.
- 같은 패턴이 반복되는 책으로 충분히 연습한 후 다음 단계로 넘어간다.

☒ 추천 교재

- 《Smart Phonics Readers》(이퓨처)

  앞서 추천한 파닉스 교재《Smart Phonics》와 연계된 시리즈로 짝꿍 책처럼 활용하면 효과가 좋다.

- 《Dolphins Readers》(NE능률, 옥스포드)

  픽션과 논픽션이 골고루 섞여 있는 균형 잡힌 구성이 돋보이는 책이다. 왼쪽 페이지를 읽고 오른쪽 페이지에서 간단한 활동을 하는 형식으로 본격적인 책 읽기 직전 단계에 적합하다.

- 《Reading Stars》(NE능률, 옥스포드)

  유명 애니메이션 캐릭터가 등장해 아이들의 흥미를 이끄는 교재다. 총 50단계로 구성되어 있어 장기적인 학습이 가능하다.

🦉 영어 독서의 시작, 단계별 영어책 읽기

파닉스 학습을 통해 기본적인 발음 규칙을 익혔다면 이제 본격적인 영어 독서를 시작할 때다. 보통 파닉스 4, 5단계 학습이 70~80% 정도 완성되었을 때 리더스북을 시작하는 것이 적절하다. 이는 대개 파닉스 시작 후 4~5개월 정도가 지난 시점이다. 너무 늦게 시작하면 파닉스에만 매몰되어 실제 독서의 즐거움을 놓칠 수 있으니 적절한 시점 파악이 중요하다.

리더스북 도전하기: AR 1~2점대

책 읽기에는 여러 방법이 있다. 다음의 책 읽기 지도 방법들을 알아두면 아이가 완전한 학습자로 독립하기 전까지 아이의 학습 과정을 이해하고 지도하는 데 큰 도움이 된다.

- 정독(Intensive Reading): 꼼꼼하게 읽고 독후활동하기
- 다독(Extensive Reading): 다양한 책 많이 읽기
- 청독(Immersion Reading): 엄마가 읽어 주거나 오디오북을 들으며 눈으로 따라 읽기
- 낭독(Read Aloud): 입 밖으로 소리 내며 읽기
- 묵독(Inner Reading Voice): 소리를 내지 않고 속으로 읽기

정독과 다독 방식은 모두 장단점이 있기에 아이의 수준과 상황에 맞게 적절

초등 영어 문해력이 답이다

히 활용해야 한다. 먼저 정독의 경우를 살펴보자. 정독은 엄마와 아이가 함께 책을 선정하여 유창하게 읽는 것과 문해력 증진을 목표로 한다. 엄마가 아이의 책 선택을 도와줄 때는 책 표지, 책 리뷰, 캐릭터, 장르, 작가 등을 고려해야 한다. 하지만 엄마가 단독으로 책을 선정하여 아이에게 주는 것은 좋지 않다. 이러한 방식은 아이의 책 읽기 흥미를 자극하는 데 전혀 효과가 없기 때문이다.

반면 다독은 아이의 흥미와 관심사를 중심으로 책을 선택하고, 책 읽는 즐거움을 알아가는 것을 목표로 한다. 이는 다독에 있어서 가장 중요한 부분이다. 모든 책을 정독하는 것은 시간적으로 불가능하기 때문인데, 자신의 관심사에 따라 책을 고르고 읽는 성인들의 독서 습관을 생각해보면 쉽게 이해할 수 있다. 따라서 철저히 아이의 흥미와 관심사를 존중하고 이를 계속 이어나갈 수 있도록 지도하는 것이 핵심이다. 무엇보다 아이가 어떤 분야에 흥미를 보이는지 발견해내는 것이 중요하다.

초등 1-2학년 시기에는 어떤 책 읽기 방법을 선택해야 할까? 이 시기에는 '소리'가 반드시 있어야 한다. 듣기와 읽기를 함께 병행하는 것이 정말 중요하기 때문에 청독과 낭독을 많이 하는 것이 좋다. 청독과 낭독은 아이의 발음과 억양의 정확도를 높이고, 단어와 소리의 연결을 강화해 읽기 능력을 빠르게 향상 시킨다. 또한 아이의 듣기 능력도 함께 발달시키므로 영어에 다각도로 익숙해질 수 있는 좋은 방법이다.

보통 그림책, 리더스북까지는 청독이나 낭독을 주로 한다. 그럼 이러한 책 읽기 방식을 언제까지 지속해야 할까? AR 2~3점대 정도 도달하여 온전히 글자만으로 속독이 가능할 때까지 하는 것이 좋다. 아직은 소리와 문자의 일치 연습이 덜 된 단계이므로 소리가 빠져서는 안 된다.

리더스북 입문하기 (AR 1점대)

리더스북은 원서 읽기의 첫걸음이다. 이 단계에서는 아이의 취향에 딱 맞는 책을 찾아주는 것을 목표로 삼아야 한다. 마치 '첫사랑' 같은 책을 찾아주는 것이다. 원서 전문 대형 서점에서는 보통 리더스북을 캐릭터별, 주제별로 잘 선별하여 전시해놓고 있으니 책을 고를 때 참고하면 좋을 것이다.

리더스북은 보통 10권 이상 한 세트로 이루어져 있는데 단권을 먼저 구매하여 여러 가지 책을 시도해보는 것이 좋다. 아이가 흥미를 보이고 계속 읽고 싶어 하는 그 찰나의 순간을 놓치지 말고 이어서 쭉 읽게 하는 것이 요령이다.

책을 고를 때는 몇 가지 중요한 기준이 있다. 우선 아이가 좋아하는 캐릭터나 시리즈를 선택하는 것이 아이의 자발적 독서 의욕을 높이는 데 도움이 된다. 다음 조건으로는 한 페이지당 문장이 두세 개 정도인 책으로 시작하는 것이 좋은데, 이 정도가 아이들이 부담을 느끼지 않고 성취감을 느낄 수 있는 적절한 분량이다.

또한 "Where is the dog? The dog is in the house. The dog is sleeping"과 같이 반복되는 문장 패턴이 있는 책을 고르면 좋다. 이런 문장의 반복 패턴은 아이의 이해도를 높이고 자신감을 키우는 데 효과적이다. 마지막으로 그림을 통해 글의 내용을 유추할 수 있는 책을 선택해야 한다. 이 시기에는 아직 텍스트만으로 내용을 완벽히 이해하기 어렵기 때문에 그림을 통해 문맥을 파악하고 새로운 어휘의 의미도 자연스럽게 익힐 수 있다.

초등 영어 문해력이 답이다

읽기 학습은 다음의 4단계를 순차적으로 진행하며 반복하는 것이 중요하다.

STEP 1 청독으로 시작하기

음원을 통해 정확한 발음과 억양을 익힌다. CD나 QR코드, 세이펜 등으로 음원을 들으며 눈으로 따라 읽는 연습을 한다.

STEP 2 문장별 따라 읽기

한 문장씩 끊어 읽으며 정확한 발음을 습득한다. 각 문장을 정확하게 따라 읽을 수 있을 때까지 반복한다.

STEP 3 쉐도잉 연습하기

부모의 읽기를 약간의 시차를 두고 따라한다. 마치 그림자처럼 0.1초 정도의 간격으로 자연스럽게 따라 읽는다.

STEP 4 독립적 낭독하기

혼자서 소리 내어 읽는 연습을 한다. 충분한 반복 연습을 통해 자신감과 유창성을 키운다.

AR 1점대 책은 매우 얇아서 이러한 다양한 읽기 방법을 시도하기에 적합하다. 이 시기에 이러한 방법들을 충분히 활용하면 영어의 문장 구조, 어휘, 발음, 뉘앙스를 자연스럽게 체득할 수 있다. 이렇게 체득한 것들은 앞으로의 영어 학습에 있어 탄탄한 기초가 된다.

🗒 지도 시 주의할 점

- 읽은 책의 권수와 횟수를 꼼꼼히 기록한다. 한 권당 최소 3회 이상 읽고 청취하는 것이 좋다.
- 정확한 따라 읽기와 연속 읽기 횟수를 기록하여 내용의 소화 정도를 확인한다.
- 이 단계에서는 총 70~100권 읽기를 목표로 한다.
- 기초 어휘 500개 습득을 기본 목표로 잡는다.

리더스북 기초 다지기 (AR 2점대)

AR 2점대 책부터는 분량이 조금씩 늘어나고 문장의 난이도도 높아지므로 아이의 독립적인 읽기 능력을 키우는 데 중점을 두어야 한다. 따라서 읽기 방법에 변화를 줄 필요가 있다. 이 단계에서는 청독과 낭독의 적절한 비율 조절이 매우 중요하다. 새로운 책을 시작할 때는 반드시 청독으로 먼저 시작해야 하는데, 이는 정확한 발음과 억양을 익히는 데 도움이 되고 무엇보다도 영어의 패턴과 구조에 자연스럽게 익숙해지게 하기 위해서다. 한 권의 책을 2~3회 정도 청독으로 반복해서 읽은 후에는 점차 혼자 낭독하는 시간을 늘려가야 한다. 특히 하루 15~20분 정도는 반드시 소리 내어 읽는 연습을 하도록 지도한다.

초등 영어 문해력이 답이다

영어 독해력은 단계별 질문을 통해 체계적으로 향상시킨다.

STEP 1 기본 정보 파악하기

'What'과 'Who' 질문으로 시작한다. 또한 주인공, 등장인물, 상황 등 글의 핵심 요소를 확인한다.

- Who is the main character? (주인공이 누구니?)
- What is on the table? (테이블 위에 무엇이 있니?)
- Who lives in this house? (이 집에는 누가 사니?)
- What does she want to buy? (그녀가 무엇을 사고 싶어 하니?)
- Who came to the party? (파티에 누가 왔니?)

STEP 2 감정과 행동 이해하기

'How' 질문으로 등장인물의 감정과 행동 변화를 파악한다.

- How is she feeling now? (그녀의 기분이 지금 어떠니?)
- How did he solve this problem? (그는 이 문제를 어떻게 해결했니?)
- How does the girl help her friend? (여자아이는 친구를 어떻게 도왔니?)
- How is the weather today? (오늘 날씨는 어떠니?)
- How many friends are playing? (몇 명의 친구들이 놀고 있니?)

시공간 관계 확인하기

'Where'와 'When' 질문으로 이야기의 배경을 이해한다.

- Where are they going? (그들은 어디로 가고 있니?)

- When does the story happen? (이 이야기는 언제 일어난 일이니?)

- Where can we find the treasure? (보물은 어디에서 찾을 수 있을까?)

- When does the party start? (파티는 언제 시작하니?)

- Where did they meet? (그들은 어디서 만났니?)

STEP 4 **어휘력 확장하기**

그림과 문맥을 활용해 새로운 단어를 학습한다. 한 권당 5~8개의 핵심 단어 습득을 목표로 한다.

- Can you tell me what happened in this picture?

  (이 그림에서 무슨 일이 일어났는지 말해볼 수 있니?)

- What words can we learn from this page?

  (이 페이지에서 어떤 단어들을 배울 수 있을까?)

- Let's find the word 'excited' in other sentences.

  ('excited'라는 단어를 다른 문장에서도 찾아보자.)

- Can you make a new sentence with this word?

  (이 단어로 새로운 문장을 만들어볼 수 있겠니?)

- What other words mean the same as 'happy'?

  ('happy'와 같은 뜻을 가진 다른 단어들은 뭐가 있을까?)

- 질문의 난이도를 단계적으로 높여나간다.

- 아이의 자신감을 고려하여 적절한 난이도를 유지한다.

- 독서의 즐거움을 최우선으로 한다.

- 어휘 학습은 자연스러운 맥락 속에서 진행한다.

◎ 추천 도서

- 《Step into Reading》 시리즈 (랜덤하우스)

  원서 읽기 초기에 가장 널리 사용되는 리더스북 시리즈로 Level 1~5까지 체계적으로 구성되어 있다. Level 1, 2는 기초 문장 패턴을 익히기에 적합하고, Level 3부터는 본격적인 스토리 읽기가 가능하다.

- 《I Can Read》 시리즈 (하퍼콜린스)

  My First부터 Level 4까지 체계적으로 구성된 입문자용 리더스북 시리즈다. Frog and Toad, Little Bear 등 인기 캐릭터들로 구성되어 있어 아이들의 흥미를 쉽게 이끌어낼 수 있다.

챕터북 도전하기: AR 3점대

챕터북은 그림의 비중이 크게 줄어들고 텍스트 양이 증가하는 단계다. 이 시기에는 읽기 방식의 중요한 전환이 필요하다. 청독에서 묵독으로 자연스럽게 전환하며, 한 챕터를 독립적으로 읽어내는 것을 목표로 한다. 아이들에게는 도전적인 단계지만 동시에 진정한 영어 독서의 즐거움을 발견하는 의미 있는 경험이 될 것이다.

─────────(**실전 가이드**)─────────

각 챕터를 마무리할 때마다 내용을 이해했는지 깊이 있게 확인한다.

STEP 1 내용 예측하기와 확인하기

- What do you think will happen next? (다음에는 어떤 일이 일어날 것 같니?)
- Why do you think so? (왜 그렇게 생각하니?)
- Was your prediction correct? (네 예측이 맞았니?)
- What clues helped you guess? (어떤 단서로 예측할 수 있었니?)
- What surprised you in this chapter? (이 챕터에서 어떤 점이 놀라웠니?)

STEP 2 인물 관계 파악하기

- Who is the most important character? (가장 중요한 인물이 누구니?)
- How does Tom feel about Sarah? (톰은 사라에 대해 어떻게 생각하니?)
- Why did the teacher help him? (선생님은 왜 그를 도와주었을까?)
- What changed the main character? (주인공이 어떻게 변화했니?)
- Who is your favorite character and why? (가장 좋아하는 인물은 누구이고 그 이유는 뭐니?)

- What is the main problem in this story? (이 이야기의 주요 문제가 뭘까?)

- How did they solve this problem? (그들은 이 문제를 어떻게 해결했니?)

- What is the most important part? (가장 중요한 부분이 어디라고 생각하니?)

- What lesson can we learn? (우리가 배울 수 있는 교훈은 뭘까?)

- Does this remind you of anything? (이 이야기가 너에게 떠오르게 하는 것이 있니?)

☒ 지도 시 주의할 점

- 앞서 예시로 제시한 질문들을 모든 책에 적용할 필요는 없다. 아이가 어려워하거나 내용을 꼭 짚고 가야 하는 경우에만 활용한다.

- 한 챕터당 최소 2회 이상 읽기를 권장한다.

- 매일 30~40분의 독서 시간은 반드시 확보한다.

- 한 권당 일주일 정도의 기간을 두고 꼼꼼히 읽는다.

- 한 달에 4~5권의 새로운 책 읽기를 목표로 한다.

무엇보다 이 단계에서는 아이가 포기하지 않도록 하는 것이 중요하다. 텍스트 양이 갑자기 늘어나는 만큼 적절한 칭찬과 격려가 필요하다. 각 챕터를 마칠 때마다 작은 성취감을 느낄 수 있도록 해주고, 처음에는 시간이 걸리더라도 아이의 페이스를 존중하며 차근차근 진행하면 결국 영어 독서의 진정한 즐거움을 발견하게 될 것이다.

이 단계에서는 아이들의 흥미를 유지하면서 학습에 도움이 되는 인기 시리즈들로 시작하면 좋다. 시리즈물의 장점은 동일한 캐릭터가 반복해서 등장하므로 아이들이 인물과 배경을 이해하기 쉽다는 것이다. 또한 비슷한 문체와 어휘가 반복되어 읽기 흐름을 만들기에도 효과적이다.

📖 **추천 도서**

- 《Magic Tree House》(Mary Pope Osborne, 랜덤하우스)

  역사적 사건과 모험이 담긴 이야기다.

- 《Junie B. Jones》(Barbara Park, 랜덤하우스)

  학교생활을 유머러스하게 풀어낸 책이다.

- 《Horrible Harry》(Suzy Kline, 펭귄북스)

  교실에서 벌어지는 재미있는 에피소드를 담고 있다.

- 《Ready Freddy》(Abby Klein, 스콜라스틱)

  일상적 문제해결 과정을 다루고 있다.

🖐️ 어휘력 쌓기와 단어 활용하기

어휘력은 영어 학습의 모든 단계에서 중요하다. 영어의 모든 영역이 암기보다는 이해와 활용도를 우선으로 하지만 어휘 부분은 특히 더 그렇다. 따라서 어휘의 쓰임새를 먼저 익히고 그것을 기반으로 활용할 수 있도록 지도하는 것이 필요하다. 어휘를 익히는 순서는 먼저 단어를 그 뜻과 매칭하여 인지하는 것이고, 그다음으로 단어의 올바른 철자를 아는 것이다. 이 단계에서 습관으로 만들어두면 좋은 방법 두 가지가 있다. 하나는 책 읽기와 통합하여 어휘를 습득하는 방식이고 다른 하나는 조금 더 학습에 익숙해지면 주제별로 어휘를 따로 묶어 학습하는 방식이다. 초등 시기의 영어 공부법은 단순함의 미덕을 잊지 말아야 한다. 연령이 어린 학습자일수록 더 단순해야 한다. 영역도 되도록이면 확장하기보다 합치면 좋은데 읽기와 어휘가 그렇다. 앞서 소개한 리더스북과 챕터북 읽기에서 어휘도 함께 습득하는 방법을 알아보자.

책 읽기로 어휘력 키우기

초등 1-2학년 단계에서는 많은 단어가 중복되어 나오기 때문에 책을 읽다 보면 자연스럽게 익히게 되는 경우가 대부분이다. 모르는 단어를 따로 정리해도 되고, 안 해도 된다. 모르는 단어에 반복적으로 노출이 되어 저절로 알아가는 경우라면 안 해도 되고, 반복적으로 노출됨에도 의미를 딱히 깨우치지 못한다면 따로 정리를 하는 편이 좋다.

어휘를 기록하고 안 하고를 떠나서 암기가 아닌 물리적인 쓰기 활동과 친해지기 위한 노력의 차원에서 빈출 단어를 써보는 것은 의미가 있다. 어휘력 향상을 위해 다음과 같은 활동들을 추천한다.

리더스북 어휘 활용하기

리더스북에서는 많은 요소가 반복된다. 문장 구조, 문장 패턴, 어휘 등이 비

숫한 형태로 나타난다. 예를 들어 "I see a cat"이라는 문장에서 마지막 단어만 'dog' 'bird' 등으로 바뀌는 식이다. 이 점을 포인트로 잡고 반복되는 대표 문장이나 대표 어휘를 따라 쓰게 하면 읽기와 함께 통합하여 지도할 수 있고 아이 입장에서도 방법이 단순하여 잘 따라한다.

─────────────(실전 가이드)─────────────

STEP 1 문장에 어휘 바꿔 넣기

다음과 같은 기본 문장 패턴을 정해두고, 책의 내용이 바뀔 때마다 새로 나오는 단어를 넣어 연습한다.

* I see a ___. (I see a cat. / I see a dog. / I see a bird.)
* This is my ___. (This is my room. / This is my book. / This is my pencil.)
* "I like ___. (I like pizza. / I like swimming. / I like playing.)

STEP 2 문장 속 어휘 활용하기

책 속에서 배운 단어로 다양한 활동을 하는 것이 좋다. 단어 거미줄 만들기, 그림 그리기, 문장 만들기 등의 활동은 아이가 단어를 자신의 것으로 만드는 데 효과적이다. 특히 같은 단어를 여러 번 반복해서 보고, 쓰고, 말하는 과정을 통해 자연스럽게 어휘가 늘어난다.

* Today we learned the word 'happy'. Let's find all the happy faces in this book.

  ('happy'라는 단어를 배웠네. 이 책에서 행복한 표정들을 모두 찾아보자.)

- Can you use 'happy' in your own sentence?

  ('happy'를 사용해서 너만의 문장을 만들어볼래?)

- Draw a picture for this word and write a sentence.

  (이 단어에 대한 그림을 그리고 문장을 써보자.)

- Let's make a word web with 'happy'.

  ('happy'로 단어 거미줄을 만들어보자.)

- Find other feeling words in the story.

  (이야기에서 다른 감정 단어들을 찾아보자.)

⌧ 지도 시 주의할 점

- 암기보다는 문맥 안에서의 쓰임에 집중한다.
- 기본 어휘 습득으로 최대한의 어휘력 확장을 목표로 한다.
- 한 권을 읽을 때마다 5~8개의 새로운 단어를 목표로 한다.
- 문장 속에서 단어의 쓰임을 이해하도록 한다.

챕터북 어휘 활용하기

리더스북은 영어의 감을 익혀 책 읽기에 익숙해지고 기초 읽기를 가능하게 하는 것이 가장 큰 목표였다. 기본 단어가 매우 자주 반복되기 때문에 어느 정도 원서를 읽다 보면 대부분의 아이들은 따로 어휘를 정리하는 활동 없이도 어휘력이 는다. 하지만 챕터북 단계부터는 어휘를 정리할 필요가 있다. 어휘량과 범위가 리더스북 단계와는 크게 다르기 때문이다.

챕터별로 새로운 어휘를 체계적으로 정리하여 학습 효과를 높인다.

STEP 1 **챕터별 핵심 어휘 정리하기**

챕터북은 한 챕터당 새로운 어휘가 많이 등장하므로 체계적인 정리가 필요하다. 특히 자주 등장하는 단어나 중요한 의미를 가진 단어들은 반드시 표시해두고 학습하도록 한다.

《Magic Tree House》_ by Mary Pope Osborne

#1 'Dinosaurs Before Dark'

Jack looked around. Everything was quiet. The sun was setting. Long shadows moved across the ground. A warm breeze stirred the tops of the trees.

Jack clutched his book. Where was Annie? She should be here by now. She knew they had to be home before dark.

Suddenly he heard rustling in the leaves above. He looked up. There was Annie! She was climbing down from the tallest oak tree.

① **자주 등장하는 핵심 동사**

- looked (look): ~을 보다

- clutched (clutch): 꽉 쥐다

- heard (hear): 듣다

- climbing (climb): 오르다

② **시간/상황 관련 어휘**

- setting (set): (해가) 지다

- before dark: 어두워지기 전에

- suddenly: 갑자기

③ **자연 관련 어휘**

- shadows: 그림자들

- breeze: 미풍

- leaves: 나뭇잎들

- oak tree: 참나무

STEP 2 **지문을 통해 어휘 습득하기**

챕터북 지문을 읽은 후 다음과 같은 질문을 통해 새로운 단어들을 익힌다.

Q 이 챕터에서 움직임을 나타내는 단어들을 모두 찾아볼까?

A looked, clutched, heard, climbing.

Q 자연과 관련된 단어는 어떤 것들이 있지?

A sun, shadows, breeze, trees, leaves, oak tree.

Q Jack의 감정이나 상황을 설명하는 부분을 찾아볼까?

A clutched his book (걱정되는 마음이 표현됨)

Where was Annie? (걱정/궁금함)

추가 질문들의 예시

- Let's circle new words in this chapter.

  (이 챕터에서 새로운 단어에 동그라미 해보자.)

- Which words appear many times?

  (어떤 단어가 자주 나오니?)

- Can you guess what this word means?

  (이 단어의 뜻을 추측해볼 수 있겠니?)

- Find three adjectives that describe the main character.

  (주인공을 설명하는 형용사 세 개를 찾아보자.)

이처럼 실제 챕터북 지문을 통해 문맥 속에서 단어를 익히면 아이들은 더 자연스럽게 어휘를 습득할 수 있다. 특히 같은 단어가 다른 형태로 반복되는 것 (look-looked, climb-climbing)을 통해 동사의 변화도 자연스럽게 배울 수 있다.

STEP 3 문맥 속 어휘 이해하기

문맥 속에서 그 단어가 어떤 역할을 하는지 이해하는 방법을 지도한다. 작가가 특정 단어를 선택한 이유를 생각해보고, 실생활에서 어떻게 활용할 수 있을지 고민하는 과정이 필요하다.

《Junie B. Jones and the Stupid Smelly Bus》_ by Barbara park

I hate that stupid smelly bus. Every morning, I get on it, and it takes

me to school. Then after school, that dumb bus brings me back home

초등 영어 문해력이 답이다

again.

The bus driver is named Gus. He is grumpy. And he doesn't like me
very much. One time he said, 'Junie B. Jones, you are a handful!'
A handful? I am not a handful! I am a girl! That Gus doesn't even know
what he's talking about.

① stupid과 dumb을 사용한 이유

- 질문하기: 작가는 왜 bus를 설명할 때 'stupid'과 'dumb'이라는 단어를
  썼을까?
- 의도 파악: 주인공이 버스를 매우 싫어한다는 감정을 강조.
- 유사 표현 단어: bad, terrible, awful.
- 실생활 활용: 부정적인 감정을 표현할 때 사용하지만 어른에게는 무례
  한 표현임을 설명한다.

② grumpy의 의미

- 질문하기: 'grumpy'라는 단어가 Gus 버스 기사님의 성격을 어떻게 나
  타내고 있을까?
- 문맥 이해: 아이들에게 불친절하고 짜증을 잘 내는 성격을 암시.
- 유사 표현 단어: cranky, irritable, bad-tempered.
- 실생활 활용: 아침에 일어나자마자 기분이 안 좋을 때 우리도 'grumpy'
  를 사용할 수 있음을 설명한다.

③ handful의 재미있는 활용

- 질문하기: 여기서 'handful'은 어떤 의미로 사용되었을까?

(문자 그대로의 뜻: 한 움큼 / 관용적 의미: 다루기 힘든 사람 또는 동물)

- 재미있는 점: Junie B.가 말의 관용적 의미를 이해하지 못해 문자 그대로 해석하는 상황.
- 실생활 활용: 우리 집 강아지가 너무 활발할 때 'My dog is a real handful'이라고 사용할 수 있음을 설명한다.

추가 질문들의 예시

- Why did the author use this word here?

  (작가가 왜 여기서 이 단어를 썼을까?)

- What other words have similar meanings?

  (비슷한 의미를 가진 다른 단어들은 뭐가 있을까?)

- How does this word help us understand the story?

  (이 단어가 이야기를 이해하는 데 어떤 도움을 주고 있니?)

- When can we use this word in real life?

  (실생활에서 이 단어를 언제 사용할 수 있을까?)

- Let's use this word in our own sentence.

  (이 단어로 우리만의 문장을 한번 만들어보자.)

이런 식의 문맥 속 어휘 학습을 통해 아이들은 단어가 가진 여러 의미를 이해하게 된다. 또한 상황에 따른 적절한 단어 선택을 배우며 작가의 의도를 파악하는 능력을 키울 수 있다.

주제별 단어 익히기

주제별로 묶어 단어를 학습하는 것은 단어 간의 관계를 이해하고 연상하는데 매우 효과적이다. 특히 아이들은 관련된 단어들을 한꺼번에 학습할 때 더 쉽게 기억하고 활용할 수 있다. 또한 새로운 단어를 배울 때 이미 알고 있는 관련 단어들과 연결 지어 학습할 수 있어 효율적이다. 앞서 소개한 책 읽기를 통해 문맥 속에서 어휘를 공부하는 방법은 원서를 읽을 때 주로 적용하는 방법이라면, 주제별로 묶어 단어를 따로 익히는 방법은 보통 학습서를 통해 공부할 때 많이 적용하는 방법이다. 장점이 많은 방법이니 꼭 한번 시도해보자. 주제별 단어리스트의 예는 다음과 같다.

- **Animal**(동물): cat, dog, bird, fish, elephant, lion, tiger, monkey, rabbit, horse.
- **Food**(음식): apple, banana, bread, rice, meat, vegetable, fruit, egg, milk, water.
- **Family**(가족): mom, dad, sister, brother, grandma, grandpa, aunt, uncle, cousin, baby.
- **School**(학교): teacher, student, book, pencil, desk, chair, classroom, friend, homework, backpack.
- **Color**(색깔): red, blue, yellow, green, purple, orange, pink, black, white, brown.
- **Number**(숫자): one, two, three, four, five, six, seven, eight, nine, ten.

- **Body**(신체): head, eye, nose, mouth, ear, hand, foot, arm, leg, finger.

- **Weather**(날씨): sun, rain, snow, wind, cloud, hot, cold, warm, cool, sunny.

- **Clothes**(옷): shirt, pants, shoes, socks, hat, dress, jacket, gloves, scarf, sweater.

- **Transportation**(교통수단): car, bus, train, airplane, bicycle, boat, ship, motorcycle, taxi, helicopter.

─────────────(실전 가이드)─────────────

주제별로 잘 정리되어 있는 단어집을 골라 다음의 순서대로 진행해보자. 주제별 어휘 학습은 단계별로 진행하는 것이 효과적이다.

STEP 1 **학습 범위와 목표를 명확히 설정한다(유닛 선택과 계획 수립).**
① 한 유닛당 8~10개의 단어로 구성된 챕터를 선택한다.
② 일주일에 유닛 2개 정도를 목표로 삼는다(이번 주에 Animals와 Food를 학습하는 경우라면 월·화는 Animals, 수·목은 Food, 금요일은 복습과 활용을 하는 식으로 진행하기).

STEP 2 **듣기와 읽기를 통해 단어를 익힌다(음원과 예문 활용).**
① 각 단어당 3회씩 듣고 따라 읽는다.
② 예문은 반드시 소리 내어 읽는다(elephant를 학습하는 경우라면 The elephant

초등 영어 문해력이 답이다

is very big/I saw an elephant at the zoo/Baby elephants stay close to their mothers와 같은 예문을 함께 읽고 활용하기).

STEP 3 주요 단어를 표시하고 모르는 단어를 체계적으로 정리한다.

① 형광펜으로 모르는 단어를 체크한다.

② 표시한 단어는 단어장에 옮겨 적는다.

STEP 4 철자와 의미를 함께 익힌다.

① 모르는 단어는 3회씩 써본다.

② 단어 받아쓰기는 5~10개 정도로 진행한다.

③ 요일별로 나누어 학습하고, 서서히 분량을 늘려나간다.

⊠ 지도 시 주의할 점

- 하루 학습량은 20분을 넘기지 않는다.

- 게임이나 노래로 흥미를 잃지 않도록 한다.

- 강제로 암기하게 하기보다는 자연스러운 노출을 늘린다.

- 2주에 한 번은 전체 복습을 한다.

⊠ 추천 교재

- 《Bricks Vocabulary》 시리즈 (브릭스)

  기초 생활 영어와 학습 영어의 기반이 되는 단어를 다루는 교재다. 주제별 어휘와 패턴으로 구성되어 있어 문장 만들기의 기초를 다질 수 있다.

300, 500식으로 난이도에 따라 제목이 정해지고, 숫자는 총 제시되는 단어의 수이니 단계별로 아이의 수준에 맞게 선택하면 된다.

• 《Word Up 400》 시리즈 (NE 능률)

주제별 어휘와 문장 패턴을 함께 학습할 수 있도록 구성되어 있으며, 리딩과 연계된 어휘 학습이 가능하다. 특히 기초부터 심화까지 단계적인 학습이 가능한 것이 장점이다.

어휘 관련 빈출 질문들

Q 책을 읽을 때 나오는 단어들은 어떻게 학습해야 할까?

A 많은 단어들이 반복적으로 노출되기 때문에 자연스럽게 익히게 된다. 읽는 동안 중복되어 나오는 단어인데도 의미를 모르는 경우에만 따로 정리하여 학습하면 된다.

Q 기초 어휘서를 보는 것이 도움이 될까?

A 기초 어휘서를 활용하는 것은 어휘력을 키우는 효과적인 방법이다. 음원을 통해 소리와 문자를 일치시키는 과정에서 발음과 철자를 연결할 수 있다. 이후 단어의 의미를 이해하고 우리말 뜻도 정확히 알게 된다. 영어 학습을 일찍 시작한 숙련자의 경우 영영 동의어, 유의어, 반의어까지 학습하면 좋지만 필수는 아니다. 다독을 실천하는 소수를 제외하면 대부분의 아이들은 어휘서를 병행할 경우 어휘력 증진 속도가 현저히 빨라진다.

Q 단어 시험을 꼭 봐야 할까?

A '한번 써볼까?'라는 가벼운 접근으로 시작하는 것이 좋다. 단어 3개부

초등 영어 문해력이 답이다

터 시작하여 5개, 10개… 점진적인 확장이 바람직하다. 보드게임이나 빙고게임 형식의 어휘서를 활용하면 아이들의 흥미를 유발하여 학습 효과를 더욱 높일 수 있다.

Q 단어가 잘 외워지지 않을 때는 어떻게 해야 할까?

A 단어는 암기보다 친숙해지는 것에 중점을 둬야 한다. 잘 외워지지 않을 때는 반복 학습으로 해결할 수 있다. 게임 형식의 어휘 학습 도구를 활용하면 자연스러운 반복 학습이 가능하다. 어휘 학습은 강제로 암기하게 하는 방식을 피하고 자주 노출시키는 것이 무엇보다 중요하다.

Q 단어를 외울 때 쓰면서 외워야 할까?

A 음원과 문자의 매칭으로 시작해 직접 쓰기로 발전하는 것이 좋다. 파닉스와 사이트 워드의 기초가 잡힌 후에는 매일 한 단어라도 쓰는 연습이 필요하다. 쓰기는 아이가 어릴 때 시작할수록 더 효과적이다.

Q 하루에 학습하는 단어의 수는 몇 개가 적당할까?

A 하루 40~50분 독서가 가능한 아이 기준으로 3개의 단어로 시작해 점차 10개의 단어까지 확장해나간다. 중요한 것은 양보다 지속성이다. 아이의 수준과 상황에 맞게 조절하되 일관된 학습이 핵심임을 기억하자.

🖌️ 문장으로 시작하는 '영어 쓰기'

초등 1-2학년 시기에 '쓰기'의 기초를 잘 다져두면 이후 영어 학습이 한결 수월해진다. 이 시기의 영어 쓰기는 크게 다음의 세 가지 방법으로 시작해 보길 권한다. 첫째, 리더스북 따라 쓰기다. 아이들이 읽는 책에는 반복되는 문장 패턴이 많이 나온다. 이런 패턴을 그대로 따라 쓰면서 자연스럽게 문장 구조를 익힐 수 있다. 둘째, 일상적인 단어로 짧은 문장을 만드는 것이다. 아이가 알고 있는 쉬운 단어들로 간단한 문장을 만들어보며 쓰기에 대한 자신감을 키운다. 셋째, 간단한 일기 쓰기에 도전하는 것이다. 날짜와 날씨부터 시작해서 하루에 한 문장씩 쓰다 보면 자연스럽게 영어 표현력이 늘어난다. 이러한 방법들은 단계적으로 시도할 수도 있고, 아이의 흥미와 수준에 따라 선택적으로 활용할 수도 있다. 중요한 것은 꾸준히 그리고 즐겁게 쓰기 연습을 이어가는 것이다.

리더스북 따라 쓰기

리더스북 읽기에 익숙해졌다면 따라 쓰기를 시작한다. 단어나 문법을 따로 배우지 않아도 반복되는 패턴의 문장을 통해 자연스럽게 영어 표현을 익힐 수 있다.

실전 가이드

단계적으로 진행하여 자연스러운 영어 표현을 익히도록 한다.

초등 영어 문해력이 답이다

대표 문장 그대로 따라 쓰기

매일 책에서 두세 개의 핵심 문장을 선택하여 정확하게 따라 쓴다. 처음에는 짧고 쉬운 문장부터 시작한다. 《Step into Reading》과 《Scholastic Reader》 같은 리더스 시리즈가 적합하다.

《Step into Reading》 #Level 2 "Twisters!"의 핵심 문장들

- A twister is coming!

- It spins and spins.

- It grows bigger and bigger.

- The wind gets stronger and stronger.

- Watch out for the twister!

STEP 2 **패턴 응용하기**

STEP 1의 기본 문장 패턴을 활용하여 새로운 표현을 만들어본다.

- It spins and spins. →It rains and rains.

- bigger and bigger. →faster and faster.

- stronger and stronger. →louder and louder.

STEP 3 **단계별로 쓰기 연습하기**

첫날은 가장 짧은 문장으로 시작하여 점차 길이를 늘려간다.

- 1일차: A twister is coming!

- 2일차: It spins and spins.

- 3일차: It grows bigger and bigger.

의문문과 답변은 짝지어 한 세트로 연습한다.

Q What is in the egg?

A It is a baby duck.

Q Where is the twister?

A The twister is coming!

⊠ 지도 시 주의할 점

- 매일 같은 시간에 연습하되 15분을 넘기지 않는다.
- 'Look at the _____.'와 같이 패턴을 만들어 다양한 단어를 넣어본다.
- 의문문과 답변은 짝지어 한 세트로 연습한다.
- 처음에는 똑같이 따라 쓰기만 하고, 익숙해지면 패턴을 활용한 새로운 문장 만들기를 시도한다.

일상 단어로 짧은 문장 만들기

리더스북을 따라 쓰는 게 익숙해졌다면 다음으로는 짧은 문장을 만들어보는 것이 좋다. 이는 단어를 활용하는 능력을 키우는 데 큰 도움이 된다. 실제로 내가 오랫동안 사용한 방법이다. 영어 쓰기를 처음 시작하는 모든 아이들에게 이 방법으로 쓰기를 지도했다. 문장을 만들어보는 경험을 통해 자신감을 키우고, 영어 표현에 친숙해질 수 있다.

초등 영어 문해력이 답이다

'favorite'이라는 단어를 배웠다면 활용하여 다음과 같이 새로운 문장을 만들어본다.

- My <u>favorite</u> color is blue.
- My <u>favorite</u> food is pizza.
- This is my <u>favorite</u> book.

기본 형용사로 문장 만들기의 예			
형용사	기본 문장	활용 문장	심화 문장
wonderful	Today is <u>wonderful</u>.	My mom is <u>wonderful</u>.	We had a <u>wonderful</u> time at the party.
beautiful	She has beautiful eyes.	The flowers are beautiful.	Look at the beautiful sunset!
delicious	The cake is delicious.	Mom makes delicious food.	This pizza tastes delicious.

일상생활과 관련된 형용사로 문장 만들기의 예			
형용사	기본 문장	활용 문장	심화 문장
careful	Be careful with the scissors.	I am careful when I cross the street.	My dad is a careful driver.
funny	My little brother is very funny.	The movie was so funny.	That joke is funny.
excited	I am excited about my birthday.	The kids are excited to go to the park.	We are excited for summer vacation.

심화 형용사로 문장 만들기의 예			
형용사	기본 문장	활용 문장	심화 문장
interesting	This book is <u>interesting</u>.	Science class is very <u>interesting</u>.	I learned many <u>interesting</u> facts today.
different	These shoes are different colors.	My sister and I are very different.	Let's try something different today.
special	Mom made a special dinner.	Today is a special day.	You are very special to me.

간단한 일기 써보기

'일기 쓰기'는 문장 쓰기에서 한 단락 쓰기로 넘어가는 가교 역할을 한다. 하루 일과와 나의 감정을 자연스럽게 연결하는 과정에서 영어 표현력을 키울 수 있다. 무엇보다 일기는 자신의 경험을 쓰는 것이므로 아이들이 부담 없이 시작할 수 있고 날짜/요일, 날씨, 활동, 감정이라는 기본 요소들이 반복되면서도 매일 새로운 표현을 시도할 수 있다는 것이 장점이다. 처음 시작하는 아이들에게는 '다섯 문장 일기 쓰기'가 적합하다. 날짜 한 문장, 날씨 한 문장, 활동 두 문장, 감정 한 문장으로 구성하는 방식이다.

[부록 2] 학생 가이드 중 '초등 1-2학년을 위한 일기 쓰기에 유용한 기본 표현'을 참고하자.

초등 영어 문해력이 답이다

날짜/요일, 날씨, 활동, 감정이라는 네 가지 기본 요소로 구성된 일기를 다음의 순서에 따라 써보자.

STEP 1 날짜/요일과 날씨 쓰기

날짜/요일과 날씨로 일기를 시작하여 기본 틀을 잡는다.

- Today is Monday.
- It is sunny.

STEP 2 활동 표현하기

그날 있었던 일 중 가장 기억에 남는 활동을 두세 문장으로 써본다.

- I went to school today.
- I played with my friend.
- I ate pizza for lunch.

STEP 3 감정 표현하기

하루를 마무리하며 느낀 감정을 한 문장으로 표현한다.

- I am happy today.
- I feel tired.
- School was fun.

첫 번째 일기	두 번째 일기	실전 일기
Monday, March 15	Wednesday, March 17	Friday, March 19
It is cloudy.	It is sunny and warm.	It is rainy.
I went to the park.	Today is my birthday!	I stayed at home.
I played with my dog.	Mom made a chocolate cake.	I read my favorite book.
I am happy!	My friends came to my party.	I watched a movie with dad.
	I got many presents.	The movie was funny.
	This is the best day!	I love rainy days at home.

⊠ 지도 시 주의할 점

- 따라 쓰기부터 시작하여 점차 자발적인 표현으로 발전시켜나간다.
- 문장의 개수나 순서는 아이가 원하는 대로 자유롭게 쓰도록 한다.
- 틀린 표현이 있어도 긍정적으로 피드백하며 아이의 자발성을 존중한다.

☆ 추천 교재

- 《Writing Monster》(에이리스트)

  재미있는 활동과 함께 영어 쓰기를 배울 수 있는 교재로 아직 문자나 글에 익숙지 않은 저학년 아이들이 접근하기에 적합하다.

- 《My First Writing》 시리즈 (이퓨처)

  초등 1-3학년에게 적합한 문법 입문용 교재로 기본 문형과 품사를 시각적인 자료와 함께 쉽게 설명하고 있어 문법의 기초를 다지기에 적합하다.

- 《I Can Write English》 시리즈 (해피하우스)

  저널, 일기, 편지 등 실용적인 글쓰기를 다루는 교재로 문장 단위에서 글단위로 자연스럽게 발전해나갈 수 있도록 구성되어 있다.

초등 영어 문해력이 답이다

'독서 일지'로 실력 업그레이드하기

독후활동 중 가장 기본이 되는 것은 '독서 일지(Reading Log)' 쓰기다. 처음에는 읽은 책을 기록하는 것에서부터 시작하여, 점차 앞으로 읽고 싶은 책을 기록하는 방식으로 발전시켜나간다. 읽어야 하는 책과 읽고 싶은 책의 비율을 1:9 또는 2:8 정도로 유지하는 게 요령이다. 이렇게 하면 아이가 독서에 대한 부담을 느끼지 않으면서도 필요한 책을 자연스럽게 읽을 수 있게된다. 책 열 권 중 한두 권 정도는 독서 일지를 작성하는 습관을 들이자. 아직 영어로 긴 문장을 쓰기 어려운 아이들은 다음과 같은 '그림 중심 독서 일지(Picture Reading Log)'로 가볍게 시작할 수 있다.

초급자를 위한 독서 일지

기본 양식

① Title/Date(책 제목/날짜): 책 제목과 읽은 날짜를 영어로 쓴다.

- Title(책 제목): _____

- Date(날짜): _____

② Book Cover(책 표지): 책 표지를 최대한 비슷하게 따라 그린다.

③ New Words(새로운 단어): 새로 배운 단어 세 개를 골라 쓰고 그림으로 표현한다.

  - Word(단어): _____ Picture(그림)

  - Word(단어): _____ Picture(그림)

  - Word(단어): _____ Picture(그림)

④ Favorite Scene(좋아하는 장면): 가장 기억에 남는 장면을 그림으로 그리고 한 문장으로 설명한다.

  - Picture(그림)

  - Sentence(설명): _____

⑤ Mood Check & Rating(기분 체크와 별점): 책을 읽은 후의 기분을 이모티콘으로 골라보고 별점을 매긴다.

  - Mood Check(기분 체크): ☺☺☺☹ (이모티콘에 동그라미 표시하기)

  - Star Rating(별점): ☆☆☆☆☆ (색칠하기)

초등 영어 문해력이 답이다

① Title:《Step into Reading》#Level 2 "Snow Wonder!"
Date: March 16

② Book Cover

③ New Words

- Word: snow

- Word: cold

- Word: fun

④ Favorite Scene

- Picture:

- Sentence: I like snow!

⑤ Mood Check & Rating

- Mood Check: 🙂🙂😐☹️

- Star Rating: ★★★★☆

CHAPTER 7

초등 3-4학년: 영어 문해력의 기둥을 세우다

이번 챕터에서는 본격적인 영어 학습이 시작되는 초등 3-4학년 시기에 필요한 독해력과 기초 문법을 다루면서 체계적인 학습 방법과 함께 탄탄한 어휘를 바탕으로 좀 더 심화된 영어 쓰기 노하우를 제시한다.

초등 3-4학년은 영어 문해력의 근간을 다지는 시기다. 단순한 읽기에서 깊이 있는 이해로 나아가는 시기며, 기초 문법의 체계적인 학습이 시작되는 때다. 이 시기에 학습 방향을 제대로 잡지 못하면 중학교 진학 후 영어 공부에 어려움을 겪을 수 있다.

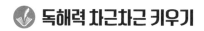

독해력 차근차근 키우기

'요약의 5단계' 지도하기

앞서 '요약하기'는 영어 문해력 향상의 핵심 비법임을 강조했다. 아이들이 텍스트의 핵심 정보를 파악하고 간결하게 정리하며 재구성하는 과정에서 이해가 깊어지기 때문이다. 요약하기가 능숙해지면 다양한 영어 읽기 전략들을 구조화하여 개념화하는 것에도 큰 도움이 된다. 그렇다면 아이들에게 어떻게 요약하는 법을 지도해야 할까? '요약의 5단계' 과정을 이해하고 다음과 같이 지도해보자.

───────────────●───(실전 가이드)───●───────────────

STEP 1 단락 구분하기

아이에게 전체 글의 단락 수를 세도록 한 뒤 Paragraph의 약자 P를 사용하여 P1, P2, P3… 식으로 각 단락 앞에 번호를 붙이게 한다. 그렇게 총 단락 수를 확인하여 글의 전체 구조를 파악하게 한다.

STEP 2 핵심 내용 찾기

각 단락마다 가장 중요한 내용을 담은 한 문장으로 정리해야 한다고 설명한다. 만약 아이들이 어려워할 경우 다음과 같은 방법으로 도와준다.

• 키워드 찾기: 자주 등장하는 단어가 무엇인지 물어본다.

- 키워드의 중요성 파악하기: 그 단어가 왜 자주 나오는지 묻고 생각해보게 한다.
- 상황 이해하기: 인물이면 무엇을 했는지, 사물이나 환경이면 어떤 상황인지 질문한다.

STEP 3 중요 문장 표시하기

각 단락의 중요 문장을 형광펜으로 표시하게 한다. 초등 저학년이나 영어 쓰기가 아직 어려운 학생은 이 단계까지만 진행해도 좋다. 중요 문장을 표시하면 핵심 정보를 시각적으로 구분하는 능력을 기를 수 있다.

STEP 4 영어로 요약하기

각 단락을 영어로 한 문장씩 요약하게 한다. 본문에 나온 단어들을 활용하면 더 쉽게 요약할 수 있다고 알려준다. 아이들이 영어로 직접 표현하는 연습을 할 수 있어 효과적이다.

STEP 5 전체 내용 요약 및 주제 파악하기

각 단락의 요약문을 모두 읽은 뒤 전체 내용을 한 문장으로 정리하게 한다. 이 최종 문장이 글의 주제(Main idea)가 됨을 알려준다. 전체 내용을 한 문장으로 요약하면서 글의 요지를 파악할 수 있게 된다.

'요약의 5단계'는 초등 4학년부터 중등 수준의 글을 읽을 수 있는 아이들에

게 적합한 학습법이다. 150단어 이상의 지문부터 적용할 수 있는데 초등 4 학년 이상의 아이들에게는 거의 모든 리딩 시간에 이 방법을 사용했다. 단순한 줄별 해석을 넘어 중요한 맥락을 읽는 능력의 초석이 되는 단계이므로 매우 중요하다. 실제 지도 사례를 통해 구체적인 적용 방법을 살펴보자.

[P1] <u>Dogs are wonderful pets for several reasons.</u> They are loyal companions who always stay by their owner's side. Dogs can sense when their owners are sad or happy, and they try to comfort them when they're feeling down.

(개들은 여러 가지 이유로 훌륭한 반려동물입니다. 그들은 항상 주인 곁에 있는 충실한 동반자입니다. 개들은 주인이 슬프거나 행복할 때를 감지할 수 있고, 주인이 기분이 좋지 않을 때 위로하려 합니다.)

[P2] Moreover, dogs are great for our health. <u>Taking dogs for daily walks helps owners stay active and fit.</u> Studies show that people who own dogs tend to exercise more and have lower blood pressure than those who don't.

(게다가 개들은 우리 건강에 매우 좋습니다. 매일 개와 산책하는 것은 주인이 활동적이고 건강하게 지내는 데 도움이 됩니다. 연구에 따르면 개를 키우는 사람들은 그렇지 않은 사람들보다 운동을 더 많이 하고 혈압이 더 낮은 경향이 있다고 합니다.)

[P3] Additionally, dogs can serve important roles in society. <u>Many dogs work as service animals,</u> helping people with disabilities.

Some dogs also work with police officers to keep our commu-
nities safe. Other dogs help find missing people during disasters.
(또한 개들은 사회에서 중요한 역할을 합니다. 많은 개들이 장애인을 돕는 도
우미 동물로 일합니다. 일부 개들은 경찰관과 함께 일하며 우리 지역사회를
안전하게 지키고, 다른 개들은 재난 시 실종자 찾는 것을 돕습니다.)

- **1단계: 단락 구분하기**
  - P1: Dogs are wonderful pets···. (개의 특징과 충성심)
  - P2: Moreover, dogs are great···. (개가 건강에 미치는 영향)
  - P3: Additionally, dogs can serve···. (사회에서 개의 역할)

- **2단계: 핵심어 표시**
  - P1: loyal companions(충실한 동반자), sense emotions(감정 감지),
    comfort(위로)
  - P2: health(건강), exercise(운동), lower blood pressure(낮은 혈압)
  - P3: service animals(도우미 동물), police dogs(경찰견), rescue
    work(구조 활동)

- **3단계: 중요 문장에 형광펜 표시하기**
  - P1: Dogs are wonderful pets for several reasons.
  - P2: Taking dogs for daily walks helps owners stay active and fit.
  - P3: Many dogs work as service animals.

- **4단계: 영어로 요약하기**
  - P1: Dogs are loyal pets that provide emotional support to their

owners.

(개들은 주인에게 정서적 지원을 제공하는 충실한 반려동물입니다.)

- P2: Dog ownership promotes better health through regular exercise.

(개를 키우는 것은 규칙적인 운동을 통해 더 나은 건강을 증진시킵니다.)

- P3: Dogs serve various important roles in society as working animals.

(개들은 작업견으로서 사회에서 다양한 중요한 역할을 수행합니다.)

● **5단계: 전체 내용 요약과 주제 파악하기**

Main idea: Dogs are beneficial companions that improve our personal lives and serve important social roles.

(개는 우리의 개인적인 삶을 향상시키고 중요한 사회적 역할을 하는 유익한 동반자입니다.)

텍스트의 난이도가 높아지면 요약 방법의 조정이 필요하다. 특히 초등 6학년 수준이나 300단어 이상의 글은 우리말로 요약하는 것이 더 효과적이다. 이는 중·고등 교육 과정의 시험 문제가 우리말로 출제되기 때문이다. 우리말 요약은 글의 핵심을 명확히 이해하고 구조화하는 데 도움이 되며, 더 깊이 있는 분석을 가능하게 한다. 따라서 학년과 난이도에 따라 영어와 우리말 요약을 적절히 병행하는 것이 좋다.

'요약하기'는 초등 과정에서 2~3년간 지속적으로 훈련해야 하는 필수 학습법이다. 요약하기에 능숙해지면 다른 읽기 전략들도 자연스럽게 익힐 수 있다. 따라서 책을 읽고 요약하는 법을 익히는 것을 독해력 향상의 첫 단계로 삼는 것이 효과적이다.

효과적인 독해 방법 찾기

효과적인 영어 독해를 위해서는 다양한 읽기 전략을 활용하는 것이 중요하다. 다음은 아이들의 영어 독해력을 높이는 데 도움이 되는 주요 읽기 전략들이다.

- 시간의 흐름 파악하기: 시간의 흐름을 파악하며 읽는 방법
- 비교와 대조하기: 유사점과 차이점을 찾아 읽는 방법
- 동의와 반대 구분하기: 저자의 주장에 대한 찬성과 반대 의견을 구분하며 읽는 방법
- 원인과 결과 파악하기: 사건의 원인과 그로 인한 결과를 파악하며 읽는 방법
- 주제 파악하기: 글의 중심 내용을 찾아 읽는 방법
- 세부 사항 찾기: 주요 정보를 뒷받침하는 세부 내용을 찾아 읽는 방법
- 추론하기: 글에 직접 나와 있지 않은 정보를 유추하며 읽는 방법
- 순서 정하기: 정보나 사건의 순서를 파악하며 읽는 방법

초등 영어 문해력이 답이다

① 시간의 흐름 파악하며 읽기

Plants grow in stages. First, we plant a seed in the soil. Then, the seed gets water and sunlight. Next, a small shoot comes out of the ground. After that, the plant grows bigger and leaves appear. Finally, flowers or fruits grow on the plant.

(식물은 단계별로 자랍니다. 먼저 우리는 씨앗을 흙에 심습니다. 그다음 씨앗은 물과 햇빛을 받습니다. 이어서 작은 새싹이 땅에서 나옵니다. 그 후 식물은 더 크게 자라고 잎이 생깁니다. 마지막으로 식물에 꽃이 피거나 열매가 자랍니다.)

이 지문을 '시간의 흐름 파악하며 읽기' 전략을 사용하여 다음과 같이 표로 정리할 수 있다.

Plant Growth Stages (식물의 성장 단계)	
Stage (단계)	**What happens (일어나는 일)**
1	Plant seed in soil. (씨앗을 흙에 심음)
2	Seed gets water and sunlight. (씨앗이 물과 햇빛을 받음)
3	Small shoot comes out. (작은 새싹이 나옴)
4	Plant grows bigger and leaves appear. (식물이 더 크게 자라고 잎이 생김)
5	Flowers or fruits grow. (꽃이 피거나 열매가 자람)

② 비교와 대조하며 읽기

Dogs and cats are both popular pets. Dogs like to play outside. Cats prefer to stay inside. Dogs need walks every day. Cats can use a litter box at home. Dogs are usually bigger than cats. Cats are often quieter than dogs. Both animals can be good friends to people.

(개와 고양이는 둘 다 인기 있는 반려동물입니다. 개는 밖에서 놀기 좋아합니다. 고양이는 집 안에 있는 것을 더 좋아합니다. 개는 매일 산책이 필요합니다. 고양이는 집에서 화장실을 사용할 수 있습니다. 개는 보통 고양이보다 큽니다. 고양이는 대체로 개보다 조용합니다. 두 동물 모두 사람의 좋은 친구가 될 수 있습니다.)

이 지문을 '비교와 대조하며 읽기' 전략을 사용하여 다음과 같이 표로 정리할 수 있다.

Comparing Dogs and Cats (개와 고양이의 특징 비교)		
Characteristic(특징)	Dogs(개)	Cats(고양이)
Preferred location (활동 선호 장소)	Like to play outside (밖에서 놀기 좋아함)	Prefer to stay inside (집 안에 있는 것 선호함)
Daily needs (일상적 필요)	Need walks every day (매일 산책 필요)	Can use litter box at home (집에서 화장실 사용 가능)
Size(크기)	Usually bigger(보통 더 큼)	Usually smaller(보통 더 작음)
Noise level (소음 정도)	Relatively louder (상대적으로 시끄러움)	Often quieter (대체로 조용함)
Similarities (공통점)	Both: Are popular pets and can be good friends to people. (둘 다 인기 있는 반려동물이며, 사람의 좋은 친구가 될 수 있음)	

이러한 표는 리딩 학습서에서 많이 볼 수 있는 형태다. 보통 150단어 이상의 지문이 있는 단원의 마지막 부분에 제시되어 있다. 이는 읽은 내용을 구조화하는 훈련을 위한 것이다. 학습서가 아니더라도 읽은 내용을 구조화하며 이해하는 연습은 난이도 높은 지문을 읽을 때 매우 효과적이다. 이러한 훈련을 꾸준히 하면 중·고등 과정에서 복잡한 텍스트를 다룰 때 큰 도움이 된다.

체계적인 독후활동으로 효과 극대화하기

독서의 효과를 극대화하기 위해서는 적절한 독후활동이 필요하다. 독후활동의 필요성에 대해서는 의견이 분분하다. 순수한 독서의 즐거움만으로 충분하다는 의견과 체계적인 독후활동이 필요하다는 의견이 있다. 개인적으로는 다독과 정독의 비율을 9:1로 볼 때, 정독에 해당하는 1의 비율에서 독후활동을 진행하는 것이 좋다고 생각한다. 다만 부모의 교육 철학과 아이의 성향에 따라 결정하는 것이 중요하므로 아이가 스스로 잘하면 독후활동보다는 다독 위주로, 지도가 필요하다면 독후활동의 비중을 높이는 것이 좋다.

―― 실전 가이드 ――

STEP 1 Plot map 활용하여 내용 정리하기

독서의 수준이 높아질수록 어드벤처, 판타지 등 복잡한 장르의 책을 접하게 된다. 이는 때론 AR 4점대의 벽을 못 넘는 이유가 되기도 한다. 만약 이러한 경우라면 기승전결 또는 사건의 발생, 위기, 극복 식의 줄거리를 요약 정리하는 것이 글의 흐름을 파악하는 데 유용하다. 또한 줄거리나 이야기의 주요 사건을 Plot map을 활용하여 순서대로 정리하는 것도 도움이 된다. 이 활동은 글을 읽으면서 해도 되고, 다 읽고 난 뒤에 해도 된다. 엘윈 브룩스 화이트의《샬롯의 거미줄》을 읽고 나서 만든 Plot map의 예시를 살펴보자.

《샬롯의 거미줄》 Plot map 한글 버전	
단계	내용
시작	펀이 작은 돼지 윌버를 구해줍니다.
전개	윌버가 헛간으로 이사 가고 거미 샬롯과 친구가 됩니다. 윌버가 위험하다는 걸 알게 됩니다.
문제	샬롯이 윌버를 구하겠다고 약속하지만 방법을 찾아야 합니다.
절정	샬롯이 거미줄에 윌버를 칭찬하는 글을 씁니다. 윌버가 유명해집니다.
결말	윌버가 상을 받고 안전해집니다. 샬롯은 죽지만 그녀의 아기들이 윌버의 새 친구가 됩니다.

《샬롯의 거미줄》 Plot map 영어 버전	
Stage	Content
Beginning	Fern saves the small pig Wilbur.
Development	Wilbur moves to the barn and becomes friends with Charlotte the spider. Wilbur learns he is in danger.
Problem	Charlotte promises to save Wilbur but needs to find a way.
Climax	Charlotte writes words praising Wilbur in her web. Wilbur becomes famous.
Resolution	Wilbur wins a prize and is safe. Charlotte dies, but her babies become Wilbur's new friends.

초등 영어 문해력이 답이다

이렇게 plot map을 만들어 각 단계의 중요한 사건을 간단히 정리하면 이야기의 흐름을 쉽게 이해할 수 있고, 이야기의 구조를 파악하는 데 도움이 된다. Plot map은 아이의 영어 실력에 따라 한글로 작성하거나 영어로 작성할 수 있다.

STEP 2 캐릭터 분석하기

캐릭터 분석은 의외로 아이들이 좋아하는 영역이다. 등장인물들의 성격과 행동을 이해하며 깊이 있는 독해를 할 수 있다. 아직 쓰기가 어려운 아이들은 단어로만 표현하거나 그림으로 표현해도 좋다.

① **성격 묘사하기:** 캐릭터 분석을 시작하기 전에 필요한 어휘를 먼저 학습하는 것이 중요하다. brave(용감한), kind(친절한), clever(영리한) 같은 기본적인 성격 묘사 단어부터 시작하여 점차 curious(호기심 많은), independent(독립적인) 같은 표현으로 확장해나간다. 학습한 단어들을 활용할 때는 "이 중에서 해리포터를 가장 잘 표현하는 단어를 세 개 골라볼까?"와 같은 질문으로 친근하게 접근하면 아이들도 학습 부담이 덜하고 보다 자연스러운 참여를 유도할 수 있다.

긍정적 특성	중립적 특성	부정적 특성
brave(용감한)	quiet(조용한)	selfish(이기적인)
kind(친절한)	serious(진지한)	lazy(게으른)
clever(영리한)	shy(수줍은)	bossy(잔소리하는)
honest(정직한)	curious(호기심 많은)	stubborn(고집 센)
cheerful(명랑한)	energetic(활동적인)	rude(무례한)

loyal(충실한)	independent(독립적인)	careless(부주의한)
generous(관대한)	cautious(조심스러운)	impatient(성급한)
creative(창의적인)	sensitive(민감한)	jealous(질투하는)
confident(자신감 있는)	adventurous(모험을 좋아하는)	greedy(욕심 많은)
responsible(책임감 있는)	talkative(수다스러운)	arrogant(거만한)

② **행동과 연결하기:** 인물들의 특정 행동을 언급하며 성격을 추론하게 한다.

Character(인물)	Action(행동)	Inferred Personality(추론되는 성격)
Jack	Always reads books. (항상 책을 읽는다.)	Curious(호기심 많은), intelligent(지적인)
Annie	Jumps into adventures. (모험에 뛰어든다.)	Brave(용감한), adventurous(모험을 좋아하는)
Morgan le Fay	Helps children learn. (아이들의 학습을 돕는다.)	Kind(친절한), wise(현명한)

③ **비교하기:** 등장인물이 여러 명 나오거나 스토리 구조상 대립되는 인물관계
가 나올 때는 인물들의 성격과 특징을 비교하여 차이점을 찾아보게 한다.

Character(인물)	Jack	Annie
Personality(성격)	Cautious(조심스러운) thoughtful(사려 깊은)	Impulsive(충동적인) outgoing(외향적인)
Approach to problems (문제 해결 방식)	Likes to research and plan (연구하고 계획하기를 좋아함)	Prefers to act quickly (빠르게 행동하기를 선호함)
Interests(관심사)	Reading(독서), facts(사실)	Adventure(모험), imagination(상상)

초등 영어 문해력이 답이다

④ **감정 표현하기:** 캐릭터의 감정을 표현하는 단어를 찾아보게 한다.

긍정적 감정	부정적 감정	중립적 감정
happy(행복한)	sad(슬픈)	curious(호기심 있는)
excited(신나는)	angry(화난)	surprised(놀란)
proud(자랑스러운)	scared(무서운)	confused(혼란스러운)
relieved(안도한)	disappointed(실망한)	nervous(긴장된)
grateful(감사한)	jealous(질투하는)	determined(결심한)

STEP 3 느낀 점 쓰기

느낀 점 쓰기는 독후활동의 완성이자 가장 중요한 부분이다. 하지만 단순히 "느낀 점을 써봐"라고 하면 열 명의 아이 중 열이나 아홉은 쓰지 못한다. 다음과 같이 기본 문형을 가르쳐주고 쉬운 어구들을 사용하여 활용할 수 있도록 친절한 가이드를 해주는 것이 필요하다. 처음에는 한 문장으로 시작해도 좋다. 점차 문장 수를 늘려가며 자신의 생각을 더 자세히 표현하도록 유도한다.

① **책에 대한 전반적인 감상 표현하기**

- 기본 문형: I liked/didn't like this book because….

  (이 책이 좋았어요. / 이 책이 싫었어요. 왜냐하면….)

- 활용 예시: I liked this book because it was exciting.

  (이 책이 좋았어요. 왜냐하면 신났기 때문이에요.)

② **인상 깊은 장면 표현하기**

- 기본 문형: The most interesting part was….

(가장 흥미로웠던 부분은….)

- 활용 예시: The most interesting part was when Jack and Annie traveled to ancient Egypt.

(가장 흥미로웠던 부분은 잭과 애니가 고대 이집트로 여행 갔을 때였어요.)

③ 감정 표현하기

- 기본 문형: This story made me feel….

(이 이야기는 나를 … 느끼게 했어요.)

- 활용 예시: This story made me feel excited and curious about history.

(이 이야기는 나를 흥분시키고 역사에 대한 호기심을 불러일으켰어요.)

④ 인물과 자신의 경험 연결하기

- 기본 문형: The main character reminded me of….

(주인공은 나에게 …을 생각나게 했어요.)

- 활용 예시: The main character reminded me of my sister who loves adventures.

(주인공은 나에게 모험을 좋아하는 내 여동생을 생각나게 했어요.)

⑤ 책을 통해 배우거나 깨달은 점 표현하기

- 기본 문형: I learned that….

(나는 …을 배웠어요.)

- 활용 예시: I learned that teamwork is very important in solving problems.

(나는 문제를 해결할 때 팀워크가 매우 중요하다는 것을 배웠어요.)

초등 영어 문해력이 답이다

⑥ 상상하여 표현하기

- 기본 문형: If I were the main character, I would….

  (내가 주인공이라면, 나는 ….)

- 활용 예시: If I were Jack, I would read more books about the places we visit.

  (내가 잭이라면 우리가 방문하는 장소들에 대한 책을 더 많이 읽을 거예요.)

⑦ 선호도와 이유 표현하기

- 기본 문형: My favorite character was… because….

  (내가 가장 좋아하는 캐릭터는… 왜냐하면….)

- 활용 예시: My favorite character was Annie because she is brave and kind.

  (내가 가장 좋아하는 캐릭터는 애니예요. 왜냐하면 그녀가 용감하고 친절하기 때문이에요.)

⑧ 궁금증 표현하기

- 기본 문형: One question I still have is….

  (내가 아직 궁금한 한 가지는….)

- 활용 예시: One question I still have is how the magic tree house works.

  (내가 아직 궁금한 한 가지는 마법의 나무집이 어떻게 작동하는가 하는 거예요.)

영어 독후활동의 시작은 간단한 문형 하나에서 출발한다. 'I liked this book because…'와 같은 기본 문장을 충분히 연습하고, 아이가 익숙해지면 자신의 경험과 감정을 반영한 표현으로 확장해나간다. 교사나 학부모는 문법적 오류를 자연스럽게 수정해주되 아이의 자유로운 표현을 격려해주는 것이 중요하다.

여러 문형에 익숙해지면 하나의 주제에 대해 두세 개의 표현을 자연스럽게 연결하여 더 긴 글을 쓸 수 있도록 지도한다. 예를 들어 책에 대한 전반적인 감상과 함께 인상 깊은 장면, 배운 점 등을 하나의 글로 구성하는 연습을 하면 효과적이다. 이러한 단계적 접근을 통해 아이들은 자신의 생각을 영어로 더욱 자연스럽게 표현할 수 있게 된다.

STEP 4 책의 결말 다르게 바꿔 보기

책의 결말을 다르게 바꿔보는 활동은 영어 도서관이나 학원에서 자주 활용하는 방법이다. 이는 일정 수준의 영어 실력을 갖춘 아이들에게 적합한 활동으로 창의력과 표현력을 동시에 향상시킬 수 있다. 책의 결말을 다르게 바꿔 보기의 예시는 다음과 같다.

- Instead of going back to the Dursleys, Harry from Harry Poter decided to spend the summer with the Weasleys.

  (해리포터의 해리는 더즐리 가족에게 돌아가는 대신 위즐리 가족과 함께 여름을 보내기로 결정했다.)

- Greg from Diary of a Wimpy Kid decided to join the school band instead of avoiding it.

  (윔피 키드의 주인공 그레그는 학교 밴드를 피하는 대신 가입하기로 결정했다.)

- Charlotte from Charlotte's Web survived and continued to write messages to help Wilbur.

(샬롯의 거미줄의 샬롯은 살아남아 계속해서 윌버를 돕는 메시지를 썼다.)

🗶 지도 시 주의할 점

- 모든 STEP을 동시에 진행할 필요는 없다.

- 한두 개의 STEP으로 시작하여 점진적으로 확장해나간다.

- 초기에는 도움을 주고 점차 아이가 자기주도적으로 할 수 있게 유도한다.

- 정독이 필요한 책을 선별하여 독후활동을 진행한다.

📖 추천 교재

- 《달곰한 Literacy》(Ne능률)

  기초 독해력 향상에 중점을 둔 입문용 독해서로 3회독 학습법을 통해 체계적인 학습이 가능하다. 직독직해 훈련과 독해의 기본기를 탄탄히 다지는 데 효과적이다.

- 《Subjcet Link》(Ne능률)

  주제별 독해를 통해 다양한 분야의 배경지식을 쌓을 수 있도록 구성된 독해서다. 영어 실력과 함께 교과 지식도 자연스럽게 습득할 수 있어 초등 3-4학년에게 적합하다.

📖 어휘력 탄탄하게 쌓기

문맥 속에서 단어 의미 파악하기

초등 6학년 이전에 반드시 익혀야 할 중요한 학습 습관이 있다. 바로 문맥 안에서 어휘를 학습하는 것이다. 한국인에게 영어 학습은 마치 외계어를 배우는 것과 같다. 어순, 발음 등 우리말과 일치하는 부분이 거의 없기 때문이다. 특히 어휘는 맥락과 뉘앙스가 중요해서 연령에 관계없이 문맥 속에서 익히는 것이 효과적이다.

중학교에 진학하면 단어집을 통한 단어 암기가 주를 이루게 된다. 암기할 양도 많고 공부할 시간도 부족해서 그렇다. 따라서 상대적으로 시간적 여유가 있고 시험 대비 압박이 덜한 초등 시기에 이상적인 학습법을 경험해보는 것이 좋다.

───────────────◦(실전 가이드)◦───────────────

영어 어휘 학습은 다음과 같은 단계로 진행하는 것이 효과적이다. 각 단계를 충실히 수행하면서 자신만의 어휘력을 구축해나간다.

STEP 1 문맥 속 의미 유추하기

모르는 단어가 나오면 주변 문장을 다시 읽고 의미를 유추해본다. 문장 속 다른 단어들과의 관계를 통해 새로운 단어의 의미를 파악하는 습관을 들인다.

초등 영어 문해력이 답이다

예 The temperature continues to increase every year.

- 모르는 단어: increase

- 주변 단어와 문맥 활용: temperature(온도), continues(계속), every year(매년)을 통해 increase가 '증가하다' '올라가다'의 의미임을 유추할 수 있다.

STEP 2 단어 정리 노트 작성하기

모르는 단어와 그 단어가 포함된 문장을 함께 정리한다. 단어의 의미뿐만 아니라 실제 사용된 문장도 함께 기록하여 활용도를 높인다.

- 모르는 단어: increase

- 품사: 동사/명사

- 문장 1: The temperature continues to increase every year.

  문장 2: We can see an increase in ocean levels.

- 의미: (동사) 증가하다, 올라가다 / (명사) 증가, 상승

- 유추 과정: temperature(온도), ocean levels(해수면)와 함께 쓰여 '올라가다/상승'의 의미임을 알 수 있다

STEP 3 주기적으로 복습하기

10~20개 정도의 단어가 모이면 한꺼번에 복습한다. 어휘 학습의 효과를 높이기 위해서는 규칙적인 복습이 필수적이다.

복습 후에도 모르는 단어는 형광펜으로 표시한다. 시각적 표시를 통해 중점적으로 학습해야 할 단어들을 쉽게 파악할 수 있다.

형광펜으로 표시된 단어들만 다시 복습한다. 반복 학습을 통해 어휘의 정확한 의미와 용법을 익힌다.

여전히 모르는 단어는 눈에 띄는 색으로 별표를 그린다. 이는 특별한 관리가 필요한 단어임을 나타낸다.

별표가 표시된 단어들을 집중적으로 학습하고 의미를 확인한다. 필요한 경우 추가 예문을 찾아보거나 관련 단어들을 함께 학습한다.

이러한 방식으로 단어 정리 노트를 작성하고 문맥 안에서 어휘를 학습하다 보면 놀라운 효과를 경험할 수 있다. 나 역시 중학생 시절부터 이 방법으로 영어 공부를 해왔다. 회사 생활을 하며 공부할 때와 대학원 과정에서도 이 학습법은 큰 도움이 되었다. 20년이 지난 지금도 그때의 단어 정리 노트들을 보관하고 있는데, 아마도 이렇게 꾸준히 기록하고 정리하는 과정이 영어

를 평생의 동반자로 만들어준 것 같다.

유의어·반의어 함께 학습하기

유의어·반의어 학습은 많은 학부모들이 간과하기 쉽지만 영어 실력을 높이는 데 있어 매우 효과적인 방법이다. 유의어·반의어를 학습하다 보면 아이들이 영어로 사고하는 것에 익숙해지고 자연스럽게 많은 양의 파생어를 접하고 이해하게 되어 어휘력이 향상된다.

그런 의미에서 초등 5-6학년 때 비문학 전문 어휘를 방대하게 익히기 위해 초등 3-4학년 때 유의어·반의어 학습을 해놓으면 아는 단어 보유량이 기하급수적으로 늘어난다. 하지만 아이들이 어려워할 수 있으므로 무리한 학습보다는 가장 중요한 동사와 빈출 빈도가 높은 형용사, 이 두 가지만이라도 유의어·반의어 학습을 익숙하게 해두는 것을 추천한다.

──────────(실전 가이드)──────────

어휘력 향상을 위해서는 체계적인 학습 도구를 선택하여 단계별로 학습하는 것이 중요하다.

STEP 1　학습 교재 선택하기

문맥 속 예문이 풍부한 교재를 선택한다. 유의어·반의어가 함께 제시되어 있고 체계적인 복습 시스템이 갖춰진 교재가 적합하다. 초등 3-4학년의 경우 기초 단어의 유의어·반의어를 다루는 교재가 좋다.

STEP 2 **학습 계획 세우기**

하루에 10~15개의 단어를 목표로 정한다. 주 2~3회는 반드시 복습 시간을 갖고 매달 마지막 주에는 그동안 배운 단어를 총정리한다. 계획표를 만들어 눈에 잘 띄는 냉장고나 책상 앞에 붙여 두면 효과적이다.

STEP 3 **복습 관리하기**

복습할 때는 반드시 형광펜과 노트를 준비한다. 아직 익숙하지 않은 단어는 형광펜으로 표시하고, 자주 틀리는 단어는 따로 정리한다. 이렇게 정리된 단어들은 주말마다 간단한 테스트를 통해 학습 상태를 확인한다.

이러한 단계별 어휘 학습을 통해 아이들은 자연스럽게 어휘를 확장해나가고, 배운 단어들을 실제 독해와 작문에 활용할 수 있게 된다. 기본 단어부터 시작하여 점차 고급 단어로 범위를 넓혀가는 것이 좋다.

[부록 2] 학생 가이드 중 '초등 3-4학년을 위한 필수 어휘 및 기본 표현'을 참고하자.

동사 유의어의 예				
기본 표현	중급 표현	고급 표현	의미	뉘앙스 차이
get	obtain	acquire	얻다	get(일상적), obtain(공식적), acquire(전문적)
say	tell	express	말하다	say(일반적), tell(전달), express(표현)
make	create	produce	만들다	make(일반적), create(창작), produce(생산)
see	observe	witness	보다	see(일반적), observe(관찰), witness(목격)
think	believe	consider	생각하다	think(일반적), believe(믿다), consider(숙고)
know	understand	comprehend	알다	know(일반적), understand(이해), comprehend(파악)
want	desire	crave	원하다	want(일반적), desire(갈망), crave(열망)
give	provide	offer	주다	give(일반적), provide(제공), offer(제안)
find	discover	locate	찾다	find(일반적), discover(발견), locate(위치 파악)
use	utilize	employ	사용하다	use(일반적), utilize(활용), employ(채용/적용)
help	assist	aid	돕다	help(일반적), assist(지원), aid(원조)
ask	inquire	question	묻다	ask(일반적), inquire(문의), question(질문)
feel	sense	experience	느끼다	feel(일반적), sense(감지), experience(경험)
try	attempt	endeavor	시도하다	try(일반적), attempt(시도), endeavor(노력)
work	labor	toil	일하다	work(일반적), labor(노동), toil(고생)
talk	speak	converse	대화하다	talk(일반적), speak(말하다), converse(대화)
like	enjoy	appreciate	좋아하다	like(일반적), enjoy(즐기다), appreciate(감사)
live	exist	dwell	살다	live(일반적), exist(존재), dwell(거주)
seem	appear	look	~처럼 보이다	seem(일반적), appear(나타나다), look(보이다)
become	turn into	develop into	되다	become(일반적), turn into(변하다), develop into(발전)

형용사 유의어의 예

기본 표현	중급 표현	강조 표현	의미	뉘앙스 차이
big	large	enormous	큰	big(일반적), large(규모), enormous(거대한)
small	tiny	minuscule	작은	small(일반적), tiny(아주 작은), minuscule(극히 작은)
good	great	excellent	좋은	good(일반적), great(훌륭한), excellent(최상의)
bad	terrible	awful	나쁜	bad(일반적), terrible(끔찍한), awful(최악의)
happy	joyful	elated	행복한	happy(일반적), joyful(기쁜), elated(매우 기쁜)
sad	unhappy	sorrowful	슬픈	sad(일반적), unhappy(불행한), sorrowful(비통한)
beautiful	pretty	gorgeous	아름다운	beautiful(일반적), pretty(예쁜), gorgeous(매우 아름다운)
ugly	unattractive	hideous	못생긴	ugly(일반적), unattractive(매력 없는), hideous(보기 흉한)
smart	intelligent	brilliant	똑똑한	smart(영리한), intelligent(지적인), brilliant(탁월한)
stupid	foolish	idiotic	어리석은	stupid(일반적), foolish(바보 같은), idiotic(매우 어리석은)
fast	quick	rapid	빠른	fast(일반적), quick(신속한), rapid(급속한)
slow	sluggish	leisurely	느린	slow(일반적), sluggish(굼뜬), leisurely(여유로운)
hard	difficult	challenging	어려운	hard(일반적), difficult(곤란한), challenging(도전적인)
easy	simple	effortless	쉬운	easy(일반적), simple(단순한), effortless(수월한)
hot	warm	scorching	더운	hot(일반적), warm(따뜻한), scorching(타는 듯한)
cold	cool	freezing	추운	cold(일반적), cool(시원한), freezing(몹시 추운)
old	ancient	antique	오래된	old(일반적), ancient(고대의), antique(골동품의)
new	modern	recent	새로운	new(일반적), modern(현대적), recent(최근의)
rich	wealthy	affluent	부유한	rich(일반적), wealthy(재산 있는), affluent(풍족한)
poor	needy	impoverished	가난한	poor(일반적), needy(궁핍한), impoverished(빈곤한)

초등 영어 문해력이 답이다

교재는 문맥 중심의 어휘 학습이 가능한 것은 선택하는 것이 중요하다. 어휘 학습의 핵심은 누적이다. 나이와 상관없이 시간이 지나면 자꾸 잊어버리기 때문에 앞에 나온 단어를 지속적으로 복습하게 하는 책이 가장 좋다.

𝄞 추천 교재

- 《Reading for Vocabulary》시리즈 (월드컴)

  독해와 어휘를 통합적으로 학습하도록 설계된 교재다. 지문 속에서 자연스러운 어휘 학습이 가능해 초등 4학년 이상의 아이들에게 적합하다.

- 《1000 Basic English Words》시리즈 (웅진컴퍼스)

  초·중등 필수 어휘를 반복 학습하는 체계적인 교재로 픽션과 논픽션 본문을 통해 맥락 속 의미 파악 연습과 QR코드를 통한 발음 학습, 유의어·반의어 수록으로 폭넓은 어휘 확장 학습이 가능하다.

- 《2000 Core English Words》시리즈 (웅진컴퍼스)

  단어를 주제별로 묶어 효과적으로 암기할 수 있도록 구성된 교재다. 유의어·반의어가 풍부하게 수록되어 있어 단어의 의미를 더욱 확고히 다질 수 있다.

- 《Word Up 800, 1200》시리즈 (NE능률)

  주제별 학습을 통해 단어의 기본기 및 지식을 확장시켜주는 기본서다. 접두사·접미사·파생어·연어 등에 대한 추가 지식 코너를 통해 다각적인 어휘 학습이 가능하다.

문장 쓰기 연습하기

익힌 단어들을 활용하여 적절한 문장 쓰기 연습을 해보자. 이와 같은 과정을 통해 문장의 순서, 주어와 동사의 기본 개념과 문장 구조에 대한 자연스러운 습득 등 여러 가지 효과를 얻을 수 있다. 기초적인 문장을 완성해가는 것부터 시작하여 논지 있는 한 단락의 글을 완성하 는 것을 목표로 잡는다.

문장의 확장과 연결하기

문장의 종류와 주어/동사 구분하기는 영어 쓰기의 가장 기본적인 단계다. 이는 향후 더 복잡한 문장을 만들고 생각을 표현하는 토대가 된다. 다음 단계인 형용사와 접속사를 활용한 문장 확장으로 자연스럽게 넘어가는 기반을 마련하는 것이 이 단계의 목표라고 할 수 있다.

───── 실전 가이드 ─────

STEP 1 **문장 종류 구분하기**

각 문장 유형의 특징을 이해하고 구분하는 연습을 한다.

① 문장 끝 부호(. ? !)를 기준으로 문장 종류를 파악한다.

② 평서문, 의문문, 감탄문의 특징적인 어순을 학습한다.

③ 소리 내어 읽으면서 각 문장 유형의 억양 차이를 익힌다.

- 평서문: 일반적인 설명이나 서술을 하는 문장이다.

  - I play soccer. (나는 축구를 한다.)

  - She reads books. (그녀는 책을 읽는다.)

- 의문문: 질문을 하는 문장이다.

  - Do you like pizza? (너는 피자를 좋아하니?)

  - Where is my bag? (내 가방이 어디 있지?)

- 감탄문: 강한 감정을 표현하는 문장이다.

  - What a beautiful day! (정말 아름다운 날이구나!)

  - How nice you are! (너는 정말 친절하구나!)

STEP 2 주어 찾기

파닉스부터 대학 입시를 위한 수능시험까지 가장 중요한 것은 주어와 동사의 구분이다. 주어 찾기는 다음과 같이 진행한다.

① '누가/무엇이'를 찾는 습관을 들인다.

② 문장의 맨 앞에 위치하는 특징을 기억한다.

③ 대명사(I, you, he, she, it, we, they)와 명사를 구분한다.

STEP 3 동사 찾기

문장의 핵심인 동사는 다음 순서로 찾는다.

① be동사(is, am, are, was, were)

② 조동사(can, will, may, must, should)

③ 일반동사(play, eat, study, write, read)

실전 활용의 예

① 문장 종류 구분하기

　- 평서문: I play soccer. (나는 축구를 한다.)

　- 의문문: Do you like pizza? (너는 피자를 좋아하니?)

　- 감탄문: What a beautiful day! (정말 아름다운 날이구나!)

② 주어/동사 표시하기

　주어는 동그라미(○), 동사는 네모(□)로 표시한다.

　- I am happy.

　- The little bird can fly very high.

　- My sister and brother are studying English in the library.

이러한 단계별 학습을 통해 아이들은 영어 문장의 기본 구조를 이해하고, 자신감 있게 문장을 만들 수 있게 된다.

☒ 지도 시 주의할 점

- 문장의 종류와 주어/동사 구분하기를 지도할 때는 다음 세 가지 사항을 특히 주의해야 한다.

- 단순 문장의 평서문부터 시작하여 아이가 충분히 이해했을 때 의문문, 감탄문으로 단계적으로 확장해나간다. 이때 일상적인 표현으로 같은 패턴을 반복적으로 연습하게 하는 것이 효과적이다.

- 문장 종류별로 다른 색깔의 펜을 사용하고 주어/동사를 다른 모양으로 표시하는 등 시각적 보조 도구를 적극 활용한다.

초등 영어 문해력이 답이다

- 아이들이 자신감을 가질 때까지 충분한 연습 시간을 제공하고, 각 단계에서 완전한 이해가 이루어진 후 다음 단계로 넘어가는 것이 중요하다.

🌿 주제가 담긴 단락 쓰기 도전하기

아이들이 가장 어려워하는 '논지 있는 한 단락 글쓰기'는 지도법도 까다롭고 절차가 복잡하지만 상급 레벨에 있는 아이들이라면 모두 다 거치는 보다 수준 높은 글쓰기의 영역이다. 자신의 생각이 담긴 기승전결이 있는 한 편의 글을 완성하기 위한 중간 과정으로 이러한 단락 쓰기 연습을 꾸준히 해나감으로써 글쓰기에 대한 자신감을 키울 수 있다.

글쓰기의 5단계 이해하기

보통 초등 4-6학년이 되면 대부분의 아이들이 간단한 '일기 쓰기'까지는 한다. 하지만 '논지 있는 한 단락 글쓰기'는 쉽게 접근하지 못한다. 글쓰기에 부담을 느끼는 아이들을 부모나 교사들이 이끌고 지도하는 데 있어서도 어려움이 따른다. 따라서 단락 쓰기에 보다 쉽게 접근하기 위해서는 먼저 '글쓰기의 5단계'에 대해 이해할 필요가 있다. 탄탄한 글을 쓰기 위해서는 견고한 집을 짓듯이 단계적인 접근이 필요하다.

영어 글쓰기는 단순히 문장을 나열하는 것이 아니라 하나의 주제를 중심으로 체계적인 구성을 만드는 과정이다. 특히 중학교 진학을 앞둔 아이들에게 논리적이고 명확한 글쓰기 능력은 꼭 필요한 역량 중 하나다.

────────────────(실전 가이드)────────────────

'논지 있는 한 단락 글쓰기'는 하나의 중심 생각을 구체적으로 발전시키는 과정으로 단계별로 접근하면 보다 명확한 내용이 담긴 한 단락의 글을 완성할 수 있다.

[부록 2] 학생 가이드 중 '초등 3-4학년을 위한 한 단락 글쓰기 워크시트'를 참고하자.

STEP 1 주제문 정하기

① 전체 단락의 핵심 생각을 한 문장으로 정리한다.

② 구체적이고 명확한 표현을 사용한다.

③ 설명과 증명이 가능한 내용으로 선택한다.

- My dog is the perfect pet for our family.

  (우리 강아지는 우리 가족에게 완벽한 반려동물이다.)

STEP 2 뒷받침 문장 구상하기

① 주제문을 증명할 두세 개의 이유나 예시를 찾는다.

② 각 이유를 구체적인 사례나 경험과 연결한다.

③ 논리적인 순서로 배열한다.

- Keeps our house safe. (집을 지켜준다.)

초등 영어 문해력이 답이다

- Plays with children. (아이들과 놀아준다.)

- Helps family health. (가족 건강을 돕는다.)

STEP 3 **문장 연결하기**

① 주제문으로 시작한다.

② 뒷받침 문장들을 자연스럽게 이어준다.

③ 적절한 연결어(First, Also, Finally 등)를 사용한다.

STEP 4 **마무리 문장 쓰기**

① 주제문을 다른 표현으로 다시 한 번 강조한다.

② 앞의 내용을 간단히 정리한다.

③ 인상적인 마무리를 만든다.

<u>초고의 예시</u>

(**Main idea**) My dog is the perfect pet for our family.

(**Supporting details**) First, he keeps our house safe by barking when strangers come near. Also, he plays gently with my young sister every day.

Finally, he helps us stay healthy because we take walks together twice a day.

(**Concluding sentence**) For these reasons, he makes our family life better and happier.

검토하고 다시 쓰기

초고를 마친 후에는 스스로 점검하는 시간을 가진다. 다음의 체크리스트를 통해 자신이 쓴 글을 검토하고 수정하여 완성도를 높인다.

☑ 체크리스트

☐ Is the main idea clear? (주제가 명확한가?)

☐ Is the paragraph well-organized? (단락이 잘 구성되어 있는가?)

☐ Are examples specific? (예시가 구체적인가?)

☐ Is the grammar correct? (문법이 정확한가?)

☐ Is the punctuation correct? (구두점이 정확한가?)

체크리스트를 바탕으로 부족한 부분을 보완하고 최종본을 완성한다. 이때 문장을 다듬거나 더 좋은 표현으로 바꾸는 등 전반적인 개선이 이루어진다.

☒ 지도 시 주의할 점

- 단계별 순서를 지키며 진행하는 것이 중요하다. 특히 브레인스토밍 단계에서는 아이의 자유로운 발상을 존중하고, 구조 잡기에 있어서는 충분한 시간을 투자한다.

- 쓰기는 아이들이 가장 어려워하는 영역이므로 긍정적이고 구체적인 피드백이 필요하다. 격려의 말 한마디가 아이들의 쓰기 동기를 크게 높일 수 있다.

많이 쓰는 칭찬 표현들

- This is very creative! I love your idea.

  (정말 창의적이구나! 네 아이디어가 마음에 들어.)

- You've explained this so clearly.

  (아주 명확하게 설명했구나.)

- I can see how much effort you put into this.

  (정말 많은 노력을 기울였구나.)

- Your writing keeps getting better!

  (글쓰기 실력이 계속 좋아지고 있어!)

- What an interesting way to express this!

  (정말 흥미로운 표현이구나!)

  [부록 2] 학생 가이드 중 '아이의 글쓰기를 칭찬할 때 유용한 표현'을 참고하자.

이러한 단계별 쓰기 연습을 통해 아이들은 자신의 생각을 영어로 표현하는 능력을 키울 수 있다. 매일 조금씩이라도 꾸준히 쓰는 습관을 들이면 영어 쓰기 실력이 크게 향상될 것이다.

추천 교재

- 《Writing Framework for Paragraph Writing 1》(웅진컴퍼스)

  쉽고 체계적인 단계별 글쓰기가 가능한 교재로 기초 문장부터 시작할 수 있다. 실생활 주제를 다뤄 흥미롭게 영작문을 배울 수 있고, 구두법 등 필수적인 글쓰기 문법 학습이 가능하다.

• 《Write It!》 시리즈 (NE능률)

단락 쓰기부터 에세이 쓰기까지 체계적으로 발전하는 구성의 영작문 교재로 단계별 가이드가 상세하여 자기주도 학습이 가능한 것이 장점이다.

🖊️ 기초 문법 스마트하게 정복하기

앞서 주어와 동사를 정확히 구분하는 능력이 중요하다고 강조했다. 초등 시기에는 문법의 용어는 몰라도 되지만 개념은 반드시 잡아야 한다. 보통 학부모들은 문법이라 하면 입시 문법을 생각하는 경우가 많다. 입시 문법은 중등 1학년 과정부터 한자 용어로 각 쓰임과 역할을 다루는 반면 초등 6학년 전에는 올바른 형태로 오류 없는 문장을 자연스럽게 습득하는 문법 교육을 하는 게 좋다.

따라서 초등 3-4학년 시기의 문법 학습은 개념 이해에 초점을 맞춰야 한다. 특히 초등 6학년 전까지는 'Form' 즉 생긴 모양에 집중하여 문법을 공부하고, 이후부터는 'Function' 즉 그 쓰임과 법칙을 익히는 것이 효과적이다. 초등 3-4학년 시기에 올바른 형태로 문장 쓰는 연습을 해두면 향후 Function 중심 문법 학습의 튼튼한 토대가 된다.

다음의 다섯 가지 규칙을 확실히 익히는 것이 중요하다.

STEP 1 기본 문장 형태 익히기 (초등 3학년 추천)

평서문, 의문문, 부정문, 명령문의 기본 형태를 학습한다. 주어와 동사의 기본 구조를 이해하고, 문장의 종류에 따른 어순 변화를 익힌다.

- She plays tennis. (평서문) → Does she play tennis? (의문문) → She doesn't play tennis. (부정문) → Play tennis! (명령문)

STEP 2 주어와 동사의 일치 (초등 3-4학년 추천)

3인칭 단수 현재형, 복수 명사와 be동사의 일치, 대명사 변화 등 기본적인 문법 규칙을 학습한다.

- The boy plays. (단수) → The boys play. (복수)

STEP 3 시제의 형태 (초등 4학년 추천)

현재형, 과거형, 미래형, 진행형의 기본 개념과 형태를 학습한다. 특히 규칙/불규칙 변화를 구분하여 이해한다.

- I play. (현재) → I played. (과거) → I will play. (미래) → I am playing. (현재진행)

STEP 4 **수식어 사용하기 (초등 4–5학년 추천)**

형용사, 부사, 비교급, 전치사 등 문장을 풍성하게 만드는 수식어들의 기본 활용법을 배운다. 위치와 순서, 변화 형태를 자연스럽게 익힌다.

- The small black cat sleeps quietly under the table.

STEP 5 **확장 문장 만들기 (초등 4–5학년 추천)**

접속사를 활용하여 문장을 연결하고 확장하는 방법을 배운다. 이유, 시간, 조건 등을 표현하는 다양한 연결어를 학습한다.

- I like icecream but I don't like cake because it's too sweet.

지도 시 주의할 점

- 단계별로 충분한 반복 학습을 한다.
- 암기보다는 패턴 인식에 중점을 둔다.
- 오답 발생 시 피드백과 함께 교정해준다.

문법 교재를 선택할 때는 다음 사항들을 고려해야 한다. 단계별로 누적 학습이 가능하고 반복과 연습의 기회를 충분히 제공하는지 살펴보는 것이 중요하다. 또한 실생활에서 활용할 수 있는 예문이 풍부하고 쓰기 활동과 자연스럽게 연계되는 교재를 선택하는 것이 좋다.

추천 교재

- 《My First/Next Grammar》 시리즈 (이퓨처)

초등 1-3학년을 위한 입문 과정(First)과 초등 3-4학년을 위한 심화 과정 (Next)으로 구성된 체계적인 문법서다. 기본 문형과 품사를 시각적 자료와 함께 설명하며, 실생활 예문을 풍부하게 활용한 교재로 단계별 학습이 가능하다.

- 《The Best Grammar/Plus》시리즈 (에이리스트)

  초등 3-4학년을 위한 기본 과정(Best)과 초등 5-6학년을 위한 중등 연계 과정(Plus)으로 이어지는 종합 문법서다. 풍부한 예문과 오답노트 활용이 뛰어나며, 초등 문법과 중등 문법의 가교 역할을 하는 것이 특징이다.

- 《Grammar Space》시리즈 (NE 능률)

  초등 3-4학년을 위한 초급자 과정(Beginner)부터 초등 4-6학년을 위한 심화 과정까지 체계적으로 구성된 문법서다. 워크북과 연계된 구성으로 기초 문법을 탄탄히 다질 수 있고, 쓰기 활동과 연계성이 뛰어나 실제 활용도가 높다.

- 《Grammar Bridge》시리즈 (넥서스)

  내신 시험에 자주 출제되는 다양한 문법 유형(단답형, 서술형, 오류파악형, 문장완성형, 선다형)이 수록되어 있다. 초등부터 내신 문제 유형의 서술형 문제와 수능 대비형 문제를 대비하기에 적합한 교재이다.

'심화 독서 일지'로 실력 다지기

문장 쓰기에 어느 정도 자신감이 생겼다면 '심화 독서 일지' 쓰기에 도전해 보자. 영어 표현력과 독해력을 한 단계 높일 수 있다. 책의 한 챕터를 모두 읽은 후에는 다음의 내용들을 기록하는 습관을 들이는 것이 좋다. 모르는 어휘나 내용을 확인하기 위해 책을 들춰가며 쓰도록 지도한다.

① 챕터의 주요 사건 세 가지 쓰기

② 새롭게 배운 단어 5개와 예문 쓰기

③ 인상 깊었던 문장과 그 이유 써보기

④ 다음 챕터에서 일어날 것 같은 일 예측해서 써보기

⑤ 챕터에 대한 생각이나 느낌 기록하기

초 · 중급자를 위한 심화 독서 일지

기본 양식

- 책 제목 (Book Title): _____

- 날짜 (Date): _____

- 챕터 번호 (Chapter No.): _____

- 읽은 페이지 (Page): _____

① 주요 사건 정리하기(Main Events, Top 3)

- _____

- _____

- _____

② 새로운 단어 익히기 (New Vocabulary)

단어	뜻(영어, 한글 모두 또는 선택)	예문이나 책에 나온 문장

③ 인상적인 문장과 그 이유 (Impressive Sentence & Why)

- 문장: _____

- 이유: _____

④ 다음 챕터 예측하기 (Prediction)

_____   _____

_____   _____

⑤ 나의 생각이나 느낌 (My Thoughts)

_____

_____

부모님 확인 서명 (Parent's Signature): _____

CHAPTER 8

초등 5-6학년: 영어 문해력의 날개를 달다

이번 챕터에서는 중학교 진학을 앞둔 초등 5-6학년 시기에 필요한 심화 독해와 표현력을 향상시킬 수 있는 구체적인 방법을 다룬다. 정독과 속독, 장르별 독해, 글쓰기 전략까지 체계적인 학습법을 제시한다.

🌱 정독과 속독의 균형 맞추기

초등 5-6학년 시기는 영어 학습에 있어서 매우 중요한 전환기다. 이 시기의 아이들은 단순한 영어 읽기와 쓰기를 넘어 깊이 있는 이해와 표현이 가능해 진다. 중학교 진학을 앞두고 있는 만큼 이때 탄탄한 기초를 다져놓지 않으면 중등 시기에 어려움을 겪을 수 있다.

초등 고학년 독해에서는 '정확도'와 '속도' 두 가지 요소를 모두 고려해야 하고 독해, 어휘, 문법, 구문을 통합적으로 학습해야 한다. 이들은 서로 밀접하게 연관되어 있어 하나의 개념으로 접근해야 효과적이다.

가장 빈번하게 발생하는 문제는 영어책은 잘 읽는데 시험 문제를 못 푸는 경우다. 이는 정확한 독해와 빠른 독해, 두 가지 능력이 균형 있게 발달하지 못했기 때문이다. 특히 중학교 진학 후에는 정해진 시간 안에 긴 지문을 정확하게 이해해야 하는 상황이 많아지므로 이 시기에 이 두 가지 능력을 동시에 키워두는 것이 매우 중요하다.

많은 학생들이 독해 점수가 오르지 않는 경험을 하는 이유는 다음과 같은 과정 때문이다.

이러한 문제를 해결하기 위해서는 초등 6학년 때부터 정독과 속독을 위한 다양한 훈련을 시작해야 한다. 예를 들어 300단어 이상의 지문을 읽을 때 기초 문법을 통한 구문 학습을 병행한다면 중등 2-3학년이 되었을 때 독해 실력이 훨씬 빠르게 자리 잡을 수 있다.효과적인 독해력 향상을 위해서는 몇 가지 핵심적인 학습 전략이 필요하다. 먼저 지문을 읽을 때는 정답과 오답의 근거를 반드시 지문 내에서 확인하는 습관을 들여야 한다. 단순히 답을 고르는 것에 그치지 않고 왜 그것을 답으로 선택했는지 또는 왜 다른 선택지가 오답인지를 지문의 내용을 바탕으로 설명할 수 있어야 한다. 이러한 훈련은 깊이 있는 이해력과 비판적 사고력을 향상시키는 데 큰 도움이 된다.

다음으로 배경지식의 활용도 중요하지만 이에 지나치게 의존하는 것은 주의해야 한다. 배경지식은 때론 독해에 도움이 되지만 반대로 정확한 이해를 방해할 수도 있다. 최근의 독해 지문들은 단순하지 않고 기존 상식과 다른 관점을 제시하거나 논지를 뒤집는 경우도 많기 때문이다. 따라서 배경지식에만 의존하기보다는 항상 지문의 내용 자체에 집중하는 자세가 필요하다.

예습의 중요성도 간과할 수 없다. 특히 어휘 학습에 있어 예습은 복습보다 더욱 효과적이다. 학습할 부분의 대략적인 내용, 어휘, 특히 특수용어들을 미리 접하고 어려운 부분을 파악해두면 실제 학습 시간에 더 효율적으로 배운 내용들을 습득할 수 있다.

마지막으로 정확한 해석을 최우선 목표로 삼아야 한다. 단순히 문장을 해석하는 것이 아니라 문장 구조와 문법적 이해를 바탕으로 한 정확한 해석이 필요하다. 이를 통해 지문의 전체적인 맥락과 세부 내용을 정확히 파악할 수 있게 된다.

정독으로 깊이 있게 읽기

중학교 진학을 앞둔 시기에는 정확한 독해력이 매우 중요하다. 내용을 대충 파악하는 것이 아니라 지문의 세세한 부분까지 정확하게 이해할 수 있어야 한다. 특히 내신고사나 수행평가에서는 지문의 정확한 이해가 필수적이다.

─────────────────(실전 가이드)─────────────────

정확한 독해력 향상을 위해서는 다음과 같은 3단계 접근이 필요하다.

STEP 1 문장 구조 파악하기
① 먼저 주어와 동사를 찾아 표시한다.
② 수식어구의 범위를 정확히 구분한다.
③ 접속사로 연결된 부분을 명확히 구분한다.

- **기초 단계**

  예 The small brown dog in the garden happily played with the red ball after lunch.
  - 주어: The small brown dog (작고 갈색인 강아지가)
  - 동사: happily played (즐겁게 놀았다)
  - 수식어구: in the garden (정원에서)

    with the red ball (빨간 공을 가지고)

after lunch (점심 식사 후에)

- **심화 단계**

  ⓔ On a rainy morning, the excited students, who had prepared for the science fair, displayed their creative projects in the school gym.

  - 주어: the excited students (신이 난 학생들이)

  - 동사: displayed (전시했다)

  - 목적어: their creative projects (그들의 창의적인 프로젝트들을)

  - 수식어구: On a rainy morning (비 오는 아침에)

    who had prepared for the science fair (과학 박람회를 준비했던)

    in the school gym (학교 체육관에서)

STEP 2 **단락 분석하기**

① 첫 문장에서 주제 문장을 찾아낸다.

② 뒷받침 문장들이 무엇인지 확인한다.

③ 단락의 결론 문장을 체크한다.

④ 단락 간의 연결 관계를 파악한다.

Many people love dogs as pets. First, dogs are very loyal and always stay by their owner's side. They can also sense when their owners are sad or happy. Dogs are great for our health too, because taking them for walks helps us stay active. Best of all, they become true family members who bring joy and love to our homes.

초등 영어 문해력이 답이다

(많은 사람들이 개를 반려동물로 좋아합니다. 첫째, 개는 매우 충성스러워서 항상 주인 곁을 지킵니다. 또한 개들은 주인이 슬프거나 행복할 때를 감지할 수 있습니다. 개는 우리 건강에도 아주 좋은데, 산책을 데리고 나가면 우리가 활동적으로 지낼 수 있기 때문입니다. 무엇보다도 그들은 우리 집에 기쁨과 사랑을 가져다주는 진정한 가족이 됩니다.)

- **주제문(Topic Sentence) 찾기**

  첫 문장: Many people love dogs as pets.

  → 이 단락이 '개를 반려동물로 좋아하는 이유'에 대해 설명할 것임을 예고.

- **뒷받침 문장(Supporting Sentences) 확인하기**

  - 이유 1. First, dogs are very loyal and always stay by their owner's side.

  - 이유 2. They can also sense when their owners are sad or happy.

  - 이유 3. Dogs are great for our health too, because taking them for walks helps us stay active.

- **결론 문장(Concluding Sentence) 체크하기**

  Best of all, they become true family members who bring joy and love to our homes.

  → 앞의 내용을 종합하여 개가 가족의 일원이 된다는 결론 도출.

이와 같이 단락을 분석하면서 글의 구조를 파악하는 훈련을 하면 영어 지문을 더욱 깊이 있게 이해할 수 있다. 글쓴이가 주제문을 통해 제시한 중심 생각이 뒷받침 문장들로 어떻게 구체화되는지, 결론 문장에서 어떻게 마무리되는지를 파악하는 능력이 중요하다.

STEP 3 정확한 독해 훈련하기

① 일정 시간(10~15분) 동안 한 단락씩 꼼꼼히 읽는다.

② 모르는 단어는 문맥에서 의미를 추측해본다.

③ 주요 내용을 우리말로 요약해본다.

④ 우리말로 요약한 것을 다시 영어로 요약해보는 연습을 한다.

다음의 예문을 15분 동안 꼼꼼히 읽으며 정확한 독해 훈련을 한다고 가정해보자.

Pandas are unique animals that live in the bamboo forests of China. These black and white bears spend most of their day eating bamboo. In fact, an adult panda eats about 20 to 40 pounds of bamboo each day! Despite being bears, pandas rarely eat other plants or meat. They have special thumbs that help them grab and hold bamboo stems while eating. Today, there are only about 2,000 pandas living in the wild.
(판다는 중국의 대나무숲에 사는 독특한 동물이다. 이 흑백의 곰들은 하루 대부분을 대나무를 먹는 데 보낸다. 실제로 성체 판다는 매일 20~40파운드의 대나무를 먹는다! 곰임에도 불구하고 판다는 다른 식물이나 고기는 거의 먹지 않는다. 그들은 대나무 줄기를 잡고 붙잡을 수 있게 도와주는 특별한 엄지를 가지고 있다. 오늘날 야생에는 약 2,000마리의 판다만이 살고 있다.)

초등 영어 문해력이 답이다

① **시작 첫 5분: 꼼꼼히 읽으며 주요 단어 찾기**

각 문장을 천천히, 정확하게 읽는다.

주요 단어에 밑줄을 긋거나 표시한다.

(unique, bamboo forests, eating bamboo, special thumbs)

② **그 후 3분: 모르는 단어 추측하기**

unique의 의미를 문맥상 '특별한' '독특한'으로 추측할 수 있다.

stems은 '대나무를 먹는다'는 문맥을 통해 '줄기'를 의미함을 알 수 있다.

③ **추가 3분: 우리말로 요약하기**

판다는 중국 대나무숲에 사는 특별한 동물로 하루 종일 대나무만 먹는다. 특별한 엄지 덕분에 대나무를 잘 잡을 수 있지만 현재는 개체 수가 매우 적다.

④ **마지막 4분: 영어로 요약하기**

Pandas are special bears in China. They eat only bamboo all day. They have special thumbs for holding bamboo, but there are very few pandas now.

이러한 단계적 훈련을 통해 정확하고 깊이 있는 독해가 가능하다. 시간제한을 두고 읽는 연습을 하면 집중력이 높아지고 효율적인 독해가 가능해진다. 이러한 단락 분석 능력은 초등 고학년 시기에 꼭 필요한 독해력의 기초라 할 수 있다. 중등 교과서나 시험에서는 200단어 이상의 긴 지문을 제한된 시간 안에 읽고 이해해야 하므로 글의 구조를 정확히 파악하는 능력이 반드시 필요하다.

속독으로 빠르게 읽기

중학교 시험에서는 긴 지문을 짧은 시간 안에 읽고 이해해야 한다. 또한 대입 수능까지 고려한다면 빠른 독해는 필수적이다. 정확하게 읽되 불필요하게 시간을 소비하지 않는 능력이 필요하다. 현재 아이의 독해 속도가 느리다면 초등 5~6학년 때 체계적인 속독 훈련을 시작하는 것이 좋다.

───────────────(실전 가이드)───────────────

속독 훈련 역시 단계적으로 진행하는 것이 효과적이다. 각 단계를 충실히 이행하면서 아이의 수준에 맞게 난이도를 조절해나가는 것이 중요하다.

STEP 1 기초 속독 훈련을 시작하기

처음에는 150~200단어 정도의 짧은 지문으로 시작한다. 현재 아이의 수준보다 한 단계 낮은 난이도의 지문을 선택하는 것이 좋다. 1분 동안 읽기 연습을 하고 내용을 세 문장으로 요약하는 스키밍(Skimming) 연습을 한다. 이 과정을 하루 3회 반복하면서 시간을 재는 것이 핵심이다.

STEP 2 스캐닝 훈련으로 발전시켜나가기

지문에서 특정 정보를 빠르게 찾는 스캐닝(Scanning) 연습을 시작한다. 숫자, 이름, 날짜와 같은 구체적인 정보를 빠르게 찾는 것이 목표다. 키워드를 중심으로 읽는 방법을 익히면서 점차 지문의 길이를 300단어 이상으로 늘려간다.

초등 영어 문해력이 답이다

① 연도 찾기: 역사 지문에서 모든 연도 빠르게 찾기

World War II began in <u>1939</u> when Germany invaded Poland. By <u>1941</u>, Japan had attacked Pearl Harbor, bringing the United States into the war. In <u>1943</u>, the tide of war began to turn, and by <u>1945</u>, the war finally ended with Germany's surrender in May and Japan's surrender in August following the atomic bombings.

(제2차 세계대전은 1939년 독일이 폴란드를 침공하면서 시작되었다. 1941년까지 일본은 진주만을 공격했고, 이에 따라 미국이 전쟁에 참여하게 되었다. 1943년에 전세가 바뀌기 시작했고, 1945년 5월 독일의 항복과 원자폭탄 투하 후 8월에 일본의 항복으로 마침내 전쟁이 끝났다.)

실전 훈련 방법

- 시간 통제: 30초 안에 모든 연도를 찾아 표시하기
- 이해도 확인: 연도와 사건 짝지어 보기
- 정보 재구성하기: 시간 순서대로 사건 나열하기

② 이름 찾기: 과학 지문에서 과학자 이름 빠르게 찾기

<u>Marie Curie</u> discovered radium and polonium. <u>Albert Einstein</u> developed the theory of relativity, while <u>Isaac Newton</u> explained gravity. <u>Thomas Edison</u> invented the light bulb, and <u>Alexander Graham</u> Bell created the telephone. In modern times, <u>Stephen Hawking</u> explored black holes,

while Jane Goodall studied chimpanzees.

(마리 퀴리는 라듐과 폴로늄을 발견했다. 아인슈타인은 상대성 이론을 발전시켰고,

아이작 뉴턴은 중력을 설명했다. 토마스 에디슨은 전구를 발명했고, 알렉산더 그레

이엄 벨은 전화기를 만들었다. 현대에 들어서는 스티븐 호킹이 블랙홀을 연구했고,

제인 구달은 침팬지를 연구했다.)

실전 훈련 방법

- 시간 통제: 20초 안에 모든 과학자 이름 찾기

- 이해도 확인: 과학자별로 그들의 업적 연결하기

- 정보 재구성하기: 분야별로 과학자 분류하기

③ 숫자 정보 찾기: 지문에서 모든 숫자 정보 빠르게 찾기

The blue whale can grow up to 100 feet long and weigh 200 tons. It
can dive to depths of 500 meters and stay underwater for 30 minutes.
A single blue whale can eat 6 tons of krill per day, and their hearts can
weigh up to 1,000 pounds.

(청고래는 길이가 100피트까지 자랄 수 있고 무게는 200톤에 달한다. 500미터 깊

이까지 잠수할 수 있고 30분 동안 물속에 있을 수 있다. 청고래 한 마리는 하루에 6

톤의 크릴새우를 먹을 수 있으며, 심장 무게는 1,000파운드까지 나갈 수 있다.)

초등 영어 문해력이 답이다

실전 훈련 방법

- 시간 통제: 20초 안에 모든 숫자를 살피고 기억하기

- 숫자 찾아서 표시하기

- 이해도 확인: 각 숫자가 의미하는 내용과 정보 빠르게 연결하기

④ 주제어 찾기: 전체 지문을 빠르게 훑으며 핵심 단어들을 찾아 주제 파악하기

Our Earth is getting warmer every year. Ice in the North Pole is melting fast. When ice melts, the sea level goes up. This is bad for cities near the ocean. We also see more storms and less rain in many places. We need to help protect our Earth.

(우리의 지구는 매년 더워지고 있다. 북극의 얼음이 빠르게 녹고 있다. 얼음이 녹으면 바다의 수위가 올라간다. 이것은 바다 근처 도시들에게 좋지 않다. 우리는 또한 더 많은 폭풍우와 더 적은 비를 많은 곳에서 보고 있다. 우리는 지구 보호하는 것을 도와야 한다.)

실전 훈련 방법

- 시간 통제: 30초 안에 핵심 주제어를 찾아 표시하기

- 주제어 찾아서 표시하기

- 주제 파악하기: 주제어들을 통해 글의 주제 빠르게 파악하기

첫째 날에는 지문을 소리 내어 읽으며 시간을 재고, 둘째 날에는 같은 지문을 눈으로만 읽으며 시간을 잰다. 셋째 날에는 다시 한 번 읽고 이전 기록과 비교하면서 발전 정도를 확인한다. 이러한 단계적 훈련을 통해 아이들은 자연스럽게 속독 능력을 향상시킬 수 있다. 특히 매일 꾸준한 연습이 중요하며, 아이의 발전 속도에 맞춰 난이도를 조절해나가는 것이 효과적이다.

① **기초 버전:** 아직 속독이 익숙지 않은 아이들은 다음과 같은 난이도의 지문을 먼저 시도해보는 것이 좋다. 일상적이고도 친숙한 주제를 담은 단순한 문장 구조와 기본적인 어휘들로 구성된 지문을 선택한다.

Music plays an important role in our daily lives. When we listen to music, it can change our mood and make us feel better after a long day. Scientists say that learning to play music helps children become better at math and reading. Music also brings people together-we can enjoy concerts with friends and sing together at special events. Whether we are happy or sad, music will always be there to make our lives more colorful.

(음악은 우리 일상생활에서 중요한 역할을 한다. 음악을 들으면 기분이 바뀌고 긴 하루를 보낸 후 기분이 좋아질 수 있다. 과학자들은 음악을 배우는 것이 아이들이 수학과 독서를 더 잘할 수 있도록 도와준다고 말한다. 음악은 또한 사람들을 하나로 묶어준다-친구들과 함께 콘서트를 즐기고 특별한 행사에서 함께 노

래할 수 있다. 우리가 행복하든 슬프든 음악은 항상 우리의 삶을 더욱 다채롭게 만들어 줄 것이다.)

② **심화 버전:** 환경, 과학, 사회 문제와 같은 시사성 있는 주제를 다루되 scientists, plastic particles, microplastics 같은 학술적 어휘와 If we don't change… by 2050'과 같은 복합적인 문장 구조를 포함하는 지문으로 발전시켜나간다. 이를 통해 중등 교과 과정에서 만날 수 있는 다양한 주제의 지문을 대비할 수 있다.

Plastic is becoming a big problem for our environment. Every year, a lot of plastic waste goes into the oceans and harms sea animals and affects the food we eat. Scientists have found small pieces of plastic everywhere in the world, from deep oceans to high mountains. These tiny plastic pieces have even been found in human blood, which is very concerning for our health. While many countries are trying to stop using single-use plastics, we can all help by using less plastic and choosing things we can use again and again. We must act now-if we don't change the way we use plastic, by 2050, our oceans will have more plastic than fish.

(플라스틱이 우리 환경에 큰 문제가 되고 있다. 매년 많은 플라스틱 쓰레기가 바다로 흘러들어가 해양 동물에게 해를 끼치고 우리가 먹는 음식에 영향을 미친다. 과학자들은 심해에서 고산에 이르기까지 전 세계 곳곳에서 미세 플라스틱

조각을 발견했다. 이러한 미세 플라스틱 조각들은 심지어 인간의 혈액에서도 발견되었는데, 이는 우리의 건강에 매우 우려되는 사항이다. 많은 나라들이 일회용 플라스틱 사용을 중단하려고 노력하고 있는 가운데, 우리 모두는 플라스틱 사용을 줄이고 여러 번 사용할 수 있는 물건을 선택함으로써 도움을 줄 수 있다. 우리는 지금 행동해야 한다-플라스틱 사용 방식을 바꾸지 않으면 2050년에는 바다에 물고기보다 더 많은 플라스틱이 존재하게 될 것이다.)

앞서 소개한 지문들은 이해를 돕기 위해 재구성한 것으로 실제 시험이나 수업에서 다루는 지문의 난이도와는 차이가 있을 수 있다.

⊠ 지도 시 주의할 점

- 아이의 수준에 맞는 난이도의 지문으로 시작한다.
- 정확도가 70% 이상일 때만 속도를 높인다.
- 같은 지문을 최소 3회 이상 반복해서 읽는다.
- 무작정 빨리 읽거나 너무 오랫동안 한 지문을 붙잡고 있는 것은 독이 됨을 기억한다.
- 이해도 체크를 반드시 한다.

☒ 추천 교재

- 《Reading Town》시리즈 (이퓨처)
  초·중급 학습자를 위한 3권으로 구성된 독해서로 체계적인 리딩 스킬 향상에 중점을 두고 있다. 논픽션 지문과 다양한 학습 활동을 통해 효과적인 독해력 향상이 가능하다.

- 《Reading Planet》 시리즈 (이퓨처)

《Reading Town》 시리즈 이후 추천하는 중급자용 독해서로 읽기 전략 강화에 매우 효과적이다. 총 3권 구성으로 흥미로운 논픽션 지문을 통해 독해력과 배경지식을 동시에 기를 수 있다.

- 《Junior Reading Expert》 (NE능률)

중·고등 대비를 위한 기초 독해서로 정독 입문 단계의 초등 5-6학년에게 적합하다. 체계적인 독해 훈련이 가능한 구성이 특징이다.

- 《This is Reading》 (넥서스에듀)

정독 입문 단계의 초등 5-6학년을 위한 기초 독해서로 지문의 길이는 짧지만 우수한 퀄리티로 기초 독해 능력 향상에 효과적이다.

- 《Reading Expert》 시리즈 (NE능률)

토플형 고급 지문을 다량 수록한 심화 독해서다. 문장 구조 분석에 중점을 둔 구성으로 정독에 숙련된 초등 고학년부터 중등 2학년까지 활용이 가능하다.

🏅 고급 어휘 체계적으로 익히기

수준 높은 원서는 잘 읽는데 교과서나 시험 지문을 어려워하는 아이들 때문에 학부모들의 고민이 많다. 이러한 현상이 나타나는 이유는 문학 작품과 비문학 텍스트에서 사용되는 어휘가 완전히 다르기 때문이다. 교과서, 시험 문제 그리고 앞으로 접하게 될 다양한 학술 자료들은 대부분 비문학 텍스트다. 이러한 지문들을 이해하기 위해서는 체계적인 어휘 학습이 필요하다.

어근과 접사로 단어의 폭 늘리기

중등 영어 과정에서는 새로운 단어가 급격히 증가한다. 이때 단어의 어근과 접사를 이해하고 있다면 관련 단어들의 의미를 쉽게 유추할 수 있다. 초등 5-6학년 때 기본적인 접두사·접미사·어근을 익혀두면 중학교에 들어가서도 어휘 학습이 수월해진다. 이 밖에도 접두사·접미사·어근의 의미를 알면 영어 학습에 있어 여러 가지 이점이 있다.

첫째, 처음 보는 단어도 그 뜻을 쉽게 추측하거나 유추할 수 있다. 예를 들어 prehistoric이라는 단어를 처음 봤을 때 'pre-(~이전의)'와 'historic(역사의)'의 뜻을 알고 있다면 '선사시대의'라는 의미를 유추할 수 있다. 접두사 'pre-'로 유추할 수 있는 단어들의 예는 다음과 같다.

- prehistoric(pre + historic): 선사시대의 → 이전의(pre) + 역사(historic)
- pretest(pre + test): 예비시험 → 이전의(pre) + 시험(test)
- preview(pre + view): 예습하다, 미리보기 → 이전의(pre) + 보다(view)
- prevent(pre + vent): 예방하다 → 이전의(pre) + 오다(vent)
- prepare(pre + pare): 준비하다 → 이전의(pre) + 정리하다(pare)

둘째, 학술적인 영어 지문을 읽을 때 특히 유용하다. 과학 지문에 biology(생물학), geology(지질학)처럼 '-ology(~을 연구하는 학문)'로 끝나는 단어들을 만나거나 역사 지문에서 postwar(전후의), prewar(전전의) 같은 단어들을 접했을 때 빠르게 이해할 수 있다. 접미사 '-ology'에서 파생된 단어들의 예는 다음과 같다.

- biology(bio + ology): 생물학 → 생명(bio) + 학문(ology)

- psychology(psycho + ology): 심리학 → 정신(psycho) + 학문(ology)

- technology(techno + ology): 기술학 → 기술(techno) + 학문(ology)

- zoology(zoo + ology): 동물학 → 동물(zoo) + 학문(ology)

- archaeology(archaeo + ology): 고고학 → 고대의(archaeo) + 학문(ology)

셋째, 체계적으로 단어를 학습할 수 있다. 어원을 중심으로 단어를 정리하면 많은 단어를 효율적으로 익힐 수 있다. 접두사 'un-(~ 아닌, 반대)'을 중심으로 정리한 단어들의 예는 다음과 같다.

- unhappy(un + happy): 불행한 → 아닌(un) + 행복한(happy)

- unkind(un + kind): 불친절한 → 아닌(un) + 친절한(kind)

- unlock(un + lock): 잠금을 풀다 → 아닌(un) + 잠그다(lock)

- unsafe(un + safe): 안전하지 않은 → 아닌(un) + 안전한(safe)

- untie(un + tie): 묶은 것을 풀다 → 아닌(un) + 묶다(tie)

어원 학습을 위해서는 먼저 어원과 어근, 접두사와 접미사의 개념을 이해해야 한다.

- 어원: 단어의 역사적 기원이나 유래를 의미한다.
- 어근: 단어의 핵심 의미를 담고 있는 기본 요소다.
- 접두사: 단어(어근) 앞에 붙어 의미를 변화시키는 역할을 한다.
- 접미사: 단어(어근) 뒤에 붙어 의미나 품사를 변화시키는 역할을 한다.

다음은 초등학생이 알아두면 좋은 대표 접두사·접미사·어근을 소개한다.

[부록 2] 학생 가이드 중 '초등 5-6학년을 위한 필수 접두사·접미사·어근'을 통해 보다 풍부한 어원 학습을 할 수 있다.

접두사	의미	대표 예시
un-	~ 아닌, 반대	unhappy(불행한), unable(할 수 없는), unreal(비현실적인)
re-	다시	return(돌아오다), rewrite(다시 쓰다), review(복습하다)
dis-	반대, 부정	disagree(동의하지 않다), dislike(싫어하다), disconnect(연결을 끊다)
in/im-	~ 아닌, 안으로	impossible(불가능한), inactive(비활동적인), incorrect(잘못된)
pre-	이전의, 미리	prepare(준비하다), preview(예습하다), pretest(예비시험)
post-	이후의	postcard(엽서), postscript(추신), postpone(연기하다)
sub-	아래의	subway(지하철), submarine(잠수함), subway(지하도)
super-	위의, 매우	superman(초인), supermarket(대형마트), superstar(슈퍼스타)
inter-	사이의	international(국제적인), internet(인터넷), interview(면접)
mis-	잘못된	mistake(실수), misunderstand(오해하다), misplace(잘못 놓다)

초등 영어 문해력이 답이다

접미사	의미	대표 예시
-ful	~ 가득한	beautiful(아름다운) helpful(도움이 되는), useful(유용한)
-less	~ 없는	helpless(무력한), useless(쓸모없는), endless(끝없는)
-er/or	~ 하는 사람	teacher(선생님), writer(작가), actor(배우)
-tion	명사화	action(행동), education(교육), information(정보)
-ly	부사화	quickly(빠르게), slowly(천천히), carefully(조심스럽게)
-able	~ 할 수 있는	readable(읽을 수 있는), comfortable(편안한), portable(휴대할 수 있는)
-ment	명사화	agreement(동의), movement(움직임), development(발전)
-ous	~의 특징이 있는	famous(유명한), dangerous(위험한), mysterious(신비로운)
-ish	~ 같은	childish(어린애 같은), foolish(바보 같은), selfish(이기적인)
-al	~의	musical(음악의), natural(자연의), personal(개인적인)

어근	의미	대표 예시
spect	보다	respect(존중하다), inspect(검사하다), expect(기대하다)
port	나르다	transport(운반하다), import(수입하다), export(수출하다)
scrib/script	쓰다	describe(묘사하다), subscribe(구독하다), manuscript(원고)
dict	말하다	predict(예측하다), dictionary(사전), dictate(받아쓰게 하다)
aud	듣다	audience(청중), audio(음향의), audible(들을 수 있는)
vis	보다	visible(보이는), television(텔레비전), vision(시력)
duc/duct	이끌다	produce(생산하다), introduce(소개하다), conduct(수행하다)
mit	보내다	submit(제출하다), permit(허가하다), transmit(전송하다)
form	형태	transform(변형하다), uniform(획일적인), format(형식)
graph	쓰다/그리다	photograph(사진), geography(지리), biography(전기)

비문학 핵심 어휘 습득하기

중·고등학교 영어 교과서나 시험에 출제되는 비문학 지문을 읽기 위해서는 충분한 어휘력이 뒷받침되어야 한다. "우리 아이가 시험에서 좋은 성적을 받으려면 영어 단어를 어느 정도 알아야 하나요?"라는 질문에 대한 답은 간단하다. 시중에 나와 있는 단어집에 실린 단어들을 모두 알면 좋다.

여기서 중요한 것은 단순 암기가 아닌 예문과 함께 학습하는 것이다. 많은 학생들이 단어만 외우고 예문은 건너뛰는데 이는 매우 위험하다. 초등 고학년 시기의 어휘 학습은 비문학 지문 독해를 위한 것이므로 예문 없는 단어 암기는 실제 독해력 향상으로 이어지지 않는다.

따라서 초등 6학년부터 고등 1학년까지는 단어집이 영어 공부의 중심이 되어야 한다. 어휘력은 문해력의 기본이자 독해력의 열쇠이기 때문이다.

[부록 2] 학생 가이드 중 '중등 대비 필수 학술 어휘'를 참고하여 비문학 지문 독해를 위한 학술 어휘들을 익혀보자.

───────── 실전 가이드 ─────────

STEP 1~4까지는 꼭 밟아야 하는 필수 단계고, STEP 5, 6은 선택적으로 추가할 수 있다.

STEP 1 단어 선별하기

하루에 공부할 단어의 수를 정하고 단어의 학습 난이도에 따라 우선순위를 정

초등 영어 문해력이 답이다

한다. 초등 5~6학년 기준으로 하루 20개 정도의 단어가 적당하다.

STEP 2 의미 익히기

단어가 가지고 있는 모든 의미를 찾아보고 쓰임에 따른 뉘앙스의 차이를 이해한다. 사전에서 용례를 확인해보는 것이 중요하다.

STEP 3 예문 공부하기

예문을 소리 내어 읽어보고 맥락 속 의미를 파악한다. 이는 실제 독해에서 단어를 정확하게 이해하는 데 도움이 된다.

STEP 4 관련 단어 함께 외우기

유의어·반의어를 찾아보고, 자주 함께 쓰이는 표현을 정리한다. 이를 통해 어휘력을 체계적으로 확장할 수 있다.

STEP 5 문장 만들기

배운 단어로 짧은 문장을 만들어보고 자신의 경험과 연결해 조금 더 긴 문장을 써본다. 만든 문장은 반드시 소리 내어 다시 한 번 읽어본다.

STEP 6 복습하기

학습 첫날에는 당일 저녁에, 두 번째 날에는 다음 날 아침에, 일주일이 되는 날에 한 번 더 복습한다. 이렇게 간격을 두고 복습하는 것이 장기 기억에 가장 효과적이다.

🗟 추천 교재

- 《능률 VOCA 어원편 Lite》(NE능률)

  단어를 어원과 함께 기초부터 차근차근 학습할 수 있는 교재로 접두사·접미사의 기초 부분이 풍부하게 구성되어 있어 영어 상식과 어휘력을 동시에 키울 수 있다.

- 《주니어 능률 VOCA: 기본》(NE능률)

  중등 교과 과정에서 꼭 필요한 필수 단어들로 구성된 교재로 중등 영어를 대비하는 초등 고학년에게 추천한다.

- 《어휘 끝》중학 시리즈 (쎄듀)

  초등 6학년부터 활용 가능한 수능 연계 어휘 교재다. 이해하기 쉬운 친절한 구성으로 중등 어휘를 체계적으로 학습할 수 있다.

- 《천일문 VOCA》중등 시리즈 (쎄듀)

  문장을 통해 어휘를 학습하는 교재로 중·고등 교과서에서 나오는 실제적인 예문과 어구가 주를 이루어 중·고등 영어 대비에 적합하다.

교재를 선택한 뒤에는 6개월 이상 꾸준히 공부하는 것이 좋다. 욕심내서 여러 권을 동시에 학습하는 것보다 한 권을 꼼꼼하게 제대로 끝내는 것이 더 효과적이다.

초등 영어 문해력이 답이다

📘 에세이 쓰기의 기초 다지기

'에세이 쓰기'는 단순한 영작문이 아니다. 논리적 사고력을 기르고, 자신의 생각을 체계적으로 정리하는 능력을 키우는 과정이다. 특히 중학교부터는 영어로 자신의 의견을 표현하는 활동이 많아지므로 이 시기에 에세이 쓰기의 기초를 다져두는 것이 매우 중요하다.

문단 구성하기

논리적인 글쓰기는 에세이의 근간이다. 아이들이 자신의 주장을 명확하게 전달하고 그 주장을 뒷받침하는 근거를 제시할 수 있어야 한다. 다음은 누구나 쉽게 따라 할 수 있는 에세이 쓰기 지도 방법이다.

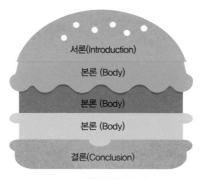

글쓰기의 기본 구조

① 서론: 1문장

첫 문장이 글 전체의 방향을 결정한다. 독자의 관심을 끌면서도 글의 핵심 주장이 담긴 주제문을 명확하게 제시해야 한다. 너무 길거나 복잡한 문장은 피하고 간단명료하게 작성한다.

② **본론: 3~4문장**

주제문을 뒷받침하는 구체적인 근거들을 제시한다. 한 단락에는 한 가지 생각만 담아 논리의 흐름을 분명하게 전달한다. 각 문장은 예시나 구체적인 설명을 포함하여 독자의 이해를 돕는다. First, Second, Finally 등의 연결어를 활용하여 순서를 명확히 한다.

③ **결론: 1문장**

앞서 설명한 내용을 간단히 정리하고 글의 주제를 다시 한 번 강조한다. 독자에게 전하고 싶은 최종 메시지나 제안을 덧붙여 마무리한다. Therefore, In conclusion 등의 연결어로 시작하는 것이 좋다.

논리적인 글쓰기의 예

- **서론**

Reading books every day helps us grow smarter and happier.

(매일 책을 읽으면 우리는 더 똑똑하고 행복해질 수 있다.)

- **본론**

First, reading helps us learn new words and expressions.

(첫째, 독서는 새로운 단어와 표현을 배우는 데 도움이 된다.)

Second, through books, we can experience many different stories and adventures.

(둘째, 책을 통해 다양한 이야기와 모험을 경험할 수 있다.)

Finally, reading helps us understand others better by showing

초등 영어 문해력이 답이다

different perspectives.

(마지막으로, 독서는 다양한 관점을 보여줌으로써 다른 사람을 더 잘 이해하게 해
준다.)

- **결론**

Therefore, we should try to read at least one book every week.

(그러므로 우리는 매주 적어도 한 권의 책을 읽도록 노력해야 한다.)

짧은 에세이 연습하기

문단 구성하는 법을 익혔다면 세 단락으로 이루어진 에세이를 한 편 작성해
보자. 먼저 '온라인 게임의 장단점'이라는 주제로 에세이 작성하는 과정을
살펴본 뒤 실전에 활용해본다.

─────────────── 실전 가이드 ───────────────

주제: Are Online Games Harmful or Beneficial.

(온라인 게임은 해로운가요, 이로운가요?)

STEP 1 브레인스토밍(Brainstorming)

온라인 게임의 장점에 대해 생각나는 대로 키워드를 적어본다. 키워드 중심으
로 먼저 생각하도록 지도한다.

- stress relief (스트레스 해소)

- social interaction (친구들과의 교류)

- English improvement (영어 실력 향상)

- strategic thinking (전략적 사고력)

STEP 2 **개요 작성(Outlining)**

한 단락에 한 가지 주장만 담도록 지도한다. 구체적인 예시가 포함되는지 확인

한다.

- 서론: popularity and controversy of online games (게임의 인기와 논란)

- 본론 1: benefits of online games (게임의 장점)

- 본론 2: drawbacks of online games (게임의 단점)

- 결론: importance of balance (균형의 중요성)

STEP 3 **초고 쓰기(First Draft)**

개요를 바탕으로 실제 글을 작성한다. 문장과 문장 사이의 연결이 자연스러운

지 확인한다. 적절한 연결어(First, Next, Finally 등)를 사용하도록 한다.

서론: Online games have become a big part of many people's lives,
especially for young people. Some people think these games are
harmful, while others believe they can be beneficial. In this essay, I will
discuss both the advantages and disadvantages of online games.

본론 1: First, online games can be a great way to have fun and relieve

초등 영어 문해력이 답이다

stress. After a long day at school, playing games can help us relax. Also, many online games allow us to play with friends, which can be a good way to socialize.

본론 2: However, there are also some potential problems. One major concern is that spending too much time playing games can interfere with studying. Some students might neglect their homework or stay up too late playing games.

결론: In conclusion, while online games can be entertaining and even educational, it's important to use them wisely. By setting time limits and balancing gaming with other activities, we can enjoy the benefits while avoiding the problems.

(온라인 게임은 특히 젊은 세대의 삶에서 큰 부분을 차지한다. 어떤 사람들은 이러한 게임이 해롭다고 생각하지만 또 어떤 이들은 이로울 수 있다고 믿는다. 이 글에서는 온라인 게임의 장단점을 모두 살펴보고자 한다.

첫째, 온라인 게임은 즐거움을 주고 스트레스를 해소할 수 있는 좋은 방법이 된다. 학교에서 긴 하루를 보낸 후 게임을 하면서 휴식을 취할 수 있다. 또한 많은 온라인 게임은 친구들과 함께 플레이할 수 있어 사회적 교류의 좋은 수단이 된다.

하지만 잠재적인 문제도 존재한다. 가장 큰 우려는 게임에 너무 많은 시간을 보내면 공부에 방해가 될 수 있다는 점이다. 어떤 학생들은 숙제를 소홀히 하거나 게임을 하느라 늦게까지 깨어 있을 수 있다.

결론적으로, 온라인 게임은 재미있고 교육적일 수 있지만 현명하게 하는 것이 중요하다. 시간제한을 두고 다른 활동들과 균형을 맞춘다면 문제는 피하고 장점만 누릴 수 있다.)

STEP 4 **다듬기(Revising)**

연결어(First, However, In conclusion 등)를 추가하거나 구체적인 예시를 넣는다.
문법적 오류를 검토하고 단어들의 철자를 확인한다.

STEP 5 **최종본 완성(Final Draft)**

소리 내어 읽어보며 전체적인 내용과 문장 간의 흐름이 매끄러운지 점검한다.
마지막으로 주제에서 벗어난 내용은 없는지 검토한다.

☒ 지도 시 주의할 점

에세이 쓰기를 지도할 때는 무엇보다 시간 배분이 중요하다. 물론 연습 단
계에서는 충분한 시간을 갖고 연습하는 것이 좋다. 차차 익숙해지면 1시간
안에 쓰는 것을 연습하는 방식으로 진행한다.

☒ 추천 교재

- 《Writing Framework for Paragraph Writing 2, 3 》(웅진컴퍼스)
  단계별, 장르별 에세이 쓰기에 필수적인 글쓰기 기술을 배울 수 있다.

- 《Write It! Paragraph to Essay 1-3》시리즈 (NE능률)
  문단 쓰기부터 에세이 쓰기까지 체계적으로 발전하는 구성의 영작문 교
  재로 단계별 가이드가 상세하여 자기주도 학습이 가능한 것이 장점이다.

- 《Write Right Paragraph to Essay》시리즈 (NE능률)

초등 영어 문해력이 답이다

장르별 에세이 쓰기를 학습할 수 있는 교재로 시중에 나와 있는 에세이 쓰기 학습서 중 가장 분량이 많고 꼼꼼한 구성이 특징이다.

장르별 글쓰기 완전 정복하기

장르별 글쓰기는 글의 목적과 특징에 맞는 표현을 사용하고 그에 걸맞은 구조를 갖추는 것이 중요하다. 다음은 주요 장르별 글쓰기의 특징과 실전 글쓰기의 예시들을 정리한 것이다. 장르별 글쓰기에 사용하면 유용한 핵심 표현들도 함께 소개한다.

설명하는 글(Expository Essay)

정보와 사실을 객관적으로 전달하는 글이다. 어떠한 대상을 소개하거나 사건 또는 현상의 과정을 알기 쉽게 풀이할 때 주로 사용한다.

① 핵심 표현

- 순서나 과정을 설명(도입): First of all, To begin with
- 전개: Next, Then, After that
- 마무리: Finally, Lastly, In conclusion
- 예시 제시: For example, For instance, Such as
- 부연 설명: In other words, That is to say
- 추가 정보: In addition, Moreover, Also

② 추천 주제

- My Morning Routine (나의 아침 일과)

- How to Make My Favorite Food (좋아하는 음식 만들기)

- Our School Festival (우리 학교 축제)

- Four Seasons in Korea (우리나라의 사계절)

- My Hobby (나의 취미)

────────────●────── 실전 가이드 ──────●────────────

주제: My Morning Routine (나의 아침 일과)

STEP 1 브레인스토밍 (10분)

- Wake up time (기상 시간): AM 7:00

- Getting ready (준비하기): wash face, brush teeth

- Breakfast (아침 식사): milk and bread

- Prepare backpack (가방 준비)

- Walk to school (등교)

- Arrive at school (도착): AM 8:30

STEP 2 개요 작성 (10분)

- 서론: Daily morning habits (매일의 아침 습관)

- 본론: Preparing-Having breakfast-Going to school

초등 영어 문해력이 답이다

(준비하기-아침 식사-등교하기)

- 결론: Benefits of regular routine (규칙적인 생활의 장점)

My Morning Routine

Having regular morning habits helps me start my day well. Every morning, I follow the same routine that keeps me organized and energetic. A good morning schedule is the key to a successful day.

First, I start my morning preparation at 6:30. I do some light stretching exercises to wake up my body. Then I wash my face and brush my teeth to feel fresh and clean. After that, I put on my school uniform and check my appearance in the mirror.

At 7:00, our family has breakfast together. My mom prepares healthy food like rice, soup, and vegetables. We talk about our plans while eating, which is my favorite part of the morning. I always try to eat everything on my plate to stay healthy.

Finally, I get ready to go to school at 7:30. I check my backpack to make sure I have all my books and homework. I put on my shoes, say goodbye to my parents, and walk to the bus stop. I usually arrive at school by 8:00.

Thanks to this regular morning routine, I can start each day feeling organized and prepared. This schedule helps me avoid rushing and forgetting things. Most importantly, it gives me energy and confidence for the whole day.

🔖 **체크리스트**

☐ Time order (시간의 순서대로 설명했는가?)

☐ Clear explanation (각 단계를 명확하게 설명했는가?)

☐ Proper connectors (적절한 연결어를 사용했는가?)

☐ Simple sentences (문장이 간단명료한가?)

묘사하는 글(Descriptive Essay)

대상이나 장소, 상황을 생생하게 표현하는 글이다. 독자가 실제로 보고 느끼는 것처럼 세밀하게 표현하는 것이 핵심이다.

① 핵심 표현

- 외관 묘사(모양/크기): looks like, appears to be, seems

- 감각 표현(느낌/소리/냄새): feels, sounds, smells, tastes

- 위치 표현(장소/방향): next to, beside, in front of, behind

- 비유 표현: as ~ as, like, similar to

② 추천 주제

- My Best Friend (나의 가장 친한 친구)

- My Dream House (나의 꿈의 집)

- Our Classroom (우리 교실)

- A Beautiful Place (아름다운 장소)

― 실전 가이드 ―

주제: My Best Friend (나의 가장 친한 친구)

STEP 1 브레인스토밍 (10분)

- 외모: long hair, bright smile, colorful clothes

- 성격: kind, funny, helpful

- 함께하는 활동: study, play, share stories

- 특별한 점: always listens, gives good advice

STEP 2 개요 작성 (10분)

- 서론: Introduce friend (친구 소개)

- 본론: Appearance–Personality–things that we do together

  (외모 – 성격 – 함께하는 활동들)

- 결론: The importance of friend (친구의 소중함)

My Best Friend

I have a special friend named Mina who sits next to me in class. We have been best friends since first grade, and she is like a sister to me. I want to tell you about this wonderful friend of mine.

Mina has long black hair that she usually ties in a ponytail. Her bright eyes always sparkle when she smiles, and she has cute dimples on both cheeks. She is not very tall, but she is always easy to spot because of her cheerful energy.

What makes Mina truly special is her kind personality. She always thinks of others first and helps anyone who needs help. When someone is sad, she knows exactly what to say to make them feel better. She is also very honest and keeps her promises.

We do many fun things together at school and after class. We study together in the library, share our favorite books, and play basketball during break time. On weekends, we sometimes go to each other's houses to do homework and watch movies.

I am very thankful to have such a precious friend like Mina. Our friendship makes my school life happier and more meaningful. I hope we can stay best friends forever.

- ☐ Specific details(구체적인 세부 묘사가 있는가?)

- ☐ Various sensory expressions(다양한 감각적 표현을 사용했는가?)

- ☐ Impressive metaphors or comparisons(인상적인 비유나 비교가 있는가?)

- ☐ Personal feelings(개인적인 감정이 잘 표현되었는가?)

주장하는 글(Opinion Essay)

특정 주제에 대한 자신의 생각을 논리적으로 전달하는 글이다. 주장과 함께 그것을 뒷받침하는 근거를 제시하는 것이 중요하다.

① 핵심 표현

- 의견 제시/주장: I think, In my opinion

- 근거 제시/이유: because, since

- 결론/마무리: therefore, for these reasons

② 추천 주제

- My Favorite Subject (내가 좋아하는 과목)

- Benefits of Exercise (운동의 좋은 점)

- School Uniform Debate (교복에 대한 의견)

- The Best Season (최고의 계절)

주제: Why Reading is Important (독서가 중요한 이유)

STEP 1 브레인스토밍 (10분)

- Learning new things (새로운 것 배우기)
- Vocabulary improvement (어휘력 향상)
- Imagination development (상상력 발달)
- Knowledge expansion (지식 확장)
- Better writing skills (글쓰기 실력 향상)

STEP 2 개요 작성 (10분)

- 서론: Reading importance (독서의 중요성)
- 본론: Educational benefits-Personal growth-Entertainment value (교육적 이점-개인적 성장-즐거움)
- 결론: Encourage daily reading (매일 독서 권장)

STEP 3~5 초고 쓰기-피드백-완성본 쓰기

Why Reading is Important

Reading is a powerful tool that opens doors to new worlds and knowledge. It is one of the most important skills we can develop in our lives. Everyone should understand why reading matters so much.

First, reading brings many educational benefits. It helps us improve our vocabulary and grammar naturally. When we read, we learn new words and expressions without memorizing them. Reading also helps us do better in all school subjects because it improves our understanding and thinking skills.

Second, reading helps us grow as people. Through books, we can learn about different cultures and ways of thinking. Reading stories helps us understand others' feelings and experiences. This makes us more understanding and empathetic people. It also helps us solve our own problems by learning from characters in books.

Additionally, reading is a great source of entertainment. Unlike movies or games, books let us use our imagination freely. We can create our own pictures in our minds while reading. Reading can be a fun escape from daily stress, and we can enjoy it anywhere, anytime.

Therefore, I encourage everyone to read at least one book every day. Even fifteen minutes of daily reading can make a big difference in our lives. Let's make reading a happy habit that will help us become smarter and better people.

☐ Clear opinion (명확한 의견 제시를 했는가?)

☐ Strong reasons (충분한 근거를 들었는가?)

☐ Logical order (논리적 순서로 설명했는가?)

☐ Good examples (적절한 예시를 포함했는가?)

창의적인 글(Creative Essay)

상상력과 창의력을 발휘하여 쓰는 글이다. 동화나 단편 소설처럼 이야기를 만들어내는 형식으로 독자의 흥미를 이끄는 것이 핵심이다.

① 핵심 표현

- 시작/도입: Once upon a time, One day

- 전개/상황 전개: Suddenly, Meanwhile

- 감정/심리 묘사: felt excited, was surprised

- 마무리/결말: Finally, In the end

② 추천 주제

- If I Were an Animal (내가 동물이라면)

- A Magic Day (마법 같은 하루)

- My Time Machine Adventure (타임머신 모험)

- A Letter to Future Me (미래의 나에게 쓰는 편지)

초등 영어 문해력이 답이다

주제: If I Were an Animal (내가 동물이라면)

STEP 1 브레인스토밍 (10분)

- Animal choice (동물 선택) → eagle

- Special abilities (특별한 능력) → flying, good eyesight

- Daily life (일상 생활)

- Adventures (모험)

- Lessons learned (배운 점)

STEP 2 개요 작성 (10분)

- 서론: Why eagle (독수리를 선택한 이유)

- 본론: Special abilities-Daily life-Adventures (특별한 능력-일상생활-모험)

- 결론: What I learned (배운 점)

STEP 3~5 초고 쓰기 – 피드백 – 완성본 쓰기

If I Were an Animal

If I could be any animal, I would choose to be an eagle. Among all the animals in the world, eagles fascinate me the most because of their strength and freedom. These magnificent birds represent everything I admire in nature.

Eagles have amazing special abilities that set them apart from other birds. Their eyesight is so sharp that they can spot small prey from over two kilometers away. Their powerful wings can carry them to heights of up to 10,000 meters, and they can dive at speeds faster than 150 kilometers per hour.

The daily life of an eagle would be both peaceful and exciting. Every morning would begin with greeting the sunrise from my high mountain nest. During the day, I would spend time caring for my young eaglets and teaching them important survival skills. I would also keep my territory safe by patrolling the skies.

As an eagle, I would have amazing adventures exploring the world below. I could soar over vast oceans, dense forests, and tall mountains. I would feel the thrill of riding warm air currents and diving through clouds. Each day would bring new discoveries and experiences.

Being an eagle has taught me that true strength comes with great responsibility. Like eagles that protect their family and territory, we should care for those around us. Most importantly, we should use our abilities to help others while staying true to ourselves.

초등 영어 문해력이 답이다

☐ Creative imagination (창의적인 상상력을 발휘했는가?)

☐ Interesting story (이야기가 흥미진진한가?)

☐ Vivid description (생생한 묘사가 있는가?)

☐ Unique perspective (독특한 관점을 제시했는가?)

설득하는 글(Persuasive Essay)

자신의 주장을 논리적 근거를 들어 설득하는 글이다. 명확한 주장과 함께 구체적인 근거를 제시하고 해결책을 제안하는 것이 효과적이다. 독자의 동의를 이끌어내는 것이 글의 목적이라 할 수 있다.

① 핵심 표현

– 주장 제시: I strongly believe, We should

– 근거 제시: First of all, Another reason is

– 예시 설명: For instance, For example

– 결론 강조: In conclusion, Therefore

② 추천 주제

– Why We Need More Break Time (쉬는 시간을 늘려야 하는 이유)

– Ban Plastic Bags (비닐봉지 사용을 금지해야 하는 이유)

– Save Water (물을 절약해야 하는 이유)

– Reduce Screen Time (시청 시간을 줄여야 하는 이유)

– Exercise Every Day (매일 운동해야 하는 이유)

───────────────(실전 가이드)───────────────

주제: Why We Need More Break Time (쉬는 시간을 늘려야 하는 이유)

STEP 1 **브레인스토밍 (10분)**

- Current break time (현재 쉬는 기간) → too short

- Benefits (효과) → rest, exercise, socialize

- Problems with short breaks (짧은 쉬는 시간의 문제점들)

- Solutions and suggestions (해결책 및 제안)

- Results of longer breaks (긴 쉬는 시간의 결과)

STEP 2 **개요 작성 (10분)**

- 서론: Current situation (현재의 문제점: 5분의 쉬는 시간으로는 부족함)

  Main argument (핵심 주장: 수업 사이 쉬는 시간을 늘려야 함)

- 본론: Physical benefits (신체적 장점)

  Mental benefits (정신적 장점)

  Social benefits (사회적 장점)

- 결론: Importance of balance (균형의 중요성)

  Call for action (실천 제안)

  Expected benefits (기대 효과)

초등 영어 문해력이 답이다

Why We Need More Break Time

I strongly believe that our school should give students longer break times between classes. Currently, our five-minute breaks are not enough for students' needs.

First of all, longer breaks would help students stay healthy. We need time to stretch, walk around, and get some exercise. Sitting in class for long hours without enough movement is not good for our bodies.

Secondly, students need time to refresh their minds. Short breaks don't give us enough time to relax and prepare for the next class. With longer breaks, we could concentrate better in class.

Finally, break time is important for making friends and socializing. We need time to talk with our classmates and develop our social skills.

Therefore, I suggest extending break times to at least 10 minutes. This change would help students be healthier, happier, and more successful in school.

☑ 체크리스트

☐ Clear argument (명확한 주장을 했는가?)

☐ Sufficient evidence (충분한 근거를 제시했는가?)

☐ Logical organization (논리적으로 구성했는가?)

비교하는 글(Compare/Contrast Essay)

두 가지 이상의 대상을 비교하고 대조하는 글이다. 공통점과 차이점을 명확히 구분하여 설명하는 것이 특징이다. 균형 잡힌 시각으로 두 대상을 객관적으로 분석하는 것이 중요하다.

① 핵심 표현

- 비교 표현: Both, Similarly, Like

- 대조 표현: However, Unlike, In contrast

- 차이점: Different from, While

- 공통점: Same as, Also

② 추천 주제

- Cats vs Dogs (고양이와 개 비교)

- Summer vs Winter (여름과 겨울 비교)

- City vs Countryside (도시와 시골 비교)

- Books vs Movies (책과 영화 비교)

- Online vs Offline Classes (온라인과 오프라인 수업 비교)

주제: Cats vs Dogs (고양이와 개 비교)

STEP 1 브레인스토밍 (10분)

- Cats: Independent(독립적인), Clean themselves(자체 청결), Quiet(조용한), Indoor pets(실내 반려동물), Low maintenance(관리가 쉬운) 등.
- Dogs: Loyal(충실한), Need walking(산책 필요), Playful(활달한), Can guard house(집 지킴이 가능), Need more attention(더 많은 관심 필요) 등.

STEP 2 개요 작성 (10분)

- 서론: Popular pets (인기 있는 반려동물)

  Main differences (주요 차이점)
- 본론: Personality traits (성격과 특징)

  Care requirements (돌봄 요구사항)

  Living space needs (생활 공간 요구사항)
- 결론: Both make great pets in different ways

  (둘 다 각자의 방식으로 훌륭한 반려동물이 됨)

Cats vs Dogs

Cats and dogs are both popular pets, but they have very different characteristics. Let's compare these two wonderful animals.

First, cats and dogs have different personalities. Cats are usually independent and prefer to spend time alone. In contrast, dogs are very social and want to be with their owners all the time. While cats are quiet and calm, dogs are usually more energetic and playful.

Second, they need different types of care. Cats are easy to take care of because they clean themselves and use a litter box. However, dogs need regular walks, baths, and more attention from their owners. Cats can stay home alone longer, but dogs need someone to take them outside several times a day.

Finally, they need different living spaces. Cats are perfect for small apartments because they don't need much space. On the other hand, dogs usually need a yard or nearby park to play and exercise.

Both cats and dogs make wonderful pets, but they suit different types of people and lifestyles.

    ☐ Clear comparison criteria (명확한 비교 기준을 제시했는가?)

    ☐ Balanced analysis (균형 잡힌 분석을 했는가?)

    ☐ Appropriate transitions (적절한 비교/대조 표현을 사용했는가?)

    ☐ Objective perspective (객관적인 시각을 유지했는가?)

이렇게 각 장르별 글쓰기의 특징을 살펴보고 실전 가이드를 참고하여 꾸준히 연습한다면 효과적인 영어 글쓰기를 할 수 있다. 특히 초등 5-6학년 수준에서는 이러한 기초적인 글쓰기 능력을 잘 다져놓는 것이 매우 중요하다.

에세이의 논리성을 높이기 위해서는 적절한 '연결어'의 활용이 필수적인데 이러한 연결어는 문장과 문장을 자연스럽게 이어주며 글의 흐름을 논리적으로 만들어준다. 또한 각 글의 성격에 맞는 핵심 표현들을 적절히 활용하면 더욱 설득력 있는 글을 쓸 수 있다.

[부록 2] 학생 가이드 중 '초등 5-6학년을 위한 글쓰기 5단계 워크시트'를 활용하여 장르별 글쓰기에 도전해보자.

🔰 심화 문법 차근차근 배우기

초등 고학년 때부터 영어 문법에서 배우는 한자 용어들을 미리 익혀두면 중학교 영어 수업에 좀 더 자연스럽게 적응할 수 있다. 실제 수업 현장을 비교해보면 이런 문법 용어들의 변화를 쉽게 발견할 수 있다. 초등학교에서 "이 문장의 주어는 직접 행동하지 않고 다른 것의 영향을 받고 있네요"라고 쉽게 설명하던 것을 중학교에서는 "이 문장은 수동태입니다"라고 설명한다. 또 다른 예로 초등학교에서는 "to study처럼 to가 붙은 동사는 하나로 묶어서 봐야 해요"라고 설명하던 것을 중학교에서는 "부정사 용법입니다"라는 식의 설명으로 바뀐다. 이런 갑작스러운 용어의 변화는 아이들에게 혼란을 줄 수 있다. 따라서 단순히 용어를 외우는 것이 아니라 그 속에 담긴 개념을 이해하면서 배우는 것이 중요하다.

한자 용어 이해하기

영어 문법에 나오는 한자 용어를 이해하기 위해서는 먼저 각 용어를 구성하는 한자의 의미를 알아야 한다. 이를 통해 문법 개념을 더 깊이 있게 이해할 수 있다. 대표적인 예로 부정사(不定詞)는 '아니 부(不)'와 '정해질 정(定)'으로 이루어진 말이다. 이는 '정해지지 않은 말'이라는 의미로 to부정사의 개념을 쉽게 이해할 수 있게 한다. 수동태(受動態)는 '받을 수(受)'와 '움직일 동(動)'이 결합된 용어다. '동작을 받는 모습'이라는 뜻으로 주어가 동작을 받는 형태의 문장임을 알 수 있다. 전치사(前置詞)는 '앞 전(前)'과 '둘 치(置)'를 사용한 용어다. '앞에 두는 말'이라는 의미로 명사 앞에 오는 말이라는 것을 쉽게 파악할 수 있다.

STEP 1   기본 문법의 한자 용어 익히기

기본 문법의 한자 용어 정리		
한자 용어	의미	영어 용어
명사(名詞)	이름을 나타내는 말	Noun
동사(動詞)	움직임을 나타내는 말	Verb
형용사(形容詞)	성질이나 상태를 나타내는 말	Adjective
부사(副詞)	주로 동사, 형용사를 수식하는 말	Adverb
대명사(代名詞)	이름 대신 쓰는 말	Pronoun
전치사(前置詞)	명사 앞에 오는 말	Preposition
접속사(接續詞)	단어나 문장을 이어주는 말	Conjunction
부정사(不定詞)	정해지지 않은 동사 형태	Infinitive
분사(分詞)	동사에서 나온 형용사 역할을 하는 말	Participle
수동태(受動態)	주어가 동작을 받는 형태	Passive Voice
능동태(能動態)	주어가 동작을 하는 형태	Active Voice
관계대명사(關係代名詞)	선행사를 받아 문장을 이어주는 대명사	Relative Pronoun

기본 문법의 한자 용어를 익힐 때는 단계적인 접근이 필요하다. 중학교에 진학하기 전에 모든 한자 용어를 다 익혀야 하는 것은 아니다. 먼저 명사, 동사, 형용사와 같은 가장 기본적인 품사의 특징과 역할을 이해하는 것이 중요하다. 아이들에게 용어를 설명할 때는 단순히 정의만 말하지 말고, 반드시 세 개 이상의 구체적인 예문을 들어 설명해야 한다. 이때 아이들의 일상생활과 관련된 상황이나 관심 있는 주제를 활용하여 예문을 만들면 더욱 효과적이다.

① 명사(名詞)

- 한자풀이: 이름 명(名) + 말씀 사(詞) = 이름을 나타내는 말

- 개념: 사람, 사물, 장소, 생각 등의 이름을 나타내는 단어

- 지도 TIP: "우리 교실 안에서 명사 찾기 놀이 해볼까? desk(책상), window(창문), teacher(선생님)… 이렇게 이름표를 붙일 수 있는 것들이 모두 명사란다"라고 설명한다.

② 동사(動詞)

- 한자풀이: 움직일 동(動) + 말씀 사(詞) = 움직임을 나타내는 말

- 개념: 행동이나 상태를 나타내는 단어

- 지도 TIP: 'The boy runs fast'란 문장에서 누가(boy) 무엇을 하는지(runs) 찾아보게 한다. 그리고 "동사는 문장의 심장과 같아서 빼면 문장이 죽는단다"라고 강조한다.

③ 형용사(形容詞)

- 한자풀이: 모양 형(形) + 기운 용(容) + 말씀 사(詞) = 모양과 상태를 꾸며주는 말

- 개념: 사물이나 사람의 성질, 상태를 더해주는 단어

- 지도 TIP: "형용사는 그림에 색을 입히는 것처럼 의미를 더해주는 말이야. The pretty flower란 문장에서 'pretty'는 flower가 '예쁘다'는 특별한 의미를 더해주고 있고, He is a smart student란 문장에서는 'smart'가 평범한 학생이 아닌 '똑똑한' 학생이라는 특별함을 더해주고 있어"라고 설명한다.

④ 부사(副詞)

- 한자풀이: 돕다 부(副) + 말씀 사(詞) = 다른 말을 돕는 말

- 개념: 동사, 형용사, 다른 부사를 수식하여 상황을 더 자세히 설명하는 단어

- 지도 TIP: "부사는 행동이나 상태를 더 자세하게 설명해주는 도우미야. He runs quickly란 문장에서 'quickly'는 runs를 도와서 그냥 달리는 게 아니라 '빠르게 달린다'는 것을 알려주고, She sings beautifully란 문장에서는 'beautifully'가 노래를 '아름답게' 부른다는 것을 알려주고 있어"라고 지도한다.

⑤ 대명사(代名詞)

- 한자풀이: 대신할 대(代) + 이름 명(名) + 말씀 사(詞) = 이름을 대신하는 말

- 개념: 앞에서 나온 명사를 다시 쓰지 않고 대신하는 단어

- 지도 TIP: "Tom likes pizza. He eats it every day란 문장에서 'He'는 'Tom'을, 'it'은 'pizza'를 대신하고 있어. 그렇다면 Mary has a new book. She reads it every night란 문장에서 'She'와 'it'이 각각 누구와 무엇을 가리키는지 찾아볼까?"라고 질문한다.

⑥ 전치사(前置詞)

- 한자풀이: 앞 전(前) + 둘 치(置) + 말씀 사(詞) = 앞에 두는 말

- 개념: 명사 앞에 위치하여 장소, 시간, 방향 등을 나타내는 단어

- 지도 TIP: "전치사는 길잡이 역할을 해. The book is on the table이란 문장에서 'on'은 책이 '어디'에 있는지 알려주고, I go to school at 8:00이란 문장에서는 'at'이 '언제' 가는지를 알려준다. 전치사는 마치 교

통 표지판처럼 위치와 방향을 알려주는 말이야"라고 지도한다.

⑦ 접속사(接續詞)

- 한자풀이: 이을 접(接) + 이을 속(續) + 말씀 사(詞) = 이어주는 말

- 개념: 단어와 단어, 문장과 문장을 연결해주는 단어

- 지도 TIP: "접속사는 문장을 연결하는 다리 역할을 해. I like pizza and hamburgers란 문장에서 'and'는 좋아하는 두 음식을 연결해주고, I want to play, but I have homework란 문장에서 'but'은 하고 싶은 것과 해야 할 것을 연결하여 대조를 나타내고 있어"라고 지도한다.

⑧ 부정사(不定詞)

- 한자풀이: 아닐 부(不) + 정할 정(定) + 말씀 사(詞) = 정해지지 않은 동사 형태

- 개념: 동사 앞에 'to'가 붙어 또 다른 의미를 만드는 형태

- 지도 TIP: "I want to sleep이란 문장에서 'to sleep'은 '자고 싶다'는 의미를 가진 하나의 덩어리야. She likes to read books란 문장에서도 'to read'는 '읽는 것'이라는 하나의 의미를 만들고 있어. 마치 'to'와 '동사'가 손을 잡고 새로운 표현을 만드는 것처럼 말이야"라고 설명한다.

⑨ 분사(分詞)

- 한자풀이: 나눌 분(分) + 말씀 사(詞) = 동사에서 나누어진 말

- 개념: 동사가 형용사나 부사처럼 사용되는 형태

- 지도 TIP: "동사가 변신해서 꾸며주는 말이 된 거야. The sleeping baby is cute란 문장에서 'sleeping'은 'baby'를 꾸며주는 형용사로 변신했고, Dancing in the rain, she looked happy란 문장에서 'Dancing'은

'she'의 상태를 설명해주고 있어"라고 지도한다.

⑩ 수동태(受動態)

- 한자풀이: 받을 수(受) + 움직일 동(動) + 모양 태(態) = 동작을 받는 형태
- 개념: 주어가 동작을 하는 것이 아니라 받는 형태의 문장
- 지도 TIP: "The window was broken이란 문장에서 창문은 스스로 깨진 게 아니라 누군가에 의해 깨진 거야. English is spoken here이란 문장에서도 마찬가지로 '영어가 여기서 사용된다'는 뜻으로 누군가가 영어를 사용한다는 의미야"라고 지도한다.

⑪ 능동태(能動態)

- 한자풀이: 능할 능(能) + 움직일 동(動) + 모양 태(態) = 스스로 동작을 하는 형태
- 개념: 주어가 직접 동작을 하는 형태의 문장
- 지도 TIP: "Tom breaks the window란 문장에서는 Tom이 직접 창문을 깨는 행동을 하고 있음을 말해. Students study English란 문장에서도 학생들이 직접 영어를 공부하고 있음을 뜻하지. 이처럼 주어가 동작의 주인공이 되는 문장을 능동태라고 해"라고 설명한다.

⑫ 관계대명사(關係代名詞)

- 한자풀이: 관계 관(關) + 계할 계(係) + 대신할 대(代) + 이름 명(名) + 말씀 사(詞) = 관계를 나타내며 이름을 대신하는 말
- 개념: 앞에 나온 명사를 받아서 뒤 문장과 자연스럽게 이어주는 단어
- 지도 TIP: "This is the book which I bought yesterday란 문장에서 'which'는 'the book'을 다시 한 번 말하지 않고도 앞뒤 문장을 자연스

럽게 이어주고 있어. The girl who lives next door is my friend란 문장에서도 'who'가 'the girl'을 받아서 '옆집에 사는'이라는 설명을 자연스럽게 덧붙여주고 있지"라고 지도한다.

🔖 지도 시 주의할 점

- '기본 품사(명사, 동사, 형용사) → 문장 구조(능동태, 수동태) → 심화 문법' 단계로 지도한다.
- 반드시 예문 중심으로 설명하고, 아이의 일상생활과 연계된 예문을 만들어 설명하면 더 좋다.
- 한자 용어는 개념 이해를 돕는 보조 수단으로만 활용한다.

학년별 문법 학습 로드맵		
단계	시기	학습 내용
1	초등 5학년	명사, 동사, 형용사
2	초등 6학년 1학기	능동태, 수동태, 부정사
3	초등 6학년 2학기	관계대명사, 분사, 접속사
* 아이의 수준과 학습 속도에 따라 조정할 것		

문법 개념 연결하기

문법 요소들은 서로 긴밀하게 연결되어 있다. 마치 퍼즐 조각처럼 서로 맞물려 하나의 완성된 문장을 만든다. 각 요소 간의 관계와 핵심 형태를 이해

초등 영어 문해력이 답이다

하면 복잡한 영어 문장도 쉽게 해석할 수 있다. 특히 다음 네 가지 관계를 이해하면 문장 구조 파악이 훨씬 쉬워진다.

$$\text{─────────────}(\text{실전 가이드})\text{─────────────}$$

STEP 1 **기본 문법 관계와 형태 익히기**

① **명사와 전치사의 관계**

- 기본 규칙: 전치사는 항상 명사나 대명사 앞에 온다.

- 핵심 형태: 전치사 + 명사 **예** on the table, in the room, at school

 시간 전치사 **예** in July(월), on Monday(요일), at 3 o'clock(시각)

- 지도 TIP: 전치사는 위치나 시간을 알려주는 신호등 역할을 한다.

② **주어와 동사의 일치 관계**

- 기본 규칙: 주어의 수에 따라 동사 형태가 바뀐다.

- 핵심 형태: 단수 주어 + 동사s **예** The boy plays soccer.

 복수 주어 + 동사 원형 **예** The boys play soccer.

 불규칙 단수 **예** news **is**, mathematics **is**

 복수 명사 **예** scissors **are**, pants **are**

 단체 명사 **예** team **is/are**, family **is/are**

- 예외: and로 연결된 주어 **예** Tom and Mary are(복수 취급)

 each, every, either, neither + 단수명사 **예** Each student is(단수 취급)

- 지도 TIP: 주어가 한 명/한 개면 동사에 s를 붙이고 주어가 둘 이상이면 동사는 기본형을 사용한다. 불규칙 복수나 단체 명사는 따로 표시해두고

반복 학습한다.

심화 문법 관계 파악하기

① 능동태와 수동태의 관계

- 기본 규칙: 문장의 주어와 목적어가 역할을 바꾼다.

- 핵심 형태: 능동태 → 주어 + 동사 + 목적어

  예 Tom breaks the window.

  수동태 → 목적어 + be동사 + p.p + by + 주어

  예 The window is broken by Tom.

- 지도 TIP: 능동태 문장의 목적어를 주어 자리로 옮기고, 동사는 'be + p.p' 형태로 바꾼다.

② 조동사와 동사의 관계

- 기본 규칙: 조동사는 동사 앞에서 특별한 의미를 더해준다.

- 핵심 형태: 긍정문 → 조동사 + 동사원형

  예 can swim, must study

  부정문 → 조동사 + not + 동사원형

  예 cannot swim, must not stay

- 지도 TIP: 조동사 뒤의 동사는 항상 기본형으로 쓴다.

⊠ 지도 시 주의할 점

- 표나 도표를 활용하여 형태 변화를 시각적으로 보여준다.

- 예문은 반드시 핵심 형태가 드러나게 만든다.

- 규칙을 외우기보다 패턴을 인식하도록 지도한다.

📑 추천 교재

- 《Grammar Inside》(NE능률)

  전반적으로 무난한 구성의 문법서다. 간결한 목차와 내용으로 문법 전체를 훑어보기에 적합하다.
- 《중학 영문법 Link 1》(NE능률)

  기본 문법서 구성에 내신 대비가 추가되어 중등 교과 과정을 전체적으로 아우를 수 있는 교재다.
- 《1일 1강》(이퓨처)

  간단하면서도 정확한 설명이 특징인 문법서다. 특히 중학교 내신고사에서 요구하는 서술형 평가 문제가 많이 수록되어 있어 내신을 탄탄히 준비하기에 좋은 교재다.
- 《해커스 중학영문법》시리즈 (해커스)

  세부적이고 심도 있는 문법 학습을 원하는 학생을 위한 교재로 중등 내신을 철저하게 대비할 수 있는 완성도 높은 구성이 특징이다.

개념노트와 오답노트 작성하기

개념노트 작성법

영어 문법 학습에서 가장 중요한 것은 개념의 정확한 이해다. 개념노트는 단순한 필기가 아닌 문법의 개념과 관계를 체계적으로 정리하는 과정이다. 정확한 개념 정의, 구체적인 예문 제시, 다른 문법과의 관계 파악, 실전 문제 적용까지 이 모든 과정을 자신의 언어로 정리함으로써 진정한 이해에 도달할 수 있다. 이것이 바로 개념노트가 필요한 이유다.

개념노트 작성의 4가지 원칙
① 정확성
- 문법의 개념을 명확하게 정의할 것.
- 핵심을 간단명료하게 정리할 것.
  📝 현재완료: 과거에 일어난 일이 현재까지 연결되어 미치는 영향
② 구체성
- 최소 2개 이상의 예문을 포함할 것.

초등 영어 문해력이 답이다

- 각 예문의 특징을 명확히 표시할 것.

  ㉎ have/has + p.p.

  I have finished my homework. (완료)

  She has lived here for 10 years. (계속)

③ **연결성**

  - 다른 문법과의 관계를 정리할 것.

  - 유사 문법과의 차이점을 표시할 것.

    ㉎ '현재완료 vs 과거시제'의 비교

④ **활용성**

  - 실전 문제 유형을 정리할 것.

  - 자주 하는 실수를 표시할 것.

    ㉎ 시간 표현(yesterday) → 과거시제 사용

개념노트 작성의 예

주제: 현재완료 시제

- 개념: 과거의 행동/상태가 현재와 연결되는 시제

- 형태: 기본형 have/has + p.p.

  긍정문 ㉎ I have finished my homework.

  부정문 ㉎ She has not seen the movie.

  의문문 ㉎ Have you ever been to Paris?

- 주요 용법: 완료 → 방금 끝난 일 ㉎ I have just eaten lunch.

  경험 → 과거의 경험 ㉎ He has visited London twice.

계속 → 현재까지 지속 **예** We have lived here for 10 years.

오답노트 작성법

오답노트는 실수의 반복을 확연히 줄여준다. 단순히 틀린 답을 적는 것이 아니라 오답의 원인을 분석하고 필요한 문법 지식을 정리하여 유사 문제의 해결 방법을 찾는 것이 핵심이다.

효과적인 오답노트 작성법
- 틀린 문제 또는 틀린 문장
  - 시험/교재명과 단원
  - 문제 유형
  - 틀린 날짜
- 오답 분석(틀린 이유)
  - 틀린 이유 진단
  - 필요한 문법 지식 정리
  - 정답과 오답 비교
- 해결법
  - 비슷한 유형 문제 추가
  - 문제해결 단계 정리
  - 체크리스트 작성

초등 영어 문해력이 답이다

오답노트 작성의 예

	틀린 문장	오답 분석(틀린 이유)	정답 및 수정된 문장
1	She go to school every day.	3인칭 단수 주어와 동사의 수 일치 규칙	She goes to school every day.
2	I have went to the park yesterday.	현재완료와 과거시제 혼동, 불규칙 동사 활용 실수	I went to the park yester day.
3	The book who I read was interesting.	관계대명사의 올바른 사용 (사물 지칭)	The book which I read was interesting.

- 틀린 문장: I have went to the park yesterday.
- 정답 및 수정된 문장: I went to the park yesterday.
- 오답 분석: 현재완료와 과거시제 혼동, 불규칙 동사 활용 실수
- 해결법: 'yesterday'와 같은 특정 과거 시간 표현이 있으면, 현재완료가 아닌 과거시제 사용, 불규칙 동사 go-went-gone 정확히 활용하기

이렇게 작성한 개념노트와 오답노트는 시험 대비용 요약노트로도 활용할 수 있다.

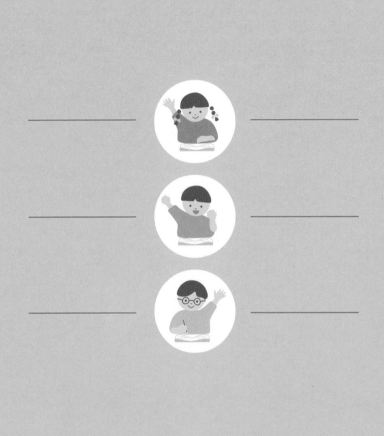

PART
3

평생 자산이 되는
영어 문해력

중학교에 진학한 이후 영어 문해력을 더욱 심화시킬 수 있는 방법을 다룬다. 다양한 장르의 영어 독해부터 수행평가 대비, 장기적 학습 전략까지 구체적인 방안을 제시한다.

CHAPTER 9

중·고등: 영어 문해력 향상을 지속하는 전략

초등에서 중등으로 넘어가는 시기는 영어 학습의 큰 도약이 필요한 때다. 더 복잡한 문장 구조, 다양한 장르의 글, 깊이 있는 사고를 요구하는 과제들이 기다리고 있다. 이러한 도전을 성공적으로 해결하기 위해서는 초등 과정에서 배운 독해 전략, 요약하기, 생각 정리하기 등의 기초 능력을 한 단계 더발전시켜야 한다.

🔖 초·중등 시기의 문해력 자연스럽게 연결하기

초등 시기에 쌓아온 기초 능력을 바탕으로 문해력을 한 단계 끌어올리기 위해서는 전략적인 접근이 필요하다. 먼저 더 다양하고 복잡해진 영어 텍스트를 잘 읽어내는 구체적인 방법을 살펴보자.

장르별 맞춤 독해하기

중학교에 올라가면 영어 독해 지문이 훨씬 다양해진다. 초등 과정에서는 대부분 짧은 대화문이나 간단한 글이었다면 중등 과정에서는 현대소설, 고전문학, 비문학 지문까지 배우게 된다. 이러한 변화에 미리 대비하지 않으면 중학교 1학년 첫 시험에서 당황하기 쉽다.

어떤 글이냐에 따라 독해 방법도 달라야 한다. 유형별 특징을 알고 그에 맞게 읽어야 효과적이다. 고전문학과 현대소설 작품을 예시로 독해 방법의 차이점을 알아보고 실전 감각을 익혀보자.

고전문학

고전문학 읽기는 시대적 배경에 대한 이해가 가장 중요하다. 오 헨리(O. Henry)의 대표작 《The Last Leaf(마지막 잎새)》'를 예로 들면, 1900년대 초 뉴욕의 예술가 마을과 스페인 독감이 유행하던 시기를 배경으로 한다. 이러한 작품 속 시대적 배경을 모르고 읽는다면 작품의 50% 정도밖에 이해할 수 없다. 실제 중학교 내신고사에 나왔던 《The Last Leaf》 지문을 한번 살펴보자.

다음은 2023년도 경기도 분당의 한 중학교 1학년 2학기 기말고사 기출 문제 지문이다.

STEP 1 **시대적 배경 파악하기**

《The Last Leaf》_ by O. Henry

Sue and Johnsy shared a small apartment on the third floor. Johnsy had pneumonia and was lying in her bed, looking through the window. She could see an old ivy vine climbing up the brick wall opposite. The cold autumn wind was blowing, and the leaves were falling one by one.

"What is it, dear?" asked Sue, seeing Johnsy staring out the window.

"Six," whispered Johnsy. "They're falling faster now. Three days ago there were almost a hundred leaves. There are only six now."

"Six what?" Sue asked.

"Leaves on the ivy vine. When the last one falls, I must go, too."

Questions:

1. Where did Sue and Johnsy live?

   ① In a house ② In an apartment ③ In a hospital ④ In a garden

2. Write the appropriate word in the blank.

   Johnsy believed she would die when the last _____ fell.

3. What is Johnsy's current condition? Answer in a complete sentence.

   (정답: 1번 ②, 2번 leaf/leaves, 3번 Johnsy had pneumonia and was lying in her bed. / 존시는 폐렴에 걸려 침대에 누워 있었다.)

《The Last Leaf》는 상황 설정과 등장인물의 심리가 잘 드러나는 도입부가 특징이다. 문학 작품의 기본 요소(등장인물, 배경, 사건)를 파악하는 연습과 함께 간단한 문장으로 답안을 작성하는 연습이 필요하다.

배경지식을 쌓을 수 있는 추천 사이트 및 자료실

* SparkNotes (sparknotes.com)

  전 세계의 학생들이 문학 원서를 읽거나 학습하기 위해 가장 많이 찾는 사이트다. 작품의 배경부터 등장인물, 주요 사건 및 주제까지 모든 내용이 상세하게 설명되어 있다. 특히 영어 교사들도 자주 참고할 만큼 신뢰성 높은 자료들을 제공한다.

* Cliffs Notes (cliffsnotes.com)

  70년의 오랜 전통을 자랑하는 문학 교육 전문 사이트다. 전문 교육자들이 직접 작성한 분석 자료를 제공하며, 작품의 시대적 배경과 문화적 맥락까지 자세히 설명하고 있다.

* 교과서 출판사 사이트 교사용 자료실

  각 작품의 시대적 배경과 문화적 맥락을 이해하기 쉽게 설명하고 있고, 내신고사의 기출문제 풀이도 함께 제공하고 있어 학습에 매우 도움이 된다.

등장인물을 분석할 때는 먼저 중요 인물들의 이름을 형광펜으로 표시한다. 그 다음 인물들 사이의 관계를 화살표로 연결하여 한눈에 볼 수 있게 정리한 뒤 각 인물의 성격이나 특징을 간단한 메모로 덧붙여둔다. 이렇게 마인드맵 형식으로 정리하면 인물들의 관계가 보다 머릿속에 오래 남는다.

《The Last Leaf》의 등장인물 관계도

- 수(Sue) ↔ 존시(Johnsy)

  - 관계: 룸메이트이자 친구

  - 성격: 돌보는 것을 좋아함, 책임감 강함

- 존시(Johnsy) ↔ 베르만(Behrman)

  - 관계: 이웃 화가

  - 성격: 병든 소녀, 희망을 잃음

- 베르만(Behrman) ↔ 존시(Johnsy)

  - 관계: 생명의 은인

  - 성격: 무뚝뚝해 보이나 따뜻한 마음을 지님

이런 식으로 화살표와 메모를 활용하여 인물들의 관계를 정리하면 작품의 이해가 훨씬 쉬워진다.

고전문학 작품에는 항상 숨겨진 상징이 있다. 따라서 작품을 읽으면서 '이 작품에서 특정 소재가 의미하는 것은 무엇일까?'라고 스스로 질문해보는 것이 중요하다. 예를 들어 각 작품마다 다음과 같은 상징들이 자주 등장한다.

- 오 헨리의 《The Last Leaf》에서 '잎새'는 희망을 상징한다.
- 모파상의 《The Necklace(목걸이)》에서 '목걸이'는 허영심을 의미한다.
- 에드거 앨런 포의 《The Tell-Tale Heart(고자질하는 심장)》에서 '심장 소리' 는 죄책감을 나타낸다.

STEP 4 주요 어휘 파악과 예상 문제 생각하기

작품의 주요 어휘를 파악한 뒤 한 번 더 철자와 뜻을 확인한다. 그 후에는 다음 과 같이 출제될 문제를 예상해보고 답안을 작성해본다.

《The Last Leaf》의 주요 어휘와 예상 문제

- 주요 어휘

  masterpiece(걸작), pneumonia(폐렴), sacrifice(희생)

- 예상 문제

  ① Why did Behrman paint the leaf? (베르만은 왜 잎새를 그렸을까?)

  → Behrman painted the last leaf to save Johnsy's life.

  (존시의 생명을 구하기 위해 베르만은 마지막 잎새를 그렸다.)

  ② What is his real masterpiece? (그의 진정한 걸작은 무엇인가?)

  → The last leaf that saved a life was Behrman's true masterpiece.

  (한 생명을 구한 마지막 잎새 그림이 베르만의 진정한 걸작이다.)

현대소설

현대소설의 경우 대부분 책의 초반부나 가장 극적인 장면이 있는 챕터를 발췌해 출세하는 경향이 있다. 특히 R.J. 팔라시오의 《Wonder(원더)》나 로이스 라우리의 《The Giver(기억 전달자)》 같은 작품은 매년 꾸준히 출제되고 있어 청소년 필독서로 꼽힌다.

외모에 대한 차별과 편견 극복이라는 주제를 담고 있는 《Wonder》에서 가장 핵심적인 장면을 담고 있는 문제의 예시를 살펴보자.

───────(실전 가이드)───────

《Wonder》_ by R.J. Palacio

On the first day of school, I noticed that no one sat next to me in any of my classes. That's okay, I told myself. The seat next to me was like an invisible force field that no one wanted to cross. Then in English class, Jack Will came in late and had no choice but to sit next to me. At first, he seemed nervous and kept his distance. But when Ms. Petosa assigned us to work together on a project about Egypt, something changed.

"Hey, what do you know about the pyramids?" Jack asked me directly for the first time.

"Actually, I read a whole book about ancient Egypt last summer," I answered, surprised that he was talking to me.

초등 영어 문해력이 답이다

"Really? That's cool," he said, and he actually smiled at me. "I don't know anything about them. Maybe you could help me?"

That was the moment I realized maybe this year wouldn't be so bad after all. Sometimes the smallest acts of kindness can make the biggest difference.

Questions:

1. What was the main character's situation at school?

   ① Everyone wanted to be his friend

   ② No one wanted to sit next to him

   ③ He preferred to sit alone

   ④ He always sat with Jack

2. What made Jack start talking to the main character?

   ① They had been friends before

   ② They were assigned to work together

   ③ They both liked Egyptian history

   ④ The teacher told Jack to be friendly

3. Write ONE positive change in the main character's feeling after talking with Jack. Answer in a complete sentence.

   (정답: 1번 ②, 2번 ③, 3번 He felt hopeful about school. / 그는 학교생활에 대해 희망을 느꼈다.)

인물 중심으로 읽기

현대소설은 인물의 복잡한 심리와 갈등 구조가 특징이다. 따라서 주인공이 겪는 사건을 시간 순서대로 정리하며 읽으면 주인공의 내면 변화와 성장 과정을 쉽게 이해할 수 있다.

《Wonder》의 기본 요소

- 주제: 외모에 대한 차별과 편견 극복
- 시점: 주인공과 주변 인물들의 다양한 시점
- 주인공의 변화: 두려움과 불안에서 점차 자신감을 찾아가는 과정
- 갈등 상황: 외모로 인한 내적 갈등과 학교 친구들과의 외적 갈등

STEP 2 **이야기 구조 파악하기**

현대소설의 구조는 육하원칙(Who, When, Where, What, Why, How)으로 정리하면 쉽게 이해할 수 있다. 또한 등장인물들의 관계도를 함께 그려보면 더욱 효과적이다.

《Wonder》의 구조 분석

- 발단: Who(어거스트), When(신학기), Where(비처 프렙 중학교)
- 전개: What(첫 등교와 친구들과의 만남)
- 절정: Why(할러윈 파티에서의 상처와 극복)
- 결말: How(서로의 다름을 이해하고 받아들임)

《Wonder》의 등장인물 관계도

- 어거스트(Auggie) ↔ 비아(Via)

  - 관계: 남매

  - 특징: 서로를 이해하고 보호하기 위해 노력함

- 어거스트(Auggie) ↔ 잭 윌(Jack Will)

  - 관계: 진정한 친구가 되어가는 과정

  - 변화: 처음엔 거부감을 느꼈지만 수용하는 마음으로 변화함

STEP 3 소재와 상징 찾기

현대소설은 일상적 소재를 통해 깊은 의미를 전달한다. 작가가 전하고 싶은 메시지와 주인공이 깨달은 점을 중심으로 소재의 상징적 의미를 파악하는 것이 중요하다.

《Wonder》의 주요 소재와 상징

- 우주 헬멧: 현실 도피와 자기 보호

- 얼굴 기형: 사회의 편견과 차별

- 핼러윈: 진정한 자아와 가면

이런 식으로 현대소설은 작품의 기본 요소, 구조 분석, 상징을 파악하며 읽으면 깊이 있는 작품 이해가 가능하다.

[부록 2] 학생 가이드 중 '자주 출제되는 고전문학과 현대소설 핵심 정리'를 통해 중등 내신고사에 자주 등장하는 고전문학과 현대소설들을 한 번 더 살펴보자.

높아진 난이도 대비하기

문장의 길이와 복잡도가 증가하는 중등 과정의 영어 지문을 효율적으로 읽기 위해서는 체계적인 전략이 필요하다. 같은 유형의 문제를 계속 틀리면서도 왜 틀리는지 모른 채 그저 반복하는 아이들이 많다. 앞서 CHAPTER 8에서 다룬 스키밍과 스캐닝은 긴 지문을 빠르고 정확하게 읽기 위한 기본 전략이었다. 그렇다면 이제 이러한 읽기 전략을 실제 문제풀이에 적용할 수 있는 구체적인 방법을 알아보자.

─────────────●──(실전 가이드)──●─────────────

독해 문제풀이는 다음 4단계로 진행하는 것이 가장 효과적이다. STEP 1~3까지는 필수 과정이며, 마지막 단계인 STEP 4는 추가로 진행할 수 있다.

STEP 1 지문 훑어보기[스키밍] (2분)
제목부터 시작하여 첫 문단을 자세히 읽고 주제문을 찾는다. 그다음 각 단락의 첫 문장과 마지막 문단을 읽으며 전체적인 흐름을 파악한다. 이 과정을 통해 글의 주제와 핵심 내용을 이해할 수 있다.

STEP 2 문제 분석하기 (1분)
모든 문제를 빠르게 훑어보며 중요 키워드에 밑줄을 긋는다. 이때 문제의 난이도를 파악하여 쉬운 문제와 어려운 문제를 구분해둔다. 이는 시간 배분을 효율

초등 영어 문해력이 답이다

적으로 하기 위한 중요한 과정이다.

STEP 3 답 찾기[스캐닝] (4분)

쉬운 문제부터 해결하기 시작한다. 지문에서 답의 근거가 될 키워드를 찾고, 문제에서 요구하는 정보를 정확히 찾아낸다. 한정된 시간 내에 최대한 많은 문제를 해결하는 것이 목표다.

STEP 4 검토하기 (남은 시간)

답안을 한 번 더 검토한다. 특히 확신이 없거나 어려웠던 문제들을 중심으로 점검한다. 이 단계는 앞선 세 단계를 충실히 수행한 후 시간이 남는 경우 추가로 진행한다.

이러한 단계별 접근을 통해 아이들은 시간 안에 효율적으로 독해 문제를 해결할 수 있게 된다. 특히 처음 세 단계는 반드시 연습하여 습관화하는 것이 중요하다. 스키밍과 스캐닝 전략을 이용하여 문제 유형별로 훈련해두는 것도 매우 좋은 방법이다. 다만 '주제 찾기'는 스키밍이, '세부사항' 관련 문제는 스캐닝이 더 효과적인 것처럼 문제 유형마다 접근 방식이 다르므로 문제 유형에 따라 적절한 읽기 전략을 선택하는 연습이 필요하다.

문제 유형	Main Idea (주제 찾기)	Detail (세부사항)	True/False (사실 확인)	Inference (추론)
질문 표현	main topic (주요 주제), main idea (중심 내용), primarily about (주로 ~에 관한)	according to the passage (지문에 따르면), the author mentions (저자는 언급한다)	which is true/false (맞는/틀린 것은), whichis not mentioned (언급되지 않은 것은), correctly stated (올바르게 진술된)	we can infer (우리는 추론할 수 있다), it can be concluded (결론 내릴 수 있다), what would likely (아마도 ~일 것이다), most probably (가장 가능성 있는)
문제 풀이 방법	첫/끝 문단 집중 읽기, 각 단락의 첫 문장 연결, 3회 이상 반복되 는 핵심어 체크	키워드 중심 스캐닝, 객관적 정보(숫자/날 짜/이름) 찾기, 해당 부분 빠른 정보 확인	지문과 보기의 정확한 대응 확인, 부분 일치/유사 표현 주의, 꼼꼼하게 내용 대조 확인	문맥 기반 논리적 추론, 전체 흐름과의 일치성 확인, 과도한 추론/배경지식 의존 주의

🔎 **추천 교재**

- 《수능 딥독 중학 수능 독해》(NE능률)

  중학생 수준에 맞춘 수능형 독해 교재로 다양한 유형의 수능 지문과 함께 필수 어휘를 학습할 수 있는 통합된 구성이 특징이다.

- 《첫단추 독해유형편》(쎄듀)

  독해 유형별 학습이 가능한 입문자용 교재로 다양한 유형 연습과 함께 고등 영어 과정의 선행을 위한 기초를 다질 수 있어 독해 숙련자에게도 적합하다.

초등 영어 문해력이 답이다

🔰 복잡한 문장 구조 분석하기

아이들에게 영어를 가르치며 발견한 가장 큰 문제는 해석이 안 되는 문장들이 계속 쌓여간다는 점이다. 모르는 문장을 그냥 넘어가고, 이런 문장들이 하나둘 쌓이다 보면 나중에는 영어 자체를 포기하게 된다. 문장을 체계적으로 분석하는 법을 배우지 못해 무작정 해석을 시도하다가 좌절하는 경우도 많다.

긴 문장 구조 이해하기

해석이 잘 안 되는 문장들은 '문장 구조 분석법'을 통해 해결할 수 있다. 마치 레고 블록을 조립하듯이 긴 문장도 작은 단위로 나누어 이해하면 훨씬 쉬워진다. 처음에는 시간이 좀 더 걸리더라도 이러한 분석 습관을 들이면 독해 실력이 비약적으로 향상된다.

모든 문장을 하나하나 분석할 필요는 없다. 한 문단의 핵심 내용을 담고 있는 주제문이나 복잡한 구조로 이루어진 문장 또는 학습지 해설에서 문법 설명이 자세히 되어 있는 중요 문장을 선별하여 분석하는 것이 효율적이다. 보통 이러한 문장들은 접속사나 관계대명사가 포함되어 있거나 여러 개의 절이 결합된 경우가 많다.

먼저 교과서나 학습지에서 가장 도전적인 문장을 하나 선택한다. 처음에는 시간이 좀 걸리더라도 다음의 '3단계 문장 구조 분석법'을 꼼꼼히 적용해본다. 틀려도 좋으니 매일 시도하는 것이 중요하다.

3단계 문장 구조 분석법

- 1단계: 기본 뼈대 찾기

    - 주어 + 동사를 먼저 찾는다.

    - 목적어/보어가 있다면 체크한다.

    - 수식어는 잠시 무시한다.

- 2단계: 논리 관계 파악하기

    - 접속사(because, although, when)의 위치를 찾는다.

    - 관계대명사(which, that, who)가 이끄는 절을 구분한다.

    - 주절과 종속절을 나눈다.

- 3단계: 의미 단위 구분하기

    - 콤마(,)로 구분된 부분의 역할을 파악한다.

    - 분사구문이나 to부정사의 기능을 확인한다.

    - 수식어구가 꾸미는 대상을 찾는다.

① 문장 구조 분석의 입문 단계

   예 Polar bears hunt seals on the Arctic ice.

    - 분석: 북극곰이 물개를 사냥한다. (단순 '주어 + 동사 + 목적어' 구조)

    - 학생이 이해해야 할 것: '북극곰이 물개를 사냥한다'라는 기본 사실만

       파악하면 된다.

② 문장 구조 분석의 기본 단계

   예 Scientists worry (that polar bears are losing their hunting grounds).

    - 분석: 과학자들이 걱정한다 + 북극곰이 사냥터를 잃고 있다는 것을.

－ 학생이 이해해야 할 것: '과학자들이 걱정한다'가 주요 문장이고, '무 엇을' 걱정하는지가 that절로 이어진다는 것을 인식한다.

③ 문장 구조 분석의 심화 단계

> 예 Polar bears, (which depend on sea ice for hunting seals,) are struggling to survive as the Arctic ice melts.
>
> － 분석: 기본 뼈대는 '북극곰이 생존하기 위해 고군분투하고 있다'이고, 논리 관계인 which절은 북극곰에 대한 부연 설명, as는 이유와 상황.
> － 학생이 이해해야 할 것: '북극곰이 생존하기 위해 고군분투하고 있다' 가 핵심이며, 나머지는 그 이유와 상황을 설명하는 부가 정보라는 점 을 인식한다.

숙달되면 문장의 난이도를 조금씩 높여간다. 어느 정도 자신감이 생기면 다 음 단계로 넘어가는 것이 효과적이다. 물론 아이의 자존감을 고려해 무리한 도전은 피한다.

───────◆──(실전 가이드)──◆───────

예시 지문들을 통해 '3단계 문장 구조 분석법'을 더 연습해보자.

Many experts believe that climate change, which is causing extreme weather patterns around the world, will have serious impacts on our food supply.

- 1단계(기본 뼈대): experts believe that climate change will have impacts.
- 2단계(논리 관계): which절은 climate change를 부연 설명하는 관계대명사절.
- 3단계(의미 단위): around the world는 장소, on our food supply는 영향을 받는 대상.

이렇게 분석하면 '전문가들은 기후변화가 심각한 영향을 미칠 것이라고 믿는다'라는 핵심 문장이 드러난다. 나머지는 기후변화와 그 영향에 대한 부가 정보임을 알 수 있다.

The melting glaciers in the Arctic region show that global warming is affecting our planet more rapidly than scientists expected.

- 1단계(기본 뼈대): glaciers show that global warming is affecting planet.
- 2단계(논리 관계): that절은 show의 목적어, more rapidly than으로 두 대상의 비교.
- 3단계(의미 단위): 현재진행형(is affecting)으로 진행 중인 상황 강조.
- 학생이 이해해야 할 것: '빙하가 지구온난화의 영향을 보여준다'가 핵심이고, '녹고 있는' '북극 지역의' '과학자들의 예상보다 더 빠르게' 등은 상황을 구체적으로 설명하는 부가 정보임을 인식한다.

Despite the challenges, many young <u>people</u> around the world <u>are taking action</u> to protect the environment, hoping to create a better future.

- 1단계(기본 뼈대): people are taking action.
- 2단계(논리 관계): Despite는 역접, hoping to는 목적을 나타내는 분사 구문.
- 3단계(의미 단위): around the world는 장소, to protect는 목적, hoping to create는 부가 설명.
- 학생이 이해해야 할 것: '어려움이 있더라도 젊은이들이 행동을 하고 있다'가 이 문장의 핵심이고 나머지는 모두 부가 정보임을 인식한다.

문장 구조 분석의 6가지 핵심 포인트

문장 구조를 분석할 때 꼭 익혀야 할 여섯 가지 포인트를 정리하면 다음과 같다. 이를 중점적으로 연습하면 복잡한 문장도 자신 있게 읽을 수 있을 것이다.

① 주어와 동사 찾기

긴 문장도 결국 '누가 무엇을 했다'가 핵심이다. 수식어는 잠시 무시하고 주어와 동사를 먼저 찾는 훈련을 해야 한다. 초등 고학년이라면 이것부터 시작하자. 문장을 읽으며 형광펜으로 주어는 노란색, 동사는 초록색 등으로 표시해보자.

② 접속사 위치 파악하기

but, because, although 같은 접속사는 문장의 관계를 알려주는 신호등이다. 접속사가 나오면 잠시 멈추고 앞뒤 관계를 생각해보자. 처음에는 접속사 앞에서 끊어 읽는 연습을 하면 좋다.

③ 관계대명사절 구분하기

which, that, who가 이끄는 관계대명사절은 부가 설명일 뿐이다. 이 부분을 괄호로 묶어보면 주요 문장이 더 명확히 보인다. 관계대명사절은 마치 괄호 안의 설명처럼 생각하자.

④ 구와 절 구분하기

전치사구와 종속절을 구분하는 연습이 필요하다. 절은 because it was raining과 같이 주어와 동사가 있고, 구는 in the morning처럼 주어와 동사가 없다는 점을 기억하자. '주어+동사' 세트가 있으면 절, 없으면 구로 생각하자.

⑤ 수식어구 정리하기

형용사구, 부사구 등 수식어구가 꾸미는 대상을 찾는 연습을 한다. 수식어구는 화살표로 연결해보면 관계가 잘 보인다. 수식어는 보통 꾸미는 말 바로 앞이나 뒤에 온다는 점을 기억하자.

⑥ 시제 변화 체크하기

한 문장 안에서 시제가 바뀌는 경우가 많다. 특히 시간 순서나 조건을 나타내는 부분에서 시제 변화를 주의 깊게 살펴봐야 한다. 시제가 바뀌는 부분에 특히 주의를 기울이자.

초등 영어 문해력이 답이다

- 《중학 영어, 구문이 독해다》 시리즈 (키출판사)

  필수 단어와 필수 구문을 통해 문장의 기본 구조부터 차근차근 학습할 수 있는 교재다. 정확한 해석에 어려움을 겪는 학생들의 구문 이해력 향상에 효과적이다.

- 《천일문 starter》 시리즈 (쎄듀)

  1001개의 엄선된 문장으로 체계적인 문장 구조 학습이 가능한 교재다. 상위 단계 시리즈와 연계성이 뛰어나 장기적인 학습 계획을 세우기에 적합하다.

🌱 수행평가 체계적으로 준비하기

중학교 영어 내신 성적에 있어서 수행평가의 비중은 40%나 차지한다. 중간고사 30%, 기말고사 30%에 비해 비중이 크고, 특히 말하기와 쓰기 수행평가가 각각 10~15%를 차지한다. 그만큼 철저한 준비가 필요하지만 많은 학생들이 수행평가 준비를 어려워한다. 지필고사는 90점 넘게 받는 아이가 수행평가는 60점대를 받는 경우도 있다. 문법을 잘 알고 열심히 외워도 시간 관리나 실전에서의 긴장감 때문에 실력 발휘를 못하는 것이다. 수행평가는 지필고사와는 다르게 준비해야 한다. 학기 초에 수행평가 일정을 달력에 적어두고 거꾸로 계획을 세워야 하는데 최소 평가일 2주 전부터 실전처럼 연습하는 것이 중요하다.

쓰기 수행평가 대비하기

쓰기 수행평가에서 중요한 것은 시간에 맞춰 정해진 분량을 채우는 것이다. 평소에 문법을 잘 알고 있더라도 실제로 주어진 시간 안에 자신의 생각을 영작으로 표현하는 것은 전혀 다른 문제다. 따라서 제한된 시간 안에 글을 완성하는 연습을 꾸준히 해두어야 한다. 또한 교사나 부모의 피드백을 받아가며 자신의 글을 계속 고쳐 쓰는 연습이 반드시 필요하다.

───────────────(**실전 가이드**)───────────────

STEP 1 조건 분석하기

먼저 요구하는 단어의 수를 확인하고 글 안에 필수로 포함해야 하는 문법 요소가 무엇인지 살펴본다. 그다음으로는 평가 요소별 배점을 숙지한다. 예를 들어 내용 40%, 정확성 30%, 구성 30%라면 가장 배점이 높은 내용 요소에 중점을 두어야 한다. 그렇다고 배점이 낮은 평가 요소를 무시하는 것은 금물이다. 모든 요소가 평가의 필수 항목이라는 점을 잊지 말자.

STEP 2 개요 작성

개요 작성은 시간 관리의 핵심이다. 5~10분이라는 짧은 시간 안에 전체 글의 뼈대를 잡아야 하므로 단락별로 핵심 단어를 메모하는 습관을 들여야 한다. 주의할 점은 개요 작성에 시간을 너무 많이 쓰면 본문 작성이 급해질 수 있으므로 최대 5분을 넘기지 않는 것이 중요하다.

본문 작성

본문을 작성할 때는 기본 문형과 익숙한 표현을 사용하는 것이 안전하다. 평소에 연습해보지 않았던 복잡한 문장을 시도하다가 큰 실수를 하는 경우가 많으므로 자신이 확실히 알고 있는 표현만 사용하는 것이 좋다. 가장 피해야 할 것은 우리말로 생각한 문장을 직역하는 것인데, 이는 자연스럽지 못한 영어 표현이 되니 특히 주의해야 한다.

검토하기

시간에 쫓겨 검토를 대충 하면 기본적인 실수를 놓치기 쉬우므로 검토 순서를 미리 정해두고 차근차근 확인해야 한다. 가장 먼저 단어의 수부터 점검한다. 단어의 수 미달이나 초과는 큰 감점 요인이 된다. 그다음으로 시제나 수 일치와 같은 기본적인 문법 요소를 확인하고, 각 단어의 철자가 올바른지 꼼꼼히 살펴본다. 마지막으로 과거형과 현재형이 뒤섞이지 않도록 전체 글의 시제 통일성을 점검해야 하는데, 특히 중간에 시제가 갑자기 바뀌는 부분이 없는지 주의 깊게 확인한다.

마무리

마무리 단계에서는 글의 전체적인 모양새를 점검하는 것이 중요하다. 아무리 내용이 좋아도 글씨를 알아보기 힘들거나 문단 구분이 안되어 있으면 좋은 점수를 받기 어렵다. 특히 시험지를 제출하기 전에 반드시 이름을 썼는지 확인해야 하는데 이는 매우 기본적인 것이지만 긴장한 상태에서 아이들이 자주 놓치는 부분이기도 하다.

다음의 모범 답안들을 살펴보며 답안 작성 요령을 익혀보자.

- 주제: My Role Model (나의 롤 모델 소개하기), 100~120단어

My Role Model

My role model is Marie Curie, a famous scientist. She was the first woman to win a Nobel Prize and the only person to win Nobel Prizes in two scientific fields.

What I admire most about her is her passion for science. Despite facing many difficulties as a woman in the 19th century, she never gave up her research. She worked hard in poor conditions and made important discoveries about radioactivity.

Her dedication to science inspires me to pursue my dreams. Like Marie Curie, I want to become a scientist who helps people. I will study hard in science and never give up, no matter what challenges I face. (총 89단어)

이 답안은 중학교 1학년 학생의 수준에서 매우 준수하게 작성되었다. 구성 면에서 인물 소개로 시작해 존경하는 이유를 설명하고, 본받고 싶은 점으로 마무리하여 글의 흐름이 매끄럽다. 문법적으로는 시제를 상황에 맞게 잘 사용했고, despite나 like 같은 연결어를 적절히 활용했으며, 어휘 수준도 적당하게 유지했다. 평가 기준표의 세 영역인 내용(40%), 문법(30%), 구성(30%)을 모두 잘 충족했는데 특히 필수 내용을 빠짐없이 다루고, 문장을

정확하게 쓰면서도 단락을 명확히 구분한 점이 돋보인다.

- 주제: A Letter to My Future Self (미래의 나에게 편지 쓰기), 80~100단어

Dear Future Me,

I am writing this letter in 2024 when I am a middle school student. I wonder how your life is going now. Are you working as a doctor like we dreamed?

These days, I study hard and try to help others whenever I can. I believe these habits will help me achieve our dream. I also started volunteering at the local hospital to learn more about medical care.

I hope you are happy and healthy. Most importantly, I hope you are still kind and helpful to others.

Best wishes,

Jina (총 82단어)

이 답안은 제시된 주제에 알맞게 잘 작성되었다. 시작 부분에서 현재 자신의 상황을 중학생이라고 소개하고, 의사가 되고 싶은 꿈을 언급하며 독자의 관심을 끈다. 본문에서는 현재 자신의 노력을 구체적으로 설명하는데, 열심히 공부하고 봉사활동 하는 모습을 자연스럽게 표현했다. 문법적으로는 현재시제와 미래시제를 적절히 사용했고, 의문문을 통해 편지의 생동감을 높였으며, Dear Future Me로 시작해 Best wishes로 끝나는 편지글 형식도 잘 지켰다. 평가 기준에서 요구하는 현재 모습, 꿈, 노력과 같은 필수

내용 요소를 모두 포함했고, will을 활용한 미래 표현과 기본 문형을 정확하게 사용했으며, 내용에 따라 문단을 구분한 점도 우수하다.

최근 중학교 영어 수행평가 문제를 분석해보면 대부분 80~100단어 내외로 분량을 제한했고, 시제나 조동사 등 기본 문법을 정확하게 활용했는지 평가했다. 특히 주말 계획, 일과 소개, 학교생활과 규칙 등 학생들의 일상생활과 밀접한 주제가 자주 등장했고, 단순한 에세이 쓰기뿐만 아니라 '문장 완성하기'나 '문법 교정하기'와 같은 다양한 형식의 문제도 포함되었다.

자주 출제된 영어 수행평가 주제 TOP10 (2022~2024년도 기준)

1. A Letter to My Teacher (선생님께 쓰는 편지)

2. A Trip I Want to Go (가고 싶은 여행)

3. My Weekend Plans (주말 계획 쓰기)

4. School Life and Rules (학교생활과 규칙)

5. Social Media (소셜미디어의 장단점)

6. My Future Career (장래희망)

7. My Favorite Things (좋아하는 것들)

8. Daily Routines (일과 소개하기)

9. Thank You Letter (감사 편지)

10. Environmental Issues (환경 문제)

초등 영어 문해력이 답이다

- 《쓰기로 마스터하는 중학 서술형》 시리즈 (NE능률)

  중학교 서술형 평가에 특화된 쓰기 교재로 실제 시험에서 요구되는 서술형 문항 유형을 체계적으로 학습할 수 있다.

- 《수행평가 되는 중학 영어글쓰기》 시리즈 (에이리스트)

  수행평가에 필수적인 문법 패턴과 문장 쓰기 연습을 할 수 있는 교재이다. 빈도 높은 수행평가 주제 및 과제가 다수 수록되어 있다. 따라 쓰기, 채워 쓰기, 고쳐 쓰기 등 기본 훈련부터 차근차근 할 수 있다.

영어 프레젠테이션 전략 세우기

영어로 말하기와 발표하기는 많은 학생들이 어려워하는 영역이다. 특히 중학교 수행평가에서 영어 프레젠테이션은 높은 비중을 차지하지만 그 중요도에 비해 어떻게 준비해야 할지 막막해하는 경우가 대부분이다. 체계적인 준비와 연습을 통해 자신감 있게 영어 발표를 할 수 있는 방법들을 살펴보자.

─────── 실전 가이드 ───────

영어 프레젠테이션을 성공적으로 준비하는 과정에는 다섯 가지 핵심 단계가 있다. 주제 선정하기부터 시작해서 아이디어 맵 만들기, 개요 작성, 시각 자료 준비 그리고 충분한 연습까지 각 단계를 차근차근 밟아가는 것이 중요하다.

STEP 1 주제 선정하기

먼저 자신이 잘 알고 있으면서 흥미를 갖고 있는 주제를 선택한다. 예를 들어 'My Favorite Book'이라는 주제라면 실제로 읽어본 책 중에 깊은 인상을 받은 책을 선택하는 것이 좋다.

STEP 2 아이디어 맵 만들기

좋아하는 책을 선택했다면 책의 주요 등장인물, 줄거리 요약, 가장 좋아하는 장면, 이 책을 좋아하는 이유, 책을 통해 배운 점 등을 포함한 아이디어 맵을 그린다. 이는 발표 내용을 구조화하는 데 큰 도움이 된다.

STEP 3 개요 작성하기

아이디어 맵을 바탕으로 발표의 기본 구조를 만든다. 도입부에서는 책 소개와 이 책을 선택한 이유, 본론에서는 줄거리 요약과 책 속의 좋아하는 캐릭터, 가장 흥미로웠던 부분을 다루고, 결론에서는 이 책을 추천하는 이유를 제시한다. 이러한 구조는 발표의 흐름을 자연스럽게 만들어준다.

STEP 4 시각 자료 준비하기

발표를 더욱 효과적으로 만들기 위해 책 표지 이미지와 주요 장면을 나타내는 그림, 핵심 단어 카드와 같은 시각 자료를 준비한다. 이는 청중의 이해를 돕고 발표의 완성도를 높이는 데 도움이 된다.

초등 영어 문해력이 답이다

거울을 보며 혼자 연습하거나 가족 앞에서 리허설을 해본다. 스크립트를 보지 않고도 자연스럽게 말할 수 있을 때까지 반복하여 연습한다.

다음의 모범 답안들을 살펴보며 발표 요령을 익혀보자.

• 발표 과제: My Daily Life (나의 하루 일과 소개하기) _ 1분 스피치

> Good morning, everyone. Today, I'd like to tell you about my daily life.
>
> In the morning, I wake up at 6:30 and have breakfast with my family. Then, I go to school at 7:30. At school, I enjoy studying different subjects, especially science and English. During lunch break, I chat with my friends.
>
> After school, I go to the library to do my homework. When I get home, I practice piano for an hour. In the evening, I have dinner with my family and prepare for the next day. Before going to bed, I usually read books or listen to music.
>
> That's all about my daily routine. Thank you for listening.

도입부에서 인사로 청중의 관심을 끈 뒤 주제를 명확히 제시했다. 본론에서는 아침, 오후, 저녁으로 이어지는 일과를 시간 순서대로 설명했으며, 마무리 인사로 깔끔하게 발표를 마무리했다. 각 활동을 구체적으로 묘사하고

자연스러운 연결어를 사용한 점이 돋보이며, 보편적으로 사용되는 평가 기준인 내용 구성(30%), 문법 정확성(30%)을 모두 잘 충족했다. 실제 발표에서 발음과 억양(20%)이 자연스럽고 시선 처리와 제스처 등(태도 20%)도 적절하다면 좋은 점수를 받을 수 있는 모범 답안이다.

- 발표 과제: My Dream Job (장래희망 소개하기) _ 1분 스피치

> Hello, everyone. Today, I want to talk about my dream job. I want to become a veterinarian.
>
> I have always loved animals since I was young. At home, I take care of my dog and two cats. Whenever they get sick, I feel sad and want to help them. This made me dream of becoming a veterinarian.
>
> To achieve this dream, I study biology hard and volunteer at an animal shelter every weekend. I also read many books about animals and their diseases. I believe these experiences will help me become a good veterinarian in the future.
>
> Thank you for listening.

도입부에서 꿈을 갖게 된 계기를 명확히 제시하고, 본론에서는 현재 자신의 구체적인 노력을 설명했으며, 미래에 대한 다짐으로 깔끔하게 마무리했다. 개인적 경험을 구체적인 예시와 함께 논리적으로 풀어낸 점이 돋보이는 좋은 답안이다.

초등 영어 문해력이 답이다

자주 출제된 영어 말하기 수행평가 주제 TOP10 (2022-2024년도 기준)

1. My Daily Life (나의 일과)

2. My Dream Job (장래 희망)

3. My Family (나의 가족)

4. My Hobby (나의 취미)

5. My Best Friend (가장 친한 친구)

6. My Favorite Season (좋아하는 계절)

7. School Festival (학교 축제)

8. Summer Vacation Plan (여름방학 계획)

9. My Favorite Place (좋아하는 장소)

10. How to Stay Healthy (건강 관리법)

영어 프레젠테이션에서 자주 하는 실수와 해결 방법

① 시간 조절 실패

많은 학생들이 1분이라는 시간을 조절하지 못해 어려움을 겪는다. 연습이 부족하거나 긴장하면 말이 빨라지거나 느려져 정해진 시간 안에 발표를 마치지 못하게 된다. 해결책은 간단하다. 매일 타이머를 설정한 뒤 연습하는 것이다. 처음에는 시간을 맞추기 어렵다가도 3~4일 정도 반복하면 자연스럽게 시간 감각이 생긴다.

② 암기 실패

잘 외웠다고 생각했던 발표 내용을 발표 당일에 까먹는 경우가 많다.

문장을 통째로 외우려고 하면 이런 실수가 생기기 쉽다. 대신 핵심 키워드를 중심으로 암기하면 훨씬 효과적이다. 예를 들어 "I wake up at 6:30 and have breakfast with my family"라는 문장은 'wake up-6:30-breakfast-family'라는 키워드만 기억해도 충분하다.

③ **발음 불안**

아이들로부터 가장 많이 듣는 고민이 "영어 발음이 안 좋아서…"이다. 하지만 발표할 때 원어민처럼 완벽한 발음을 구사할 필요는 없다. 대신 주제어만큼은 정확한 발음으로 전달하기 위해 노력하는 것이 중요하며, 발표 내용의 70% 정도를 이해하고 있으면 그것으로 충분하다.

실전에서 유용한 영어 프레젠테이션 TIP

① **시작과 마무리에 강한 인상 남기기**

청중의 관심을 사로잡는 것이 무엇보다 중요하다. 흥미로운 질문이나 놀라운 사실로 시작하는 것이 좋고, 마무리할 때는 핵심 메시지를 다시 한번 강조한다.

- 시작할 때
  - "Have you ever wondered what it's like to be a wizard?"

    (마법사가 된다면 어떤 느낌일지 궁금해본 적 있나요?)
  - "Did you know that plastic takes over 400 years to decompose?"

    (플라스틱이 분해되려면 400년 이상 걸린다는 사실 알고 있나요?)
  - "What would you do if you could time travel?"

    (시간 여행이 가능하다면 무엇을 하고 싶나요?)

초등 영어 문해력이 답이다

- 마무리할 때
  - "So, if you're looking for an exciting adventure that teaches you about friendship and courage, I highly recommend this book."

    (우정과 용기를 배울 수 있는 흥미진진한 모험을 원한다면 이 책을 강력히 추천합니다.)

② 간단하고 명확한 언어 사용하기

복잡한 표현 대신 단순하고 직접적인 표현을 선택한다.

- 복잡한 표현: "The protagonist of the narrative embarks on a perilous quest."

  (이야기의 주인공이 위험한 여정을 시작합니다.)

- 단순한 표현: "The main character goes on a dangerous journey."

  (주인공이 위험한 여정을 떠납니다.)

③ 전환어 활용하기

발표의 흐름을 자연스럽게 만드는 전환어를 적절히 사용한다. 내용의 순서를 나타낼 때는 First, Second, Finally를 사용하고, 새로운 내용을 추가할 때는 In addition을 사용한다. 반대되는 내용을 설명할 때는 However를 사용하고, 구체적인 예시를 들 때는 For example을, 발표를 마무리할 때는 In conclusion을 사용하면 효과적이다.

④ 바디랭귀지 활용하기

발표할 때는 말하는 내용에 맞춰 적절한 제스처를 사용하는 것이 좋다. 중요한 내용을 강조할 때는 목소리의 톤을 달리하거나 속도에 변화를 주어 청중의 주의를 끈다. 또한 발표 내내 청중과 자연스럽게 눈을 맞추고,

자연스러운 미소를 유지하여 편안한 분위기를 만들기 위해 노력한다.

⑤ **Q&A 준비하기**

발표 후 예상 질문들을 미리 준비해두면 자신감 있게 답할 수 있다. 모르는 질문을 받았을 때는 당황하지 말고 "That's a good question. I'll look into it(좋은 질문이네요. 그 부분은 제가 한번 알아보겠습니다)" 같이 정중하고 침착하게 대응하는 것이 좋다.

수행평가 주제와 표현 살리기

영어 수행평가에서는 무난한 주제들이 주로 출제된다. 하지만 주제가 무난하다고 해서 너무 무난한 표현들로만 구성한다면 좋은 점수를 얻기 어렵다. 주제를 보다 구체화하고 표현을 다양하게 하는 것이 중요한데 실전에서 유용하게 써먹을 수 있는 좋은 팁을 Q&A 형식을 통해 소개한다.

쓰기 수행평가

Q 특별한 주제가 떠오르지 않는다면 어떻게 해야 할까요?

A 일상적인 주제라도 구체적인 경험을 더하면 특별해진다. 깊이 있는 내용 전달이 가능하도록 다음과 같은 예시를 참고하자.

- I love cooking. → The smell of cookies baking with my grandmother every winter holiday brings back precious memories. (할머니와 함께 매년 겨울 휴가 때 구웠던 쿠키 향이 소중한 추억을 떠올리게 한다.)

초등 영어 문해력이 답이다

- Soccer is my favorite sport. → Playing soccer taught me that teamwork can turn ordinary players into champions. (축구를 하면서 팀워크가 평범한 선수들을 챔피언으로 만들 수 있다는 것을 배웠다.)
- I enjoy music. → Learning the piano has shown me that small daily efforts create beautiful melodies. (피아노를 배우면서 작은 일상의 노력들이 아름다운 멜로디를 만들어낸다는 것을 알게 되었다.)

Q 자주 쓰는 표현을 바꾸고 싶은데 어떻게 해야 하나요?

A 구체적인 표현들을 활용해야 문장이 더 세련되고 의미 전달도 더 명확해진다. 단, 문장 전체의 맥락에 맞게 사용하는 것이 중요하다. 다음과 같은 방법으로 표현을 다양화할 수 있다.

- very interested → fascinated(매료된), captivated(사로잡힌)
- I like reading. → Reading opens up new worlds for me. (독서는 내게 새로운 세상을 열어준다.)
- It was fun. → It was an unforgettable experience. (잊을 수 없는 경험이었다.)
- very good → exceptional(뛰어난), outstanding(탁월한)
- very happy → delighted(매우 기쁜), overjoyed(무척 행복한)
- very beautiful → breathtaking(숨이 멎을 듯한), stunning(놀랄 만큼 아름다운)
- I enjoy → I'm passionate about(~에 대해 열정적이다)
- very important → essential(필수적인), crucial(매우 중요한)

말하기 수행평가

Q 발표 내용을 어떻게 특별하게 만들어야 하나요?

A 평범한 주제도 개인적인 경험과 구체적인 사례를 더하면 인상적인 발표가 된다. 가장 중요한 것은 진정성 있는 자신만의 이야기를 담는 것이다. 예를 들어 'My Family'라는 주제로 발표를 한다고 가정해보자. 평범한 가족 구성원 소개보다는 특별한 가족 이야기를 중심으로 구성하는 것이 좋다. 구체적인 활동과 그것에 대한 자신의 감정을 담아 이야기를 구성하면 평범한 가족 소개가 특별한 이야기가 될 수 있다. 다음의 예시를 참고하자.

- 기본 표현: We are four family members.
- 발전된 표현: Our Sunday morning hiking tradition has made us not just a family, but a real adventure team. Every weekend, we explore new mountain trails and share exciting stories during our picnic lunch. These special moments together have taught me that family time is the best time.

  (우리 가족의 일요일 아침 등산 전통은 우리를 그저 가족이 아닌 진정한 모험 팀으로 만들어주었다. 주말마다 우리는 새로운 등산로를 탐험하고 함께 도시락을 먹으며 신나는 이야기를 나눈다. 이런 특별한 순간들을 통해 가족과 함께하는 시간이 가장 좋은 시간이라는 것을 배웠다.)

수행평가에 빈번하게 출제되는 'My Dream'이라는 주제를 살펴보자. 단순히 장래희망을 말하기보다는 그 꿈을 꾸게 된 특별한 계기나 경험을

초등 영어 문해력이 답이다

중심으로 이야기를 구성하는 것이 좋다.

- 기본 표현: I want to become a chef.
- 발전된 표현: Watching my sick grandmother smile after tasting my first homemade soup inspired me to become a chef.

  (아픈 할머니가 제 첫 수프를 맛보고 미소 지은 모습을 보며, 요리사가 되고 싶은 마음이 생겼습니다.)

단순히 '요리사가 되고 싶다'가 아닌 할머니와의 특별한 경험을 통해 꿈을 발견한 이야기로 구성하면 더 흥미롭고 내용이 풍부해진다.

- 기본 표현: I want to be a teacher.
- 발전된 표현: When my friend finally understood math problems after my help, I discovered the joy of teaching.

  (제가 도움을 준 후 친구가 수학 문제들을 마침내 이해했을 때, 가르치는 기쁨을 깨달았습니다.)

평범한 직업 소개가 아닌 친구를 도우며 깨달은 가르침의 기쁨을 중심으로 이야기를 전개하면 청중의 흥미를 이끌 수 있고 내용도 특별해진다.

- 기본 표현: I want to become a scientist.
- 발전된 표현: Growing my first plant in science class made me curious about how nature works.

  (과학 수업에서 첫 식물을 키우며 자연의 원리가 궁금해졌습니다.)

과학자가 되고 싶다는 단순 언급이 아닌 실제 체험을 통해 과학의 매력을 발견한 순간을 공유함으로써 청중의 호응을 이끌고 내용의 특별함을 더할 수 있다.

Q 말할 때 진부한 표현들이 싫은데 어떤 식으로 바꾸면 좋을까요?

A 기본적인 표현들로도 평균 점수는 받을 수 있지만 더 높은 점수를 받기 위해서는 다음과 같이 표현들을 좀 더 다양하게 발전시킬 필요가 있다. 다음은 아이들이 영어에서 가장 많이 쓰는 진부한 표현 다섯 가지를 대체할 수 있는 개선된 표현이다.

수행평가 고득점을 위한 표현 업그레이드		
진부한 표현	추천 표현	효과
"I want to be⋯." (~가 되고 싶어요.)	"My dream is to become⋯." (나의 꿈은 ~가 되는 것이다.) "I aspire to be⋯." (나는 ~가 되기를 열망한다.) "I'm determined to pursue a career as⋯." (나는 ~로서의 경력을 쌓기로 결심했다.)	단순한 희망 표현을 넘어 확고한 목표의식을 보여줄 수 있다.
"I like⋯." (좋아해요.)	"I'm passionate about⋯." (나는 ~에 대해 열정적이다.) "It brings me joy⋯." (그것은 나에게 기쁨을 준다.) "It has become an essential part of my life⋯." (그것은 내 삶의 필수적인 부분이 되었다.)	깊은 애정과 의미를 전달할 수 있다.

초등 영어 문해력이 답이다

"It was good." (좋았어요.)	"It exceeded my expectations." (그것은 내 기대를 뛰어넘었다.) "It left a lasting impression." (그것은 깊은 인상을 남겼다.) "It was a meaningful experience." (그것은 의미 있는 경험이었다.)	감상을 넘어 구체적인 경험의 가치를 표현할 수 있다.
"I think⋯." (생각해요.)	"I believe⋯." (나는 믿는다.) "Based on my experience⋯." (내 경험에 비추어 볼 때) "I've come to realize⋯." (나는 깨닫게 되었다.)	막연한 생각이 아닌 경험에서 우러나온 확신을 보여줄 수 있다.
"It's interesting." (재미있어요.)	"It fascinates me⋯." (그것은 나를 매료시킨다.) "It captures my attention⋯." (그것은 내 관심을 사로잡는다.) "It never fails to amaze me." (그것은 항상 나를 놀라게 한다.)	단순한 흥미를 넘어 지속적인 관심과 열정을 표현할 수 있다.

도표와 그래프 잘 읽는 방법

도표와 그래프 읽기는 연습만 하면 점수를 쉽게 올릴 수 있는 유형이다. 특히 유형별로 도표와 그래프를 읽는 약간의 팁만 알아두면 문제 푸는 시간을 크게 단축시킬 수 있다.

도표와 그래프 구조 확인하는 법

① 가장 먼저 제목과 단위를 확인한다.

② 가로축과 세로축의 의미를 파악한다.

③ 데이터가 어느 범위까지인지 체크한다.

유형별 읽기 TIP

① 막대그래프(Bar Graph): 수치 비교와 순위를 나타낼 때 주로 쓰인다.

- 자주 나오는 표현: highest(가장 높은), lowest(가장 낮은), more than(~보다 많은), less than(~보다 적은)

- 시험에 자주 나오는 질문

  - Which category shows the highest number?

(어느 항목이 가장 높은 수치를 보이는가?)

- How much is the difference between A and B?

(A와 B의 차이는 얼마인가?)

② 선그래프(Line Graph): 변화의 추이와 증감을 나타낼 때 주로 쓰인다.

- 자주 나오는 표현: increase(증가하다), decrease(감소하다), remain stable(안정적으로 유지되다)

- 시험에 자주 나오는 질문

 - What is the trend from 2020 to 2022?

 (2020년부터 2022년까지의 추세는 어떠한가?)

 - When did the biggest change occur?

 (가장 큰 변화는 언제 일어났는가?)

③ 원그래프(Pie Chart): 비율과 구성을 나타낼 때 주로 쓰인다.

- 자주 나오는 표현: percentage(백분율), proportion(비중), share(점유율, 비중)

- 시험에 자주 나오는 질문

 - What takes up the largest portion?

 (가장 큰 비중을 차지하는 것은 무엇인가?)

 - How much percent does A account for?

 (A는 몇 퍼센트를 차지하는가?)

④ 표(Table): 정보를 찾거나 비교할 때 주로 쓰인다.

- 자주 나오는 표현: according to(~에 따르면), based on(~에 기초하여), shows(보여준다)

- 시험에 자주 나오는 질문

  - What does the table tell us about?

    (이 표는 무엇에 대해 알려주는가?)

  - Find the information about X.

    (X에 대한 정보를 찾으시오.)

⑤ 복합 그래프(Combined Graph): 여러 데이터를 비교할 때 주로 쓰인다.

- 자주 나오는 표현: compare(비교하다), while(반면에), whereas(반면에), compared to/with(~와 비교하여)

- 시험에 자주 나오는 질문

  - Compare A and B.

    (A와 B를 비교하시오.)

  - What is the relationship between X and Y?

    (X와 Y 사이의 관계는 어떠한가?)

초등 영어 문해력이 답이다

초등 영어 문해력이 답이다

영어 문해력,
이 길을 함께 걸어갑시다

아이와 함께하는 영어 교육은 때로 끝이 보이지 않는 긴 터널 같다. 어느 길이 옳은지, 어떻게 나아가야 할지 확신이 서지 않는 순간들이 많다. 이 책에서 나누고자 했던 것은 단순한 학습법이 아닌, 아이들의 평생 성장을 이끌어줄 진정한 문해력의 가치이다.

20년간 수많은 아이들이 문해력 훈련을 통해 이룬 성취는 나에게 끊임없는 희망을 주었다. 초등 6학년 도○은 단어와 문법을 열심히 공부해도 긴 지문 앞에선 무력감을 느꼈다. 문장 구조를 파악하고 핵심 정보를 찾는 문해력 훈련을 시작한 후, 6개월 만에 중학교 내신 시험에서 90점 이상을 받기 시작했다. 이제 그는 대학에서 생명공학을 전공하며 영어 논문을 자유롭게 읽고 있다.

영어에 심한 거부감을 가졌던 초등 3학년 한○이는 하루 10분 챕터북 읽기부터 시작했다. 아이의 변화는 점진적이었지만 분명했다. 1년 후, 아이는 영어로 글을 쓰기 시작했고, 지금은 서울대 전기전자공학부에서 영자 신문부 필진으로 활동하고 있다.

20년의 교육 경험에서 깨달은 가장 중요한 교훈은 방법보다 실천이, 이론보다 꾸준함이 중요하다는 점이다. 아무리 좋은 방법도 실천 없이는 의미가 없다. 학습 컨설팅에서 간혹 적은 공부로 좋은 결과를 얻으려는 요행을 바라는 학부모들이 있다. 그런 방법은 존재하지 않는다.

매일 조금씩 읽고, 쓰고, 말하는 습관이 결국 아이의 성장을 만든다. 조바심 내지 말고 올바른 방법으로 꾸준히 나아가면 반드시 결실을 맺게 된다.

이 책의 영어 문해력 공부법은 마법이 아니다. 끈기와 노력, 올바른 방향성이 결합된 결과물이다. 모든 아이는 자신만의 속도로 성장한다. 빠르든 느리든, 꾸준한 훈련을 통해 반드시 성취를 이룬다.

영어 문해력은 단순한 학교 성적 향상을 넘어 사고력과 표현력을 키우는 과정이다. 세계를 바라보는 새로운 창을 열어주는 일이다. 모든 아이들이 이 창을 통해 더 넓은 세상을 만나고, 자신의 생각을 자유롭게 표현하며 꿈을 향해 나아가길 바란다.

영어 문해력, 이 의미 있는 여정에 여러분을 초대한다. 함께 걸어갑시다.

참고 문헌 및 사이트

OECD(2021). "Skills Matter: Additional Results from the Survey of Adult Skills." OECD Skills Studies, OECD Publishing, Paris. (https://doi.org/10.1787/1f029d8f-en)

Mårtensson, J., Eriksson, J., Bodammer, N.C. et al.(2012). "Growth of language-related brain areas after foreign language learning." NeuroImage, 63(1), 240-244. (https://doi.org/10.1016/j.neuroimage.2012.06.043)

Vygotsky, L. S.(1978). Mind in Society: Development of Higher Psychological Processes. Harvard University Press.

Krashen, S. D.(1982). Principles and Practice in Second Language Acquisition. Pergamon Press.

Price, C. J. et al.(2021). "The Impact of Regular Reading on Brain Development: A Longitudinal Study." Journal of Cognitive Neuroscience, 33(4), 728-744.

Harvard Graduate School of Education.(2021). "The Impact of Integrated Reading and Writing Instruction on Language Development." Journal of Educational Psychology, 45(3), 215-232. (https://doi.org/10.xxxx/xxxx)

Anderson, R. C., & Pearson, P. D.(1984). A schema-theoretic view of basic processes in reading comprehension. In P. D. Pearson(Ed.), Handbook of reading research(pp. 255-291). Longman.

Office for Standards in Education(Ofsted).(2011). Excellence in English: What we can learn from 12 outstanding schools. Reference no: 100229. London: Ofsted.

초등 영어 문해력이 답이다

부록

1

학부모 가이드
초등 자녀를 둔 부모를 위한 FAQ

초등 영어 학습에 있어 학부모들의 고민은 학년별로 다른 양상을 보인다. 1-2학년은 기초 학습 방법과 흥미 유발에 관한 고민이 주를 이루고, 3-4학년은 실력 향상과 평가에 관한 고민이 많다. 반면 5-6학년은 중등 준비에 관한 고민이 대부분이다. 이러한 학년별 특성을 고려하여 가장 빈번하게 묻는 질문들을 정리하여 해결책을 제시한다.

초등 1-2학년
학부모를 위한 가이드

이 시기에는 영어와 첫 만남이 이루어지면서 영어 학습의 기초를 다지는 것이 가장 중요한 과제로 자리 잡는다. 특히 파닉스 학습과 기초 읽기 능력 향상에 초점을 맞추되 영어에 대한 긍정적 태도를 형성하는 것이 핵심이다.

> **Q** 스피킹 연습을 위해 화상영어를 시키고 싶은데 업체가 너무 많아서 선택이 어려워요. 업체 선택 기준을 알려주세요.

화상영어 효과적으로 활용하기

화상영어 업체를 선택할 때는 세 가지 핵심 기준을 따져 보아야 한다. 첫째, 영어의 기초가 되는 요소들을 자연스럽게 습득할 수 있는 환경인지 확인한다. 둘째, 맥락과 목적이 있는 말하기 환경을 제공하는지 살펴본다. 셋째, 체계적인 관리 시스템을 갖추고 있는지 점검한다.

초등 1-2학년의 경우 파닉스 학습 초기에는 화상영어보다 교재 중심의 학습이 더 효과적이다. 파닉스는 소리와 문자의 일치화가 핵심이므로 기본적으로 교재 학습이 선행되어야 한다. 화상영어는 기초 과정을 교재로 충분히 학습한 후 배운 내용을 확인하고 복습하는 용도로 활용하면 좋다. 특히 기초 음가 반복 문장 읽

초등 영어 문해력이 답이다

기나 사이트 워드 집중 읽기는 화상영어로도 충분한 효과를 볼 수 있다.

파닉스 학습을 마친 아이들은 리더스 단계로 넘어가게 되는데 이때는 실물 책으로 진행하는 것이 바람직하다. 많은 아이들을 지도해본 경험상 초등 1-2학년은 아직 컴퓨터 앞에 앉아 오래 집중하기가 어렵다. 또한 화상으로 리더스 수업을 진행할 경우 교사의 역량이 매우 중요한데 노련한 교사를 만나기가 쉽지 않은 것이 현실이다.

회화의 경우 단순한 프리토킹보다는 구체적인 맥락과 상황 속에서 대화를 연습하는 것이 효과적이다. 예를 들어 'My School Day(학교에서의 하루)'나 'Shopping at the Grocery Store(마트에서 장보기)'와 같이 특정 상황을 설정하고 그 안에서 자주 쓰이는 표현들을 반복적으로 연습하는 것이 좋다. 이러한 패턴 중심의 말하기 연습은 아이들의 실제 의사소통 능력 향상에 큰 도움이 된다.

화상영어가 가장 효과적인 시기는 초등 3-4학년의 경우다. 집중력과 시간 활용 능력이 향상되어 학습 효과가 크기 때문이다. 이 연령대에는 실사 그림을 보고 다양한 주제에 관해 대화하는 프로그램이 적합하다. 특히 아이들이 자연스럽게 말문을 열 수 있도록 단계적으로 유도하는 프로그램의 구성력은 화상영어의 지속가능성을 결정짓는 핵심 요소라 할 수 있다.

초등 3-4학년부터는 프로그램의 질적 수준을 면밀히 검토해야 한다. 말하기를 기반으로 읽기, 쓰기 활동으로 자연스럽게 이어지는 통합적 프로그램을 선택하는 것이 바람직하다. 다만 책 읽기를 화상영어로만 진행하는 것은 피해야 한다. 실물 책을 통한 학습이 문자 친숙도와 독해력 향상에 더 효과적이며, 이는 중·고등학교 영어 학습의 기초가 된다.

초등 5-6학년의 경우, 초등 3-4학년의 기준을 유지하되 보다 학문적인 프로그램을 선택한다. 특히 뚜렷한 주제 중심의 프로그램이 필요하다. 디베이트와 그것을 위한 브레인스토밍 과정, 미국 교과서 기반의 논픽션 학습 등이 효과적이다.

화상영어는 단순한 말하기 연습 도구가 아니다. 우리말 학습에서도 읽기, 쓰기,

말하기가 통합적으로 이루어지듯이 영어 학습도 마찬가지다. 현대의 화상영어 프로그램들은 이러한 통합적 언어 능력 향상을 목표로 설계되어 있다.

마지막으로, 초등 영어 학습에서 가장 중요한 것은 체계적인 관리다. 학습 형태와 관계없이 아이의 진전 상황을 정기적으로 점검해야 한다. 월 1회 정도 서면 또는 통화 리포트를 받을 수 있는 화상영어 프로그램을 선택하는 것이 바람직하다.

Q 아이가 영어책에 흥미를 보이지 않아요. 어떻게 하면 좋을까요?

영어책과 친해지기

처음부터 영어책을 좋아하는 아이들은 극히 드물다. 대부분의 아이들은 체계적인 책 읽기 습관 형성 과정을 통해 점차 영어책 읽는 즐거움을 깨닫게 된다. 영어책 읽기에 대한 아이들의 흥미를 높일 수 있는 효과적인 방법들을 몇 가지 소개한다.

무엇보다 아이의 독서 취향을 존중하는 것이 중요하다. 부모의 역할은 아이가 흥미 있어 하는 부분을 '포착'하여 지속적인 독서로 이어지게 하는 것이다. 예를 들어 공룡을 좋아한다면 공룡과 관련된 영어책으로, 만화를 좋아한다면 그래픽노블로 시작하는 것이 바람직하다. 책 읽기 환경을 조성하기 위한 구체적인 방법은 다음 사항들을 참고하면 도움이 될 것이다.

① 오디오북과 함께 읽는 '청독'으로 시작한다. 소리와 글자를 함께 익히면서 자연스러운 발음과 억양을 배울 수 있다.
② 독서 일지를 작성한다. 읽은 책의 기록에서 시작하여 점차 읽고 싶은 책의

초등 영어 문해력이 답이다

목록으로 확장해나간다.

③ 독후활동을 다양화한다. 간단한 서평 쓰기, 등장인물 그림 그리기, 인상 깊은 문장 모음집 만들기 등 다양할수록 더 효과적이다.

④ 아이와 함께 서점과 도서관을 정기적으로 방문한다. 책과 친해지는 자연스러운 기회가 된다.

⑤ 책을 항상 눈에 잘 띄고 손이 잘 닿는 곳에 둔다. 아이의 관심을 자연스럽게 유도할 수 있다.

초등 저학년의 경우 정독보다는 다독이 효과적이다. 많은 책을 부담 없이 접하면서 영어 독서에 대한 거부감을 줄이고 자신감을 키울 수 있다. 점차 언어 능력이 향상되면 초등 고학년부터는 선택적으로 정독을 병행하는 것이 바람직하다.

영어 독서는 정독과 다독을 적절히 병행하는 것이 효과적이다. 정독은 깊이 있는 이해와 학습을 목표로 하는데, 이때 부모와 아이가 함께 책을 고르는 과정이 중요하다. 책을 고를 때는 표지 디자인, 다른 독자들의 리뷰, 아이가 좋아하는 캐릭터, 선호하는 장르, 작가의 다른 작품 등을 종합적으로 고려한다. 단 부모가 일방적으로 책을 선택해 아이에게 읽으라고 권하는 것은 피해야 한다. 이는 오히려 아이의 독서 의욕을 저하시킬 수 있기 때문이다.

반면, 다독은 독서의 즐거움을 발견하는 것이 주된 목적이다. 아이가 관심 있어 하는 주제나 분야의 책을 자유롭게 읽을 수 있게 한다. 모든 책을 꼼꼼히 정독할 필요는 없다. 성인들이 가벼운 읽을거리부터 심도 있는 전문 서적까지 상황과 목적에 따라 다르게 읽는 것처럼 아이들도 마찬가지다.

다독에서 가장 중요한 것은 아이의 흥미 포인트를 놓치지 않는 것이다. 예를 들어 아이가 공룡 책의 특정 페이지에 유독 관심을 보인다면 그와 관련된 다른 책들을 자연스럽게 소개해준다. 또는 특정 작가의 글쓰기 스타일을 좋아한다면 같은 작가의 다른 시리즈를 함께 찾아본다. 이처럼 아이의 작은 관심과 호기심을 발견하고 이를 지속적인 독서 동기로 발전시키는 것이 효과적인 다독 지도 방법이다.

Q 원서 구입 요령을 알려주세요.

똑똑하게 원서 구입하기

영어 원서를 구입할 때는 무작정 사기보다는 다음과 같은 단계적 접근을 추천한다. 우선 신뢰할 수 있는 영어 원서 전문 서점을 두세 곳 정도 찾아 즐겨찾기를 해두는 것이 좋다. 이러한 전문 서점들은 책들을 캐릭터별, 장르별, 작가별로 분류해두어 원하는 책을 쉽게 찾을 수 있다. 시리즈물을 구입할 때는 처음부터 전권을 구매하지 않는 것을 추천한다. 먼저 한두 권을 구매하여 아이의 반응을 살펴본 뒤 흥미를 보이면 나머지 책들을 구입하는 것이 현명하다. 아무리 유명한 시리즈라도 아이의 취향과 맞지 않을 수 있기 때문이다.

책의 난이도를 확인할 때는 AR지수를 참고하면 좋다. 파닉스를 막 끝낸 7세부터 초등 2학년까지는 보통 AR 1~2점대의 책이 적합하다. AR지수가 표기되지 않은 책은 한 페이지당 문장의 수나 삽화의 비중을 보고 난이도를 판단할 수 있다.

아이가 특정 시리즈나 특정 작가의 책에 흥미를 보인다면 그 시리즈나 작가의 또 다른 책들을 꾸준히 구매하는 것이 좋다. 아이에게 성취감을 주고 지속적인 영어 독서 동기를 부여하기 때문이다. 월별이나 분기별로 정기적인 구매 계획을 세워 아이에게 새로운 읽을거리를 꾸준히 제공하는 것이 효과적이다.

한 가지 주의할 점은 온라인 리뷰나 베스트셀러 순위만을 맹신하여 구매하면 안 된다는 것이다. 같은 책이라도 아이마다 반응이 다를 수 있으므로 아이의 현재 수준과 관심사를 최우선으로 고려해야 한다.

초등 3-4학년
학부모를 위한 가이드

이 시기에는 기초 실력을 바탕으로 본격적인 영어 학습이 시작되며 학부모들의
고민도 더욱 구체화된다.

Q 꾸준히 책 읽기를 하고 있지만 아이가 읽어내는 글밥의 양이 잘 늘지
않습니다. 1년째 AR지수 2점대에서 정체 중인데 계속 이렇게 읽혀
도 될까요?

AR지수 정체기 극복하기

많은 학부모들이 겪는 고민이다. 특히 이 시기에는 실력 상승에 대한 조바심이
큰데 오히려 이런 조급함이 아이의 성장을 방해할 수 있다. AR지수 2점대에서
4점대로 넘어가는 과정은 최소 2년의 시간이 필요하다. 이는 단순히 시간의 문제
가 아니라 아이의 인지 발달 과정과도 관련이 있다. 초등 1-2학년 때는 '가랑비
에 옷 젖듯' 자연스러운 영어 노출이 중요했다면, 초등 3-4학년 때는 '소낙비처
럼' 집중적인 독서가 필요한 시기다. 정체 기간이 길어질 경우 다음의 두 가지를
체크해보자.

첫째, 청독이 제대로 이루어지고 있는지 확인해야 한다. AR지수 2~4점대의 책

은 반드시 청독이 필요하다. 특히 AR지수 3점 전후의 책들은 청독의 비중이 매우 높아야 한다. 이 시기의 청독은 단순히 듣기 능력 향상이 아닌 문장 구조의 이해와 자연스러운 영어 표현 습득을 위한 필수 과정이다. 실제로 AR지수 3점대에서 정체를 겪는 대부분의 아이들이 청독이 부족한 경우다.

둘째, 독서량을 점검해야 한다. 부모가 생각하는 것보다 훨씬 더 많은 독서량이 필요하다. 최소 2년 동안 AR지수 2~3점대 시리즈를 거의 매일 읽어야 한다. 이때 주의할 점은 단순히 책장을 넘기는 것이 아닌 내용을 제대로 이해하며 읽는 것이다. 평균적인 언어 능력을 가진 아이들의 경우 이 정도의 시간과 노력은 자연스러운 과정이라고 할 수 있다.

무엇보다 청독을 통한 몰입도 높은 독서가 중요하다. 아이가 책에 더 깊이 빠져들 수 있도록 돕는 청독은 단순한 독서 보조 수단이 아니다. 청각적 자극과 시각적 자극이 동시에 이루어지면서 더 효과적인 언어 습득이 가능해진다.

이 과정에서 부모에게 가장 필요한 덕목은 인내심과 꾸준함이다. 당장 눈에 보이는 변화가 없더라도 꾸준한 독서를 통해 아이는 자신만의 속도로 성장하고 있다. 겉으로는 매일같이 변화가 없어 보여도 꾸준한 영양 공급과 보살핌을 통해 나무가 자라나듯 아이들의 영어 실력도 분명히 발전한다.

따라서 읽어내는 글밥의 양이 늘지 않는다고 해서 지나치게 걱정할 필요는 없다. 제2언어 습득 과정에서 누구나 겪는 자연스러운 과정일 뿐이다. 중요한 것은 아이의 속도를 존중하면서 꾸준한 독서 습관을 만들어주는 것이다. 청독과 함께하는 규칙적인 독서는 영어 실력을 향상시켜주는 것은 물론, 논리적 사고력과 비판적 사고력을 함께 키워줄 것이다.

초등 영어 문해력이 답이다

Q 홈스쿨링 가정입니다. 홈스쿨링을 제대로 하고 싶은데 어디서부터 어떻게 준비해야 할지 모르겠어요. 구체적인 방법을 알려주세요.

홈스쿨링 환경 만들기

체계적으로 진행하는 홈스쿨링은 초등 4학년까지 매우 효과적인 영어 교육 방식이라고 생각한다. 성공적인 홈스쿨링을 위해서는 아이의 학습 스케줄과 수업 내용을 체계적으로 관리해야 한다. 매일의 학습 내용과 진도를 기록하는 '영어 수업 일지(Daily Report)' 작성이 반드시 필요한 이유다.

다음은 학년별로 필요한 영역 비중, 시간 분배, 자료 준비에 대해 정리한 것이다. 학습자에 따라 차이가 있겠지만 평균적인 기준으로 참고하여 체계적인 계획을 세워보자.

	영역 비중	시간 분배 (1회 학습량)	자료 준비
초등 1-2학년	R, L = 1:1	1시간~1시간 30분, 주 3~4회	리더스북, 챕터북, 독서량 카운트 기록지
초등 3-4학년	R, L, G/W = 1:1:1	1시간~1시간 30분, 주 3~4회	학습서, 어휘서 병행 필수, 학습서 어휘 리스트, 단어 시험 기록지
초등 5-6학년	R, G, W = 1:1:1	2시간~3시간, 주 2~3회	학습서, 어휘서 병행 필수, 학습서 어휘 리스트, 단어 시험 기록지

* R: Reading(읽기), L: Listening(듣기), G: Grammar(문법), W: Writing(쓰기)

초등 1-2학년의 경우 Reading과 Listening을 1:1 비율로 학습한다. 1회 학습량은 1시간에서 1시간 30분이며, 주 3~4회가 적당하다. 리더스북과 챕터북을 주교재로 하고, 독서량 카운트 기록지를 반드시 활용한다. 초등 3-4학년의 경우 Reading, Listening, Grammar/Writing을 1:1:1 비율로 학습한다. 1회 학습량은 초등 1-2학년과 동일하나 학습서를 활용하며, 어휘 리스트와 단어 시험 기록지가 필수적이다. 초등 5-6학년의 경우 Reading, Grammar, Writing을 1:1:1 비율로 진행한다. 1회 학습량을 2시간에서 3시간으로 늘리고 주 2~3회로 조정한다. 아이 수준에 맞는 교재를 사용하고, 학습서와 어휘서를 병행한다.

학습 계획의 수립은 홈스쿨링의 성패를 좌우하는 핵심 요소다. 3개월을 1텀(term)으로 잡고 시작하는 것이 효과적이다. 첫 달은 기초 다지기, 두 번째 달은 본격적인 학습, 세 번째 달은 성취도 평가에 중점을 둔다. 1년 로드맵은 1텀을 실제로 진행해본 후에 작성하는 것이 좋다.

학습 요일은 학년과 학습량에 따라 적절히 배분해야 한다. 초등 1-4학년은 월·수·금, 초등 5-6학년은 화·목 수업을 권장한다. 다만 책 읽기는 월요일부터 금요일까지 매일 진행하는 것이 바람직하다.

특히 '영어 수업 일지' 작성은 절대 소홀히 해서는 안 된다. 수업 일지는 일종의 학습 일지로 이전 수업 내용, 오늘의 학습 목표, 다음 수업 계획을 꼼꼼히 기록해야 한다. 예를 들어 오늘 어떤 내용을 배웠는지, 숙제는 무엇인지, 다음 수업에서는 어디서부터 시작할지 등을 상세히 적는다. 마치 학교 선생님이 수업 진도표를 작성하듯이 홈스쿨링을 할때도 학습을 마친 뒤에는 수업 일지 작성을 꼭 해야 한다. 학습의 연속성을 유지하고 아이의 성장을 객관적으로 파악하는 데 큰 도움이 되기 때문이다.

이러한 체계적인 계획과 실행이 있을 때 비로소 홈스쿨링은 효과적인 교육 방식으로 자리 잡을 수 있다. 처음부터 완벽한 계획을 세우려 하기보다는 실천이 가능한 계획부터 시작하여 점진적으로 발전시켜나가는 것이 바람직하다.

초등 영어 문해력이 답이다

글쓰기 전략 세우기

J.K. 롤링의《해리포터(Harry Potter)》시리즈가 영어 독서의 마지막 관문이라면 에세이는 영어 쓰기의 완성이다. 하지만《해리포터》시리즈를 읽을 수 있다고 해서 고급 독해 실력이 있는 것은 아니다. 에세이와 중등 서술형 영작도 마찬가지다. 각각 다른 방식으로 접근해야 한다. 영어 쓰기는 다음과 같이 단계별로 발전하기 때문이다.

- STEP 1 : 알파벳과 단어 쓰기
- STEP 2 : 한 문장 쓰기
- STEP 3 : 한 가지 주제로 문단 쓰기
- STEP 4 : 다양한 주제의 에세이 쓰기
- STEP 5 : 중등 서술형 쓰기

특히 눈여겨볼 점은 초등 4-6학년 때 에세이 쓰기를 제대로 배운 아이들이 중학교 내신고사에서 서술형 문제들을 훨씬 쉽게 해결한다는 것이다. 따라서 초등 4학년이라면 한 문단 쓰기부터 시작해서 천천히 세 문단 에세이 쓰기까지 연습하는 게 좋다. 이런 과정을 거치다 보면 문법과 문장 구조도 자연스럽게 익힐 수 있다.

학년별 글쓰기 권장 수준	
초등 3-4학년	• 기본: 정확한 문장 한 개 쓰기 • 심화: 자연스러운 문단 쓰기 • 목표: 100~200단어 정도의 짧은 에세이 쓰기
초등 5-6학년	• 기초 단계: 완성도 있는 문단 쓰기 • 중급 이상: 다양한 주제의 에세이 도전하기 • 목표: 여러 종류의 글 자유롭게 써보기
중등 1학년	• 핵심: 문법 조건에 맞는 글쓰기에 초점 두기 • 특징: 표현보다는 정확성 중시하기 • 목표: 서술형 문제 해결력 기르기

초등 5-6학년
학부모를 위한 가이드

중등 대비를 하는 것이 가장 큰 영어 교육의 주제로 자리 잡는 시점이다. 특히 학원을 등록하거나 이전까지 시도하지 않았던 방식의 영어 교육을 시도하는 때이기도 하다.

> **Q** 책 읽기는 곧잘 하는 것 같은데 학원 레벨테스트만 보면 점수가 잘 안 나옵니다. 문제 푸는 것도 싫어하고 아는 것도 틀리는 데 어떻게 해야 할까요?

레벨테스트 준비하기

아이가 영어책은 잘 읽는데 시험 성적이 잘 안 나온다는 이야기를 학부모들에게 자주 듣는다. 이런 경우는 대개 두 가지 원인이 있다. 문제 풀기를 귀찮아하거나 알고 있는 내용도 실수로 자주 틀리는 것이다.

레벨테스트는 반드시 준비가 필요하다. 준비 없이 보면 실망감만 클 뿐이다. 목표로 하는 학원이 있다면 최소 2~3개월 전부터 대비하는 것이 좋다. 특히 주의할 점은 책 읽기 실력이 그대로 시험 점수로 이어지지 않는다는 것을 인지하는 것이다. 시간제한이 있는 시험장 분위기에서는 평소처럼 실력 발휘가 쉽지 않다. 게다가 비문학 독해를 연습하지 않은 아이라면 낯선 지문 때문에 더 큰 어려움을 겪을 수 있다.

요즘 초등 영어 학원의 레벨테스트는 보통 필기시험과 인터뷰로 나뉜다. 필기시험은 읽기(Reading), 문법(Grammar), 쓰기(Writing), 듣기(Listening) 영역으로 구성된다. 학원마다 중요하게 보는 영역이 다르지만 최근에는 쓰기 영역이 시험의 당락을 결정하는 경우가 많다.

특히 쓰기 영역에서는 단순히 문장 몇 개를 쓰는 게 아니라 자신의 생각을 논리적으로 표현하는 문제가 늘고 있다. 시험관들은 에세이의 기본 형식을 잘 지켰는지, 글의 구조가 탄탄한지, 연결어를 적절히 사용했는지 등을 주로 평가한다.

아이의 태도도 중요한 평가 요소다. 인터뷰 때 긴장해서 조금 실수를 했더라도 쓰기 영역에서 어휘력과 논리성이 돋보이고 에세이의 기본 형식을 잘 지켰다면 좋은 평가를 받을 수 있다. 이런 상황을 개선하려면 다음과 같은 연습이 필요하다.

- 비슷한 유형의 문제를 반복해서 풀어보기
- 제한된 시간 안에 문제 푸는 연습하기
- 틀린 문제는 반드시 틀린 이유 찾아보기
- 다양한 주제의 비문학 지문 읽기
- 여러 악센트와 속도의 영어 듣기
- 에세이 쓰기와 연결어 사용법 익히기
- 인터뷰를 위한 태도와 매너 연습하기

결국 시험은 연습한 만큼 성적이 나온다. 좋은 점수를 받으려면 실제 시험과 비슷한 환경에서 꾸준히 연습해야 한다. 그래야 아이의 진짜 실력이 시험 점수에 제대로 반영될 수 있다.

초등 영어 문해력이 답이다

결론적으로 책 읽기 실력을 시험 점수로 연결시키기 위해서는 체계적인 준비와 연습이 필요하다. 단순히 책을 읽는 것에 그치지 않고, 실제 시험 환경과 유사한 조건에서의 반복 연습을 통해 시험 대응 능력을 키워나가는 것이 레벨테스트에서 좋은 점수를 얻을 수 있는 비결이다.

> **Q 초등 6학년 아이인데 지금까지 홈스쿨링만 하다가 최근 영어 학원을 등록했습니다. 학원을 다닐 때 알아야 할 사항이 있을까요? 엄마인 제가 어떻게 해줘야 할까요?**

영어 학원 현명하게 다니기

앞서 누누이 강조했지만 아이가 공부를 온전히 혼자 할 수 있기 전까지는 부모의 관리가 필요하다. 먼저 아이를 학원에 보내면서 학부모들이 자주 하는 실수 세 가지를 살펴보자.

첫째, '이제 학원에 보냈으니 학원에서 다 알아서 해주겠지'라는 생각이다. 학원에서 배우는 건 전체 영어 공부의 일부일 뿐이다. 학원에서 강의와 학습 관리를 해주지만 제대로 배웠는지 확인하고 복습하는 건 학원과 부모가 함께 해야 한다.

둘째, '영어 공부는 이 정도면 됐으니 이제 수학 학원을 보내야지'라는 판단이다. 중등 시기까지는 영어와 수학을 비슷한 비중으로 공부해야 한다. 특히 자사고를 목표로 한다면 초등 시기 때 영어를 더 단단히 해두는 게 좋다. 중·고등학교로 올라갈수록 영어 공부할 시간은 점점 부족해진다.

셋째, '학원 숙제가 많으니까 영어책은 더 이상 안 읽혀도 되겠지'라는 착각이다. 초등 시기 때는 독서가 가장 중요하다. 국내서든 영어책이든 책 읽을 시간은 반드시 확보해야 한다. 학원 숙제가 너무 많아 독서 시간이 없다면 학원 스케줄을 조정해볼 필요가 있다.

아이를 영어 학원에 보내는 부모가 꼭 챙겨야 할 세 가지

1. **숙제 관리:** 학원에만 맡기면 안 된다. 학원은 학교처럼 요일마다 교재와 진도가 다른 경우가 많다. 시간표에 맞게 숙제는 다했는지 아이의 숙제 루틴이 잡힐 때까지는 관리가 필요하다.
2. **단어 공부:** 대부분의 학원은 아이들이 집에서 단어를 외워 온다는 것을 전제로 수업한다. 단어 시험에서 80% 이상 맞출 수 있도록 꾸준히 점검할 필요가 있다.
3. **원서 읽기:** 학원에서는 주로 문법책이나 리딩북으로 수업한다. 하지만 재미있는 영어책 읽기는 계속 이어가야 한다. 전체 영어 공부 시간의 20~30%는 독서에 할애하는 게 좋다.

아이의 학원을 옮기기 전에 고민해봐야 할 세 가지

1. **현재까지 진행하고 있던 커리큘럼과 이어지는가?**
   학원을 옮길 때 가장 큰 부작용은 중간에 진도가 떠버리는 '학습 손실'이다. 학습 손실이 최대 어느 정도 나는지 반드시 확인하고, 그 차이가 꽤 크다면 아이와 진도가 맞는 반이나 학원을 다시 고려해봐야 한다.
2. **다니는 학원과 옮길 학원의 명확한 특징과 커리큘럼의 장단점은 무엇인가?**
   옮길 때는 옮길 만한 명확한 이유가 있어야 한다. 또래들의 학습 후기만 믿고 옮기는 것은 절대 추천하지 않는다. 아이의 학습 성향과 현재 상황, 생활 루틴이 모두 맞아야 하므로 한번 정한 학원은 1년 정도 다녀보는 것이 학습 성과는 물론 아이 정서에도 좋다.

3. 수강 기간은 적당한가? 학원을 너무 짧게 혹은 길게 다니지는 않았나?

학원은 최소 1학기에서 2학기는 다녀야 그 효과를 체감할 수 있다. 한두 달은 학습 성과를 기대하기에는 너무 짧은 시간이다. 반대로 한 학원에 2년 이상 다녔으면 옮기는 것도 고려해볼 만하다. 아이가 학원의 방식에 너무 익숙해져서 학습 태도가 안일해졌을 수도 있기 때문이다.

부록
2

학생 가이드
영어 문해력 공부를 돕는 TOOL 모음

영어 문해력 공부를 돕는 다양한 도구들을 체계적으로 정리했다. 학생들이 스스로 영어 공부를 효과적으로 할 수 있도록 학년별, 수준별 워크시트와 학습 전략을 제공한다. 이 자료들은 가정에서도 쉽게 활용할 수 있어 학생과 학부모 모두에게 실질적인 도움이 될 것이다.

초등 1-2학년을 위한
일기 쓰기에 유용한 기본 표현

날씨에 관한 표현			
	표현 1	표현 2	표현 3
맑음	sunny(햇빛 좋은)	clear(맑은)	bright(밝은)
흐림	cloudy(구름 낀)	overcast(흐린)	gloomy(우중충한)
비	rainy(비 오는)	wet(젖은)	drizzly(보슬비 오는)
눈	snowy(눈 오는)	cold(추운)	freezing(몹시 추운)
바람	windy(바람 부는)	breezy(산들바람 부는)	gusty(돌풍이 부는)
더움	hot(더운)	humid(습한)	sweltering(찌는 듯한)
쌀쌀함	chilly(쌀쌀한)	cool(서늘한)	crisp(상쾌한)

일/시간에 관한 표현			
	기본 표현	활용 표현	심화 표현
요일	Today is Monday (오늘은 월요일이다)	on Monday (월요일에)	Monday morning (월요일 아침)
오늘/어제/내일	today(오늘)	yesterday(어제)	tomorrow(내일)
월	in March(3월에)	during March(3월 동안)	early/late March(3월 초/말)
계절	in summer(여름에)	during summer(여름 동안)	all summer long(여름 내내)
아침	in the morning (아침에)	early in the morning (이른 아침에)	
점심	at noon (점심에)	during lunch time (점심 시간 동안)	
저녁	in the evening (저녁에)	late at night (늦은 밤에)	
주말	on weekend (주말에)	during the weekend (주말 동안)	

초등 영어 문해력이 답이다

방학	on vacation (방학에)	during summer vacation (여름 방학에)	
기념일	on my birthday (내 생일에)	on Christmas day (크리스마스 날에)	

월/계절에 관한 표현	
봄	in spring (봄에)
	in March/April/May (3월/4월/5월에)
여름	in summer (여름에)
	in June/July/August (6월/7월/8월에)
가을	in fall/autumn (가을에)
	in September/October/November (9월/10월/11월에)
겨울	in winter (겨울에)
	in December/January/February (12월/1월/2월에)

일상생활에 관한 표현		
아침 활동	wake up(일어나다)	get up early(일찍 일어나다)
	eat breakfast(아침을 먹다)	brush my teeth(이를 닦다)
	go to school(학교에 가다)	take the bus(버스를 타다)
학교 활동	study English(영어 공부를 하다)	have lunch(점심을 먹다)
	Take a class(수업을 듣다)	play with friends(친구와 놀다)
	take a test(시험을 보다)	Take notes(필기하다)
방과 후 활동	go to academy(학원에 가다)	play soccer(축구하다)
	watch TV(TV를 보다)	play games(게임하다)
	draw pictures(그림을 그리다)	learn piano(피아노를 배우다)
저녁 활동	eat dinner(저녁을 먹다)	take a shower(샤워하다)
	do homework(숙제를 하다)	clean my room(방을 정리하다)
	go to bed(잠자리에 들다)	read a book(책을 읽다)

행동이나 동작과 관련된 동사				
기본 표현	중급 표현	강조 표현	의미	뉘앙스 차이
move	shift	migrate	움직이다	move(일반적), shift(이동), migrate(이주)
push	shove	thrust	밀다	push(일반적), shove(거칠게), thrust(힘 있게)
pull	drag	haul	당기다	pull(일반적), drag(끌다), haul(힘들게 끌다)
throw	toss	hurl	던지다	throw(일반적), toss(가볍게), hurl(세게)
catch	grab	seize	잡다	catch(일반적), grab(급히), seize(확실히)
jump	leap	bound	뛰다	jump(일반적), leap(힘차게), bound(튀어 오르다)
walk	stride	march	걷다	walk(일반적), stride(성큼성큼), march(행진하듯)
carry	transport	convey	나르다	carry(일반적), transport(운송), convey(전달)
lift	raise	elevate	들어 올리다	lift(일반적), raise(올리다), elevate(승진/상승)
turn	rotate	revolve	돌다	turn(일반적), rotate(회전), revolve(공전)
drop	fall	plummet	떨어지다	drop(일반적), fall(낙하), plummet(급락)
break	crack	shatter	부수다	break(일반적), crack(금가다), shatter(산산조각)
bend	flex	contort	구부리다	bend(일반적), flex(구부렸다 펴다), contort(비틀다)
roll	tumble	cascade	구르다	roll(일반적), tumble(넘어지다), cascade(폭포처럼)
hit	strike	pound	치다	hit(일반적), strike(강타), pound(연타)

초등 영어 문해력이 답이다

의사소통과 관련된 동사

기본 표현	중급 표현	강조 표현	의미	뉘앙스 차이
shout	yell	scream	소리치다	shout(일반적), yell(크게), scream(비명)
whisper	murmur	mutter	속삭이다	whisper(일반적), murmur(중얼), mutter(투덜)
answer	reply	respond	대답하다	answer(일반적), reply(응답), respond(반응)
call	summon	beckon	부르다	call(일반적), summon(소환), beckon(손짓)
praise	compliment	acclaim	칭찬하다	praise(일반적), compliment(찬사), acclaim(극찬)
speak	address	proclaim	말하다	speak(일반적), address(연설), proclaim(선포)
ask	inquire	interrogate	묻다	ask(일반적), inquire(문의), interrogate(심문)
tell	inform	notify	알리다	tell(일반적), inform(통지), notify(통보)
explain	clarify	elaborate	설명하다	explain(일반적), clarify(명확히), elaborate(상세히)
discuss	debate	argue	토론하다	discuss(일반적), debate(토론), argue(논쟁)
greet	welcome	embrace	인사하다	greet(일반적), welcome(환영), embrace(포용)
thank	appreciate	acknowledge	감사하다	thank(일반적), appreciate(진심), acknowledge(인정)
apologize	regret	repent	사과하다	apologize(일반적), regret(후회), repent(참회)
promise	pledge	vow	약속하다	promise(일반적), pledge(서약), vow(맹세)
suggest	propose	recommend	제안하다	suggest(일반적), propose(제의), recommend(추천)

생각이나 감정을 표현하는 동사				
기본 표현	중급 표현	강조 표현	의미	뉘앙스 차이
smile	grin	beam	미소 짓다	smile(일반적), grin(활짝), beam(환하게)
laugh	giggle	chuckle	웃다	laugh(일반적), giggle(킥킥), chuckle(소리 내어)
worry	fret	agonize	걱정하다	worry(일반적), fret(초조), agonize(고민)
remember	recall	reminisce	기억하다	remember(일반적), recall(회상), reminisce(추억)
forget	overlook	neglect	잊다	forget(일반적), overlook(간과), neglect(방치)
think	consider	contemplate	생각하다	think(일반적), consider(고려), contemplate(숙고)
feel	sense	perceive	느끼다	feel(일반적), sense(감지), perceive(인지)
like	enjoy	adore	좋아하다	like(일반적), enjoy(즐기다), adore(매우 좋아하다)
hate	detest	loathe	싫어하다	hate(일반적), detest(혐오), loathe(증오)
fear	dread	panic	두려워하다	fear(일반적), dread(걱정), panic(공포)
hope	wish	yearn	바라다	hope(일반적), wish(소원), yearn(간절히)
love	cherish	worship	사랑하다	love(일반적), cherish(소중히), worship(숭배)
trust	believe	rely	믿다	trust(일반적), believe(신뢰), rely(의지)
doubt	suspect	distrust	의심하다	doubt(일반적), suspect(의혹), distrust(불신)
wonder	ponder	meditate	궁금하다	wonder(일반적), ponder(심사숙고), meditate(명상)

초등 영어 문해력이 답이다

일상생활과 관련된 동사				
기본 표현	중급 표현	강조 표현	의미	뉘앙스 차이
eat	devour	consume	먹다	eat(일반적), devour(게걸스럽게), consume(섭취)
sleep	doze	slumber	자다	sleep(일반적), doze(졸다), slumber(평온히)
clean	tidy	sanitize	청소하다	clean(일반적), tidy(정돈), sanitize(소독)
cook	prepare	create	요리하다	cook(일반적), prepare(준비), create(창작)
wash	rinse	cleanse	씻다	wash(일반적), rinse(헹구다), cleanse(깨끗이)
dress	clothe	attire	옷 입다	dress(일반적), clothe(의복 착용), attire(차려 입다)
buy	purchase	acquire	사다	buy(일반적), purchase(구매), acquire(획득)
sell	trade	market	팔다	sell(일반적), trade(거래), market(판매)
wear	don	sport	착용하다	wear(일반적), don(입다), sport(자랑스레)
rest	relax	repose	쉬다	rest(일반적), relax(편하게), repose(휴식)
work	labor	toil	일하다	work(일반적), labor(노동), toil(고생)
shop	browse	explore	쇼핑하다	shop(일반적), browse(구경), explore(탐색)
travel	journey	venture	여행하다	travel(일반적), journey(여정), venture(모험)
arrive	reach	attain	도착하다	arrive(일반적), reach(다다르다), attain(성취)
leave	depart	exit	떠나다	leave(일반적), depart(출발), exit(퇴장)

학습과 관련된 동사				
기본 표현	중급 표현	강조 표현	의미	뉘앙스 차이
learn	study	master	배우다	learn(일반적), study(공부), master(숙달)
teach	instruct	educate	가르치다	teach(일반적), instruct(지도), educate(교육)
read	examine	analyze	읽다	read(일반적), examine(검토), analyze(분석)
write	compose	create	쓰다	write(일반적), compose(작성), create(창작)
solve	figure out	resolve	해결하다	solve(일반적), figure out(이해), resolve(해소)
think	reason	contemplate	생각하다	think(일반적), reason(추론), contemplate(숙고)
practice	rehearse	perfect	연습하다	practice(일반적), rehearse(리허설), perfect(완벽한)
review	revise	refine	복습하다	review(일반적), revise(수정), refine(개선)
focus	concentrate	absorb	집중하다	focus(일반적), concentrate(전념), absorb(몰입)
understand	comprehend	grasp	이해하다	understand(일반적), comprehend(파악), grasp(깨닫다)
remember	memorize	retain	암기하다	remember(일반적), memorize(외우다), retain(보유)
explain	clarify	elaborate	설명하다	explain(일반적), clarify(명확히), elaborate(상세히)
question	investigate	research	질문하다	question(일반적), investigate(조사), research(연구)
discuss	debate	deliberate	토론하다	discuss(일반적), debate(논쟁), deliberate(심의)
present	demonstrate	illustrate	발표하다	present(일반적), demonstrate(시연), illustrate(설명)

초등 영어 문해력이 답이다

성격을 나타내는 형용사

기본 표현	중급 표현	강조 표현	의미	뉘앙스 차이
nice	pleasant	delightful	좋은	nice(일반적), pleasant(유쾌한), delightful(즐거운)
mean	cruel	vicious	못된	mean(일반적), cruel(잔인한), vicious(악의적인)
brave	courageous	valiant	용감한	brave(일반적), courageous(용기 있는), valiant(영웅적인)
shy	timid	reserved	수줍은	shy(일반적), timid(소심한), reserved(조심스러운)
funny	amusing	hilarious	재미있는	funny(일반적), amusing(즐거운), hilarious(매우 웃긴)
smart	intelligent	brilliant	똑똑한	smart(일반적), intelligent(지적인), brilliant(훌륭한)
kind	gentle	benevolent	친절한	kind(일반적), gentle(온화한), benevolent(자비로운)
lazy	idle	indolent	게으른	lazy(일반적), idle(나태한), indolent(무기력한)
happy	cheerful	jubilant	행복한	happy(일반적), cheerful(명랑한), jubilant(매우 기쁜)
sad	gloomy	miserable	슬픈	sad(일반적), gloomy(우울한), miserable(비참한)
quiet	silent	taciturn	조용한	quiet(일반적), silent(말 없는), taciturn(과묵한)
loud	noisy	boisterous	시끄러운	loud(일반적), noisy(소란한), boisterous(떠들썩한)
calm	peaceful	serene	차분한	calm(일반적), peaceful(평화로운), serene(고요한)
angry	furious	outraged	화난	angry(일반적), furious(격노한), outraged(분노한)

honest	truthful	sincere	정직한	honest(일반적), truthful(진실한), sincere(진심 어린)
selfish	greedy	egotistical	이기적인	selfish(일반적), greedy(욕심 많은), egotistical(자기중심적인)
patient	tolerant	enduring	참을성 있는	patient(일반적), tolerant(관대한), enduring(인내심 있는)
active	energetic	dynamic	활동적인	active(일반적), energetic(활기찬), dynamic(역동적인)
careful	cautious	prudent	조심스러운	careful(일반적), cautious(신중한), prudent(현명한)
proud	confident	arrogant	자랑스러운	proud(일반적), confident(자신감 있는), arrogant(거만한)
friendly	sociable	outgoing	친근한	friendly(일반적), sociable(사교적인), outgoing(외향적인)
stubborn	obstinate	adamant	고집스러운	stubborn(일반적), obstinate(완고한), adamant(완강한)
clever	shrewd	ingenious	영리한	clever(일반적), shrewd(약은), ingenious(창의적인)
modest	humble	unpretentious	겸손한	modest(일반적), humble(겸허한), unpretentious(수수한)
curious	inquisitive	eager	호기심 많은	curious(일반적), inquisitive(탐구적인), eager(열망하는)

초등 영어 문해력이 답이다

초등 3-4학년을 위한
한 단락 글쓰기 워크시트

One Paragraph Writing Worshee

Topic: _____

Date: _____

1. Main Idea(주제문)

    My topic sentence is:

    _____

2. Supporting Details(뒷받침 문장)

    • First supporting detail:

    _____

    • Second supporting detail:

    _____

    • Third supporting detail:

    _____

3. Signal Words(연결어 선택하기)

    ☐ First   ☐ Second   ☐ Third

    ☐ Also   ☐ Next   ☐ Finally

    ☐ Then   ☐ Last   ☐ Therefore

4. Concluding Sentence(마무리 문장)

    _____

5. Self-Check(검토하기)

    ☐ 주제문이 명확한가?

    ☐ 모든 문장이 주제와 연결되는가?

    ☐ 연결어를 적절히 사용했는가?

    ☐ 문법과 철자를 확인했는가?

    ☐ 마무리 문장이 적절한가?

아이의 글쓰기를 칭찬할 때 유용한 표현

아이의 아이디어가 돋보일 때

영문	한글
I really like this part.	이 부분이 정말 마음에 든다.
Wow. I love your idea.	와, 아이디어가 정말 좋구나.
Excellent examples!	훌륭한 예시들이구나!
Brilliant work!	멋진 작품이야!
What an interesting story you have.	정말 흥미로운 이야기를 가지고 있구나.
I love your creativity.	너의 창의력이 마음에 든다.
Your thinking process is fascinating.	사고 과정이 매력적이구나.
Great thinking!	훌륭한 생각이야!
That's wonderful, keep sharing your ideas.	정말 멋져, 계속 아이디어를 나눠줘.
This is so original! Well done!	정말 독창적이구나! 잘했어!

아이의 노력이 빛날 때

영문	한글
Keep up the good work!	계속 잘 해내줘!
You're putting in great effort.	정말 많은 노력을 기울이고 있구나.
I appreciate your dedication.	너의 열정이 보기 좋다.
You're really committed to this.	정말 열심히 임하고 있구나.
Your writing is clear and organized.	글이 명확하고 잘 정리되어 있다.

초등 영어 문해력이 답이다

I can see your practice paying off!	연습의 효과가 보이는구나!
You're making steady progress.	꾸준히 발전하고 있구나.
Your persistence is admirable.	너의 끈기가 훌륭하다.
You never give up, that's great!	포기하지 않는 모습이 멋지다!
Your hard work really shows.	너의 노력이 정말 잘 보인다.

아이의 실력이 향상됐을 때	
영문	한글
Your writing has improved remarkably.	글쓰기 실력이 눈에 띄게 향상되었구나.
Your descriptions are becoming so vivid.	묘사가 점점 생생해지고 있구나.
You've shown great attention to detail.	세세한 부분까지 잘 신경 썼구나.
I see significant progress in your work.	네 작품에서 큰 진전이 보인다.
Your vocabulary use is expanding.	어휘 사용이 풍부해지고 있구나.
Your sentences flow much better now.	문장의 흐름이 많이 좋아졌구나.
Your ideas are more organized than before.	아이디어 구성이 예전보다 체계적이구나.
You're expressing yourself more clearly.	자신을 더 명확하게 표현하고 있구나.
Your writing style is developing nicely.	글쓰기 스타일이 좋게 발전하고 있구나.
You've mastered this concept well.	이 개념을 잘 터득했구나.

초등 5-6학년을 위한
필수 접두사·접미사·어근

필수 접두사		
접두사	의미	대표 예시
un-	~아닌, 반대	unhappy(불행한), unable(할 수 없는), unreal(비현실적인)
anti-	반대	antiwar(반전의), antisocial(비사교적인), antibody(항체)
auto-	자동, 스스로	automobile(자동차), autobiography(자서전), automatic(자동의)
bi-	두 개의	bicycle(자전거), bilingual(이중 언어의), bilateral(양방향의)
counter-	반대	counterattack(반격), counterpart(상대), counteract(반대로 작용하다)
de-	벗어나다	depart(출발하다), decrease(감소하다), defrost(해동하다)
dis-	반대, 부정	disagree(동의하지 않다), dislike(싫어하다), disconnect(연결을 끊다)
en-	만들다	enable(가능하게 하다), encourage(격려하다), enclose(동봉하다)
ex-	이전의, 밖의	ex-president(전 대통령), exit(출구), export(수출하다)
fore-	앞의, 미리	forecast(예보), forehead(이마), foresee(예견하다)
il/im/in/ir-	~아닌	illegal(불법의), impossible(불가능한), incorrect(부정확한)
inter-	~사이의	internet(인터넷), international(국제적인), interrupt(방해하다)
mal-	나쁜	malfunction(오작동), malnutrition(영양실조), malpractice(의료사고)
micro-	작은	microscope(현미경), microwave(전자레인지), microphone(마이크)
mid-	중간의	midnight(자정), midterm(중간고사), midwest(중서부)

초등 영어 문해력이 답이다

필수 접미사

접미사	의미	대표 예시
-ful	~ 가득한	beautiful(아름다운), helpful(도움이 되는), useful(유용한)
-less	~ 없는	helpless(무력한), useless(쓸모없는), endless(끝없는)
-er/or	~하는 사람	teacher(선생님), writer(작가), actor(배우)
-able	~할 수 있는	readable(읽을 수 있는), comfortable(편안한), portable(휴대 가능한)
-ment	명사화	agreement(동의), movement(움직임), development(발전)
-ous	~의 특징이 있는	famous(유명한), dangerous(위험한), mysterious(신비로운)
-ish	~ 같은	childish(어린애 같은), foolish(바보 같은), selfish(이기적인)
-tion	명사화	action(행동), education(교육), information(정보)
-ly	부사화	quickly(빠르게), slowly(천천히), carefully(조심스럽게)
-al	~의	musical(음악의), natural(자연의), personal(개인적인)
-y	~한 상태의	sunny(햇빛이 비치는), rainy(비 오는), windy(바람 부는)
-ness	명사화	happiness(행복), kindness(친절), darkness(어두움)
-ic	~의 특성을 가진	basic(기본적인), comic(만화의), magic(마법의)
-ize	~으로 만들다	realize(깨닫다), organize(조직하다), memorize(암기하다)
-ship	상태/신분	friendship(우정), leadership(지도력), membership(회원 자격)

필수 어근		
어근	의미	대표 예시
spect	보다	respect(존중하다), inspect(검사하다), expect(기대하다)
port	나르다	transport(운반하다), import(수입하다), export(수출하다)
scrib/script	쓰다	describe(묘사하다), subscribe(구독하다), manuscript(원고)
dict	말하다	predict(예측하다), dictionary(사전), dictate(받아쓰게 하다)
aud	듣다	audience(청중), audio(음향의), audible(들을 수 있는)
vis	보다	visible(보이는), television(텔레비전), vision(시력)
duc/duct	이끌다	produce(생산하다), introduce(소개하다), conduct(수행하다)
mit	보내다	submit(제출하다), permit(허가하다), transmit(전송하다)
form	형태	transform(변형하다), uniform(획일적인), format(형식)
graph	쓰다/그리다	photograph(사진), geography(지리), biography(전기)
phon	소리	telephone(전화), microphone(마이크), phonics(파닉스)
bio	생명	biology(생물), biography(전기), biosphere(생물권)
geo	지구/땅	geography(지리), geology(지질학), geometry(기하학)
tele	멀리	telephone(전화), telescope(망원경), television(텔레비전)
meter	측정	thermometer(온도계), kilometer(킬로미터), speedometer(속도계)

초등 5-6학년을 위한 글쓰기 5단계 워크시트

STEP 1 : Pre-writing(준비하기)

Topic(주제): _____

Audience(독자): _____

Purpose(목적): _____

Background Knowledge(배경지식)

- _____
- _____
- _____

STEP 2 : Brainstorming(아이디어 모으기)

Main Idea(핵심 아이디어)

Details(세부 내용)

- _____
- _____
- _____

Examples/Evidence(예시/근거)

- _____
- _____
- _____

STEP 3 : Organizing(구조 잡기)

Introduction(도입): _____

Main Point 1(본론 1): _____

Main Point 2(본론 2): _____

Main Point 3(본론 3): _____

Conclusion(결론): _____

STEP 4 : Drafting(초안 쓰기)

Title(제목): _____

Introduction(도입부): _____

_____

Body(본론): _____

_____

Conclusion(결론): _____

_____

STEP 5 : Feedback(검토하기)

☐ Is the topic clear? (주제가 명확한가?)

☐ Is the grammar correct? (문법이 정확한가?)

☐ Is the structure logical? (구조가 논리적인가?)

☐ Are examples appropriate? (예시가 적절한가?)

☐ Is spelling correct? (철자가 맞는가?)

Points to Improve(개선할 점)

● _____

● _____

Final Draft(최종본 완성)

☐ All feedback reflected? (피드백 사항을 모두 반영했는가?)

☐ Smooth sentence connections? (문장이 자연스럽게 연결되는가?)

☐ Good overall flow? (전체적인 흐름이 매끄러운가?)

☐ Grammar and spelling checked? (맞춤법과 문법을 다시 확인했는가?)

☐ Conclusion matches topic? (결론이 주제와 잘 연결되는가?)

Final Check Points(최종 점검 사항)

● _____

● _____

Date(작성일): 20___년 ___월 ___일

Student Name(학생 이름): _____

초등 영어 문해력이 답이다

장르별 글쓰기에서 핵심 연결어 활용법			
장르	목적	글의 단계	핵심 연결어
설명하는 글 (Expository)	순서나 과정을 설명할 때	도입	First of all, To begin with, Initially
		전개	Next, Then, After that, Later
		마무리	Finally, Lastly, In conclusion
묘사하는 글 (Descriptive)	대상이나 장소를 표현할 때	외관 묘사	looks like, appears to be, seems
		위치 표현	next to, beside, in front of, behind
		감각 표현	feels, sounds, smells like, tastes
주장하는 글 (Opinion)	자신의 생각을 전달할 때	의견 제시	I think, I believe, In my opinion
		근거 제시	because, since, as, due to
		결론	therefore, as a result, consequently
창의적인 글 (Creative)	이야기를 만들 때	시작	Once upon a time, One day, Long ago
		전개	Suddenly, Meanwhile, All of a sudden
		마무리	Finally, In the end, At last
설득하는 글 (Persuasive)	독자를 설득할 때	주장	I strongly believe, It is clear that
		근거	First, Moreover, Furthermore
		반론 처리	However, Some may say, On the other hand
		결론	Therefore, In conclusion, For these reasons
비교하는 글 (Compare/ Contrast)	두 대상을 비교할 때	공통점	Similarly, Both, Also, Likewise
		차이점	However, Unlike, In contrast, While
		정리	In conclusion, Overall, To sum up

중등 대비 필수 학술 어휘

논리/인과 관계	연구/조사 방법	변화/발전
conclude(결론짓다)	analyze(분석하다)	develop(발달하다)
indicate(나타내다)	observe(관찰하다)	improve(향상시키다)
demonstrate(증명하다)	examine(검토하다)	increase(증가하다)
contribute to(기여하다)	identify(확인하다)	decrease(감소하다)
lead to(초래하다)	measure(측정하다)	expand(확장하다)
result in(결과를 낳다)	compare(비교하다)	reduce(줄이다)
derive from(유래하다)	estimate(추정하다)	decline(감소하다)
attribute to(기인하다)	evaluate(평가하다)	enhance(향상시키다)
affect(영향을 미치다)	conduct(수행하다)	modify(수정하다)
determine(결정하다)	survey(조사하다)	adapt(적응하다)
cause(야기하다)	research(연구하다)	transform(변형시키다)
trigger(유발하다)	collect(수집하다)	alter(변경하다)
generate(발생시키다)	record(기록하다)	progress(진전하다)
stem from(비롯되다)	verify(검증하다)	evolve(진화하다)
yield(산출하다)	classify(분류하다)	fluctuate(변동하다)

비교/대조	문제해결	경향/추세
compare(비교하다)	solve(해결하다)	trend(추세)
contrast(대조하다)	resolve(해결하다)	tend to(~하는 경향이 있다)
differ(다르다)	address(다루다)	pattern(패턴)
distinguish(구별하다)	tackle(다루다)	shift(변화)

differentiate(구분하다)	overcome(극복하다)	surge(급증하다)
resemble(닮다)	handle(처리하다)	decline(감소하다)
correspond(일치하다)	deal with(대처하다)	remain(유지하다)
relate(관련되다)	manage(관리하다)	persist(지속하다)
similar(유사한)	cope with(대처하다)	maintain(유지하다)
various(다양한)	prevent(예방하다)	stable(안정적인)
equivalent(동등한)	avoid(피하다)	constant(일정한)
consistent(일관된)	eliminate(제거하다)	regular(규칙적인)
diverse(다양한)	reduce(감소시키다)	widespread(광범위한)
identical(동일한)	minimize(최소화하다)	prevalent(보편적인)
parallel(평행한)	accomplish(성취하다)	dominant(지배적인)

근거/증거	정도/수준
prove(증명하다)	level(수준)
evidence(증거)	degree(정도)
support(뒷받침하다)	extent(정도)
confirm(확인하다)	range(범위)
verify(검증하다)	scale(규모)
justify(정당화하다)	amount(양)
validate(입증하다)	quantity(수량)
indicate(나타내다)	rate(비율)
suggest(제시하다)	proportion(비율)
illustrate(설명하다)	significant(중요한)
demonstrate(보여주다)	moderate(적당한)
reveal(드러내다)	substantial(상당한)
imply(암시하다)	considerable(상당한)
signify(의미하다)	adequate(충분한)
reflect(반영하다)	sufficient(충분한)

자주 출제되는 고전문학과 현대소설 핵심 정리

고전문학 핵심 정리

1. **오 헨리의 《The Last Leaf(마지막 잎새)》**
   - 출제 포인트: 예술가의 진정한 걸작, 희생의 의미
   - 자주 출제되는 부분: 베르만의 마지막 그림, 존시의 변화
   - 주요 어휘: masterpiece(걸작), pneumonia(폐렴), sacrifice(희생)
   - 시험에 자주 나오는 질문
     - Why did Behrman paint the leaf?
       (베르만은 왜 잎새를 그렸는가?)
     - What is his real masterpiece?
       (그의 진정한 걸작은 무엇인가?)

2. **오 헨리의 《The Gift of the Magi(동방박사의 선물)》**
   - 출제 포인트: 진정한 사랑의 의미, 상호 희생
   - 자주 출제되는 부분: 짐과 델라의 선물 교환, 결말 장면
   - 주요 어휘: sacrifice(희생), precious(소중한), wisdom(지혜)
   - 시험에 자주 나오는 질문
     - What did Jim and Della sacrifice?
       (짐과 델라는 무엇을 희생했는가?)
     - What makes their gifts valuable?
       (그들의 선물이 가치 있는 이유는 무엇인가?)

초등 영어 문해력이 답이다

3. 모파상의 《The Necklace(목걸이)》

- 출제 포인트: 허영의 대가, 진정한 가치의 의미
- 자주 출제되는 부분: 마틸드의 성격 묘사, 목걸이를 분실한 후의 삶
- 주요 어휘: vanity(허영심), borrowed(빌린), sacrifice(희생)
- 시험에 자주 나오는 질문
  - What did Mathilde learn in the end?
    (마틸드는 결국 무엇을 깨달았는가?)
  - What is the irony of the story?
    (이야기의 아이러니는 무엇인가?)

4. 에드거 앨런 포의 《The Tell-Tale Heart(고자질하는 심장)》

- 출제 포인트: 죄책감의 심리, 양심의 작용
- 자주 출제되는 부분: 심장 소리를 듣는 장면, 자백 장면
- 주요 어휘: guilty(죄책감), heartbeat(심장 소리), confession(고백)
- 시험에 자주 나오는 질문
  - Why does the narrator hear the heartbeat?
    (이야기의 화자는 왜 심장 소리를 듣는가?)
  - What drives him to confess?
    (그를 자백하게 만든 것은 무엇인가?)

5. 사키의 《The Open Window(열린 창문)》

- 출제 포인트: 현실과 상상의 경계, 이야기의 힘
- 자주 출제되는 부분: 베라의 이야기 구성, 너틀의 반응
- 주요 어휘: imagination(상상력), deception(기만), romance(낭만)
- 시험에 자주 나오는 질문
  - How does Vera deceive Mr. Nuttel?
    (베라는 어떻게 너틀을 속이는가?)
  - What makes her story believable?
    (그녀의 이야기가 믿을 만한 이유는 무엇인가?)

6. 헤밍웨이의 《The Old Man and the Sea(노인과 바다)》

- 출제 포인트: 인간의 의지, 자연과의 대결
- 자주 출제되는 부분: 산티아고의 고독한 사투, 물고기와의 관계
- 주요 어휘: determination(결심), perseverance(인내), struggle(투쟁)
- 시험에 자주 나오는 질문
  - What keeps Santiago going?
    (산티아고를 지탱하는 것은 무엇인가?)
  - What does the great fish represent?
    (큰 물고기는 무엇을 상징하는가?)

7. 랭스턴 휴스의 《Thank You, M'am(고마워요, 부인)》

- 출제 포인트: 인간애의 힘, 변화의 가능성
- 자주 출제되는 부분: 로저와 존스 부인의 첫 만남, 식사 장면
- 주요 어휘: forgiveness(용서), trust(신뢰), dignity(존엄)
- 시험에 자주 나오는 질문
  - Why does Mrs. Jones help Roger?
    (존스 부인은 왜 로저를 도왔는가?)
  - How does Roger change?
    (로저는 어떻게 변화하는가?)

8. 생텍쥐페리의 《The Little Prince(어린 왕자)》

- 출제 포인트: 순수성의 가치, 어른 세계에 대한 비판
- 자주 출제되는 부분: 여우와의 대화, 장미와의 관계
- 주요 어휘: essential(본질적인), invisible(보이지 않는), tame(길들이다)
- 시험에 자주 나오는 질문
  - What does the fox teach the prince?
    (여우는 왕자에게 무엇을 가르치는가?)
  - Why is the rose special?
    (장미가 특별한 이유는 무엇인가?)

1. R. J. 팔라시오의 《Wonder(원더)》

- 출제 포인트: 외모 차이, 편견 극복, 친구의 의미
- 자주 출제되는 부분: First Day, Choose Kind 챕터
- 주요 어휘: different(다른), accept(받아들이다), kindness(친절)
- 시험에 자주 나오는 질문
    - How does Auggie change throughout the story?
      (어기는 이야기를 통해 어떻게 변화하는가?)
    - Why do his classmates start to accept him?
      (반 친구들은 왜 그를 받아들이기 시작했는가?)
- 수상경력: 2015년 마크 트웨인상 수상작

2. 로이스 라우리의 《The Giver(기억 전달자)》

- 출제 포인트: 이상사회의 모순과 자유의 가치
- 자주 출제되는 부분: The Ceremony, Memory Room 챕터
- 주요 어휘: memory(기억), choice(선택), sameness(획일성)
- 시험에 자주 나오는 질문
    - What is special about Jonas's community?
      (조나스의 공동체는 어떤 점이 특별한가?)
    - Why does Jonas decide to leave?
      (조나스는 왜 떠나기로 결심했는가?)
- 수상경력: 1994년 뉴베리 메달 수상작

3. 로이스 라우리의 《Number the Stars(별을 헤아리며)》

- 출제 포인트: 우정과 용기, 전쟁의 의미
- 자주 출제되는 부분: Run! Run!, Who Is the Dark-Haired One? 챕터
- 주요 어휘: brave(용감한), friendship(우정), danger(위험)

- 시험에 자주 나오는 질문
  - How does Annemarie help Ellen?

    (안네마리는 엘렌을 어떻게 도왔는가?)
  - What does the star necklace symbolize?

    (별 목걸이는 무엇을 상징하는가?)
- 수상경력: 1990년 뉴베리 메달 수상작

4. 캐서린 패터슨의 《Bridge to Terabithia(비밀의 숲 테라비시아)》

- 출제 포인트: 상상력과 우정, 상실감 극복
- 자주 출제되는 부분: The Golden Room, The Perfect Day 챕터
- 주요 어휘: imagination(상상력), friendship(우정), loss(상실)
- 시험에 자주 나오는 질문
  - What is Terabithia?

    (테라비시아는 무엇인가?)
  - How does Jess deal with Leslie's death?

    (제스는 레슬리의 죽음을 어떻게 극복하는가?)
- 수상경력: 1978년 뉴베리 메달 수상작

5. 린다 멀랠리의 《Fish in a Tree(나무 위의 물고기)》

- 출제 포인트: 학습 장애 극복과 자아 발견
- 자주 출제되는 부분: What's Your Problem?, Everyone Is Smart 챕터
- 주요 어휘: dyslexia(난독증), confidence(자신감), understanding(이해)
- 시험에 자주 나오는 질문
  - Why does Ally hide her problem?

    (앨리는 왜 자신의 문제를 숨기는가?)
  - How does Mr. Daniels help her?

    (대니얼스 선생님은 그녀를 어떻게 도왔는가?)
- 수상경력: 2016년 슈나이더 가족 도서상 수상작

영어 문해력 향상을 위한 학년별 추천 교재 총 목록

[교재 난이도 하 → 상]

초등 1-2학년

1. 파닉스 교재

- 《Fly Phonics》 시리즈 (투판즈)

  아이의 연령대가 6~7세이거나 그림을 선호하는 타입의 학습자에게 적합한 교재다. 캐릭터와 사운드 모두 어린 학습자에게 맞춰져 있어 쉽게 따라가기 좋다.

- 《Smart Phonics》 시리즈 (이퓨처)

  대부분의 학습자에게 적합한 난이도로 구성되어 있다. 너무 쉽지도, 너무 어렵지도 않아 기본 파닉스 학습의 기준이 되는 교재다.

- 《EFL Phonics》 (이퓨처)

  집중도가 좋거나 초등 1학년 이후의 학생들에게 적합한 교재다. 다른 교재들보다 전체 페이지 수가 많아 충분한 학습량을 원하는 경우 추천한다.

- 《Spotlight on One Phonics》 (브릭스)

  다양하고 유익한 활동과 게임이 포함되어 있어 흥미로운 파닉스 학습이 가능한 교재다.

- 《Think Read Write PHONICS》 시리즈 (에이리스트)

  쓰기에 중점을 둔 교재로 쓰기 학습을 지도하기에 적합하며, 쓰기와 리더스 분량이 많아 텍스트에 익숙한 중급 이상의 학습자에게 추천한다.

2. 사이트 워드 교재

- 《Smart Phonics Readers》(이퓨처)
  파닉스 교재 《Smart Phonics》와 연계된 시리즈로 짝꿍 책처럼 활용하면 효과가 좋다.
- 《Dolphins》(NE능률, 옥스포드)
  픽션과 논픽션이 골고루 섞여 있는 균형 잡힌 구성이 특징이다. 왼쪽 페이지를 읽고 오른쪽 페이지에서 간단한 활동을 하는 형식으로 본격적인 책 읽기 직전 단계에 적합하다.
- 《Reading Stars》(NE능률, 옥스포드)
  유명 애니메이션 캐릭터가 등장해 아이들의 흥미를 끌기 좋은 교재다. 총 50단계로 구성되어 있어 장기적인 학습이 가능하다.

3. 리더스북

- 《Step into Reading》 시리즈 (랜덤하우스)
  원서 읽기 초기에 가장 널리 사용되는 리더스북 시리즈로 Level 1~5까지 체계적으로 구성되어 있다. Level 1~2는 기초 문장 패턴을 익히기에 적합하며, Level 3부터는 본격적인 스토리 읽기가 가능하다.
- 《I Can Read》 시리즈 (하퍼콜린스)
  My First부터 Level 4까지 체계적으로 구성된 입문자용 리더스북 시리즈다. Frog and Toad, Little Bear 등 인기 캐릭터들로 구성되어 있어 아이들의 흥미를 쉽게 이끌어낼 수 있다.

4. 챕터북

- 《Magic Tree House》(Mary Pope Osborne, 랜덤하우스)
  역사적 사건과 모험이 담긴 이야기다.
- 《Junie B. Jones》(Barbara Park, 랜덤하우스)
  학교생활을 유머러스하게 풀어낸 이야기다.
- 《Horrible Harry》(Suzy Kline, 펭귄북스)

교실에서 벌어지는 재미있는 에피소드를 담고 있다.

- 《Ready Freddy》(Abby Klein, 스콜라틱)
일상적 문제해결 과정을 다루고 있다.

5. 어휘 관련 교재

- 《Bricks Vocabulary》 시리즈 (Bricks)
기초 생활 영어와 학습 영어의 기반이 되는 단어를 다루는 교재다. 주제별 어휘와 패턴으로 구성되어 있어 문장 만들기의 기초를 다질 수 있다. 300, 500식으로 난이도에 따라 제목이 정해지고 숫자는 총 제시되는 단어의 수이니 단계별로 아이의 수준에 맞게 선택하면 된다.
- 《Word Up 400》 시리즈 (NE 능률)
주제별 어휘와 문장 패턴을 함께 학습할 수 있도록 구성되어 있는 교재다. Story Reading과 연계된 어휘 학습이 가능하고, 특히 기초부터 심화까지 단계적인 학습이 가능한 것이 장점이다.
- 《This is Vocabulary》 시리즈 (넥서스에듀)
39개의 테마로 분류되어 학습자들이 주제별로 공부하기에 적합하다. Basic Words, 파생어, 연어를 통한 어휘 확장 학습이 가능하며 다양한 어휘 활동 및 연습문제가 수록되어 있다.

6. 쓰기 관련 교재

- 《Writing Monster》(에이리스트)
재미있는 활동과 함께 쓰기를 배울 수 있는 교재로 아직 문자나 글에 익숙지 않은 저학년 학생들이 접근하기 적합하다.
- 《My First Writing》 시리즈 (이퓨처)
초등 1-3학년에게 적합한 문법 입문용 교재로 기본 문형과 품사를 시각적 자료와 함께 쉽게 설명하고 있어 문법 기초를 다지기에 적합하다.
- 《I Can Write English》 시리즈 (해피하우스)
저널, 일기, 편지 등 실용적인 글쓰기를 다루는 교재로 문장 단위에서 글 단위로 자연스럽게 발전할 수 있도록 구성되어 있다.

초등 3-4학년

1. 독해 관련 교재

- 《달곰한 Literacy》(Ne능률)

  기초 독해력 향상에 중점을 둔 입문용 독해서로 3회독 학습법을 통해 체계적인 학습이 가능하다. 직독직해 훈련과 독해 기본기를 탄탄히 다지는 데 효과적이다.

- 《Subjcet Link》(Ne능률)

  주제별 독해를 통해 다양한 분야의 배경지식을 쌓을 수 있도록 구성된 독해서다. 영어 실력과 함께 교과 지식도 자연스럽게 습득할 수 있어 초등 중학년에게 적합하다.

2. 어휘 관련 교재

- 《Reading for Vocabulary》시리즈 (월드컴)

  독해와 어휘를 통합적으로 학습하도록 설계된 교재로 지문 속에서 자연스러운 어휘 학습이 가능해 초등 4학년 이상의 아이들에게 적합하다.

- 《1000 Basic English Words》시리즈 (웅진컴퍼스)

  초·중등 필수 어휘를 반복 학습하는 체계적인 교재로 픽션과 논픽션 본문을 통해 맥락 속 의미 파악 연습과 QR코드를 통한 발음 학습, 유의어·반의어 수록으로 폭넓은 어휘 확장 학습이 가능하다.

- 《2000 Core English Words 시리즈》(웅진컴퍼스)

  단어를 주제별로 묶어 효과적으로 암기할 수 있도록 구성된 교재다. 유의어·반의어가 풍부하게 수록되어 있어 단어의 의미를 더욱 확고히 다질 수 있다.

- 《Word Up 800, 1200》시리즈 (NE능률)

  주제별 단어 학습을 통해 어휘의 기본기 및 지식을 확장시켜주는 어휘 기본서다. 접두사·접미사·파생어·연어 등에 대한 추가 지식 코너를 통해 다각적인 어휘 학습이 가능하다.

초등 영어 문해력이 답이다

3. 쓰기 관련 교재

- 《Writing Framework for Paragraph Writing 1》 시리즈 (웅진컴퍼스)

  쉽고 체계적인 단계별 글쓰기가 가능한 교재로 기초 문장부터 시작할 수 있다. 실생활 주제를 다뤄 흥미롭게 영작문을 배울 수 있으며, 구두법 등 필수적인 글쓰기 문법 학습이 가능하다.

- 《Write It!》 시리즈 (NE능률)

  단락 쓰기부터 에세이 쓰기까지 체계적으로 발전하는 구성의 영작문 교재로 단계별 가이드가 상세하여 자기주도 학습이 가능한 것이 장점이다.

4. 문법 관련 교재

- 《My First/Next Grammar》 시리즈 (이퓨처)

  초등 1~3학년을 위한 입문 과정(First)과 초등 3~4학년을 위한 심화 과정(Next)으로 구성된 체계적인 문법서다. 기본 문형과 품사를 시각적 자료와 함께 설명하며, 실생활 예문을 풍부하게 활용한 교재로 단계별 학습이 가능하다.

- 《The Best Grammar/Plus》 시리즈 (에이리스트)

  초등 3~4학년을 위한 기본 과정(Best)과 초등 5~6학년을 위한 중등 연계 과정(Plus)으로 이어지는 종합 문법서다. 풍부한 예문과 오답노트 활용이 뛰어나며, 초등 문법과 중등 문법의 가교 역할을 하는 것이 특징이다.

- 《Grammar Space》 시리즈 (NE 능률)

  초등 3~4학년을 위한 초급자 과정(Beginner)부터 초등 4~6학년을 위한 심화 과정까지 체계적으로 구성된 문법서다. 워크북과 연계된 구성으로 기초 문법을 탄탄히 다질 수 있고, 쓰기 활동과의 연계성이 뛰어나 실제 활용도가 높다.

- 《Grammar Bridge》 시리즈 (넥서스)

  내신 시험에 자주 출제되는 다양한 문법 유형(단답형, 서술형, 오류파악형, 문장완성형, 선다형)이 수록되어 있다. 초등부터 내신 문제 유형의 서술형 문제와 수능 대비형 문제를 대비하기에 적합한 교재이다.

초등 5–6학년

1. 독해 관련 교재

- 《Reading Town》 시리즈 (이퓨처)

  초·중급 학습자를 위한 3권으로 구성된 독해서로 체계적인 리딩 스킬 향상에 중점을 두고 있다. 논픽션 지문과 다양한 학습 활동을 통해 효과적인 독해력 향상이 가능하다.

- 《Reading Planet》 시리즈 (이퓨처)

  《Reading Town》 시리즈 이후 추천하는 중급자용 독해서로 읽기 전략 강화에 매우 효과적이다. 총 3권 구성으로 흥미로운 논픽션 지문을 통해 독해력과 배경지식을 동시에 기를 수 있다.

- 《Junior Reading Expert》 (NE능률)

  중·고등 대비를 위한 기초 독해서로 정독 입문 단계의 초등 5-6학년에게 적합하다. 체계적인 독해 훈련이 가능한 구성이 특징이다.

- 《This is Reading》 (넥서스에듀)

  정독 입문 단계의 초등 5-6학년을 위한 기초 독해서로 지문의 길이는 짧지만 우수한 퀄리티로 기초 독해 능력 향상에 효과적이다.

- 《Reading Expert》 시리즈 (NE능률)

  토플형 고급 지문을 다량 수록한 심화 독해서다. 문장 구조 분석에 중점을 둔 구성으로 정독에 숙련된 초등 고학년부터 중등 2학년까지 활용이 가능하다.

2. 어휘 관련 교재

- 《능률 VOCA 어원편 Lite》 (NE능률)

  단어를 어원과 함께 기초부터 차근차근 학습할 수 있는 교재로 접두사·접미사의 기초 부분이 풍부하게 구성되어 있어 영어 상식과 어휘력을 동시에 키울 수 있다.

- 《주니어 능률 VOCA: 기본》 (NE능률)

  중등 교과 과정에서 꼭 필요한 필수 단어들로 구성된 교재로 중등 영어를 대비하는 초등 고학년에게 추천한다.

초등 영어 문해력이 답이다

- 《어휘 끝》중학 시리즈 (쎄듀)

  초등 6학년부터 활용 가능한 수능 연계 어휘 교재다. 이해하기 쉬운 친절한 구성으로 중등 어휘를 체계적으로 학습할 수 있다.

- 《천일문 VOCA》중등 시리즈 (쎄듀)

  문장을 통해 어휘를 학습하는 교재로 중·고등 교과서에서 나오는 실제적인 예문과 어구가 주를 이루어 중·고등 영어 대비에 적합하다.

3. 에세이 관련 교재

- 《Writing Framework for Paragraph Writing 2, 3》(웅진컴퍼스)

  단계별, 장르별 에세이 쓰기에 필수적인 글쓰기 기술을 배울 수 있다.

- 《Write It! Paragraph to Essay》시리즈 (NE능률)

  단락 쓰기부터 에세이 쓰기까지 체계적으로 발전하는 구성의 영작문 교재로 단계별 가이드가 상세하여 자기주도 학습이 가능한 것이 장점이다.

- 《Write Right Paragraph to Essay》시리즈 (NE능률)

  장르별 에세이 쓰기를 학습할 수 있는 교재로 시중에 나와 있는 에세이 쓰기 학습서 중 가장 분량이 많고 꼼꼼한 구성이 특징이다.

4. 문법 관련 교재

- 《Grammar Inside》(NE능률)

  전반적으로 무난한 구성의 문법서다. 간결한 목차와 내용으로 문법 전체를 훑어보기에 적합하다.

- 《중학 영문법 Link》(NE능률)

  기본 문법서 구성에 내신 대비가 추가되어 중등 교과 과정을 전체적으로 아우를 수 있는 교재다.

- 《1일 1강》(이퓨처)

  간단하면서도 정확한 설명이 특징인 문법서다. 특히 중학교 내신고사에서 요구하는 서술형 평가 문제가 많이 수록되어 있어 내신을 탄탄히 준비하기에 좋은 교재다.

- 《해커스 중학영문법》시리즈 (해커스)

  세부적이고 심도 있는 문법 학습을 원하는 학생을 위한 교재로 중등 내신을 철저하게 대비할 수 있는 완성도 높은 구성이 특징이다.

중등 1학년

1. 독해 관련 교재

- 《수능 답독 중학 수능 독해》(NE능률)
  중학생 수준에 맞춘 수능형 독해 교재로 다양한 유형의 수능 지문과 함께 필수 어휘를 학습할 수 있는 통합된 구성이 특징이다.
- 《첫단추 독해유형편》(쎄듀)
  독해 유형별 학습이 가능한 입문자용 교재로 다양한 유형 연습과 함께 고등 영어 과정의 선행을 위한 기초를 다질 수 있어 독해 숙련자에게도 적합하다.

2. 문장 구조 학습 교재

- 《중학 영어, 구문이 독해다》 시리즈 (키출판사)
  필수 단어와 필수 구문을 통해 문장의 기본 구조부터 차근차근 학습할 수 있는 교재다. 정확한 해석에 어려움을 겪는 학생들의 구문 이해력 향상에 효과적이다.
- 《천일문 starter》 시리즈 (쎄듀)
  1001개의 엄선된 문장으로 체계적인 문장 구조 학습이 가능한 교재다. 상위 단계 시리즈와 연계성이 뛰어나 장기적인 학습 계획을 세우기에 적합하다.

3. 쓰기 수행평가 대비 교재

- 《쓰기로 마스터하는 중학 서술형》 시리즈 (NE능률)
  중학교 서술형 평가에 특화된 쓰기 교재로 실제 시험에서 요구되는 서술형 문항 유형을 체계적으로 학습할 수 있다.
- 《수행평가 되는 중학 영어글쓰기》 시리즈 (에이리스트)
  수행평가에 필수적인 문법 패턴과 문장 쓰기 연습을 할 수 있는 교재이다. 빈도 높은 수행평가 주제 및 과제가 다수 수록되어 있다. 따라 쓰기, 채워 쓰기, 고쳐 쓰기 등 기본 훈련부터 차근차근 할 수 있다.

초등 영어 문해력이 답이다

아이와 함께 쓰는 영어 수업 일지

요일	이전 진도	오늘의 진도	숙제 및 특이사항
월			
화			
수			
목			
금			

20년간 영어 1등급을 만들어낸 최적의 커리큘럼

초등 영어 문해력이 답이다

제1판 1쇄 발행 | 2025년 3월 20일
제1판 3쇄 발행 | 2025년 4월 30일

지은이 | 김수민
펴낸이 | 하영춘
펴낸곳 | 한국경제신문 한경BP
출판본부장 | 이선정
편집주간 | 김동욱
책임편집 | 마현숙
교정교열 | 장민형
저작권 | 박정현
홍 보 | 서은실·이여진
마케팅 | 김규형·박도현
디자인 | 이승욱·권석중
본문디자인 | 디자인 현

주   소 | 서울특별시 중구 청파로 463
기획출판팀 | 02-3604-556, 584
영업마케팅팀 | 02-3604-595, 562   FAX | 02-3604-599
H | http://bp.hankyung.com   E | bp@hankyung.com
F | www.facebook.com/hankyungbp
등   록 | 제 2-315(1967. 5. 15)

ISBN 978-89-475-4997-4 03370